本书得到中央高校基本科研业务费专项资金资助（项目名称：农地"三权分置"中的公共价值创造分析；项目编号：2015ＷＢ08）

农村公共服务决策优化：
机理与效应

翟军亮 著

NONGCUN GONGGONG FUWU

JUECE YOUHUA

JILI YU XIAOYING

人民出版社

序　农村公共服务决策能力现代化的新探索

吴春梅

　　"三农"问题一直是政界和学界聚焦的老问题。2003 年至 2015 年,中央一号文件一直聚焦于"三农"问题,推进农村改革、农业发展和农民增收一直是党和国家的"重中之重"。在实践问题的倒逼之下,"三农"研究也逐渐成为一门众人追逐的"显学"。"三农"问题产生于国家治理现代化建设进程中,对"三农"问题的探讨与解决也必须置于国家治理现代化建设进程中,只有如此,才能跳出就问题谈问题的思路,避免只见树木不见森林的片面性。

　　我们在长期的农村调查过程中发现,农村公共服务决策不优的产生,除了决策体系本身的问题外,从多元参与、平等合作、权力分享的村庄治理视角看,主体能力低下、协同合作虚化、权力结构失衡是当前面临的突出问题,它会深层地和持续地影响决策质量。农民作为农村公共服务决策的重要参与主体,其决策能力低下是有目共睹的事实,要改变这种事实就必须配套建立社会学习机制,从一个侧面促进农民能力提升与国家能力提升之间的路径对接。正是在此背景下,翟军亮开始了农村公共服务供给决策优化问题的研究。翟军亮的著作《农村公共服务决策优化:机理与效应》,站在乡村治理现代化建设的高度对这一问题进行回应,从能力建设和社会学习这个农村公共服务决策优化保障最为薄弱的环节入手,探讨农村公共服务决策优化问题,着重揭示其中的作用机理和影响效应,以提出更具科学性和针对性的因应策略。

　　农村公共服务在农村改革、农业发展和农民增收过程中处于基础性地位，但长久以来却面临供给总量不足、结构失衡和效率偏低的问题，表面原因在于我国农村长期实行的自上而下的政府垄断决策或行政嵌入式决策，深层次原因可深入追溯到保障条件缺失、路径不畅所引致的多元主体之间实质性参与决策程度的显著差异，尤其是政府与农民在决策中的"中心—边缘"格局。自上而下的行政嵌入式决策导致农村公共服务片面追求技术效率目标，保障条件确实和路径不畅导致农民参与"路径闭锁"、农民需求偏好无法表达和话语权缺失等问题。因此，在推进国家治理体系和治理能力现代化、农民平等参与现代化进程和分享现代化成果的背景下，解决农村公共服务问题的必由之路在于建构农民参与公共服务决策的制度，在于目标导向下的农民参与路径的建构和保障条件的强化。换句话说，这涉及到农村公共服务决策全面优化和系统优化问题。

　　农村公共服务决策全面优化旨在探讨农村公共服务决策优化的目标系统问题。农村公共服务决策中科学化、民主化、高效化的有机结合问题，至今仍是一个亟待深入探索的理论和实践难题。公共价值管理理论提出的民主与效率"伙伴关系说"的理论创新，为农村公共服务决策可以同时拥有民主化和高效化提供了理论依据，但能否同时拥有科学化、民主化、高效化还有待深入的学理探讨。尽管课题组前期在湘西乾村的个案研究中，得出了"民主与效率整体上是相互协调的伙伴关系"等量化研究结论，但如何在农村公共服务决策实践中实现科学化、民主化、高效化，仍有待进一步的实证研究。

　　农村公共服务决策系统优化旨在探讨农村公共服务决策优化目标、路径和保障条件问题。农村公共服务决策优化目标的实现，路径上依赖于多元决策主体通过知识分享来实现自主决策与有效决策，条件上依赖于多元决策主体通过能力均衡来实现决策的实质平等。但是，社会学习平台和公共协商机制的缺失，使现有的农村公共服务决策难以借助社会学习路径来实现知识分享，并促使多元主体之间形成以共同理解、共识、信任与合作关系为基础的集体决策与行动；能力建设的滞后与多元主体决策能力的不均衡,使政府以外的多元主体在农村公共服务决策中的影响力有限,这不仅会影响决策的科学化、民主化、高效化水平,还会导致其中的政治贫困群体如普通农民在决策中容易成为"永远的少数";政府难以保障农民的有效参与,使现有的农村公共服务决策难以与农民的公共偏好有机结合,因为在农民的多元偏好需求中探寻公共偏好是一个复杂的对话过程。

　　基于此,翟军亮立足于农村治理多重转型生态,以多目标融合为研究范式,以公共服务理论尤其是公共价值管理理论为基础,将公共价值管理理论有关民主与效率是伙伴关系的新论断在中国农村公共服务决策场域进行拓展应用研究,构建农村公共服务决策全面优化的发生机理模型并进行验证,揭示科学化、民主化、高效化之间的内在逻辑关系;以"保障条件—路径—目标"为研究范式,以社会学习和能力建设理论为基础,构建农村公共服务决策系统优化的作用机理模型并进行验证,揭示能力建设、社会学习与农村公共服务决策优化之间的内在逻辑关系。研究内容实现了前沿理论与实践难点的结合,是国外前沿理论的本土化、情景化研究的有益探索;研究方法实现了规范研究与实证研究、质性研究与量化研究相结合,保证了研究过程的科学性和研究结果的有效性。这为农村公共服务决策的全面、系统优化提供理论分析框架、科学方法和对策建议,这有利于破解农村公共服务决策中的"能力贫困、社会学习虚化、决策不优"的连环困境,助推农村公共服务问题的解决。

　　翟军亮的著作不仅将农村公共服务决策优化问题研究提高到了一个新的高度,也为我们正在进行的农民观念现代化研究打下了厚实的基础。作为他的硕士生和博士生导师深感欣慰,希望我们的研究可以为农民公共福利和生活质量的提高有所裨益。

2015 年 7 月 26 日

于武汉狮子山华中农业大学

目　录

图表目录

第一章 导 论

第一节　农村公共服务所面对的困境

一、当前困境的背景

通过促进农村公共服务决策优化来提高农村公共服务供给水平已成为新形势下亟待解决的重要课题。中国工业化初期的重城抑乡、重工轻农的发展战略导致中国农村公共服务供给不足，"路径依赖"下的自上而下的农村公共服务决策导致农村公共服务供需结构失衡、供给效率低下。随着国家"工业反哺农业"战略的实施和公共财政支农力度的加大，农村公共服务供给不足问题初步得到缓解，但农村公共服务决策优化程度偏低引致的供需结构失衡、供给效率低下等问题仍未从实质上得到解决。当前，"全面建成小康社会……必须固本强基，始终把解决好农业农村农民问题作为全党工作重中之重，把城乡发展一体化作为解决'三农'问题的根本途径"①。要推进城乡发展一体化，促进公共资源均衡配置，关键是增加农村公共服务供给②。而公共服务问题本质上是一个决策问题，涉及谁来决策、如何决策和就哪些方面作出决策③。因此，如何在农村公共服务

---

① 参见 2013 年中央一号文件。
② 曲延春：《增加农村公共产品供给》，《人民日报》2012 年 12 月 31 日。
③ 马珺：《公共物品问题：文献述评》，《中华女子学院学报》2012 年第 1 期。

供给不足问题得到初步缓解的基础上,促进农村公共服务决策优化成为推动城乡发展一体化、强化现代农业基础支撑和"四化同步"发展所必须解决的问题。

农村公共服务决策的演进受制于公共服务供给方式、供需导向和价值取向的演变。依据公共治理理论与实践的演进进程,公共服务供给方式依循垄断供给→多元供给→合作生产→合作供给的发展逻辑①,供需导向依循供给主导型→过渡型→需求主导型的发展逻辑②,价值取向依循效率至上→效率优先→民本位→民主与效率协调的发展逻辑③。与公共服务发展逻辑相适应,公共服务决策在公共治理系统发展的支撑下将逐步实现政府自主式决策→协商式决策→公共决策④的实质性转变。随着中国农村治理的经济基础、政治生态和社会基础的巨变,中国农村公共服务决策亦会遵循世界范围内的公共服务决策的发展逻辑,逐步实现由政府自主式决策向协商式决策进而向公共决策过渡,亟须深入研究如何推进中国农村公共服务决策优化。

当前,中国农村的治理生态已发生了重大变化。以工业化社会向后工业社会、科层管理时代向网络化治理时代的转变为时代背景,中国农村治理的经济基础、政治生态和社会环境发生了深刻变化,农民民主参与意识不断增强导致公民参与广度、范围、深度和强度的不断拓展与加深,这些都为农村公共服务决策优化奠定了坚实基础。在经济建设型政府向公共服务型政府转型的大环境下,新农村建设和新型城镇化建设强有力的正向力量,为推进农村公共服务决策优化注入了新的动力,推进农村公共服务决策优化的历史机遇已经显现。

---

① 吴春梅、翟军亮:《变迁中的公共服务供给方式与权力结构》,《江汉论坛》2012 年第 12 期。

② 吴春梅、翟军亮:《转型中的农村公共产品供给决策机制》,《求实》2010 年第 12 期。

③ 翟军亮、吴春梅、高韧:《村民参与公共服务供给中的民主激励与效率激励分析——基于对河南省南坪村和陕西省钟家村的调查》,《中国农村观察》2012 年第 3 期。

④ [美]约翰·克莱顿·托马斯:《公共决策中的公民参与:公共管理者的新技能与新策略》,孙柏瑛等译,中国人民大学出版社 2005 年版,第 10 页。

中国农村公共服务决策的优化,既要遵循公共服务供给变迁逻辑与态势,亦要契合中国农村的场域性与阶段性特征。公共服务供给变迁逻辑与态势表明,基于网络治理的合作供给代表了公共服务供给未来的发展方向,折射出现代公共服务决策中政府与市场、社会协同治理及其多元价值整合的趋势。与此同时,新农村建设推动了农村公共服务由传统的政府垄断决策或行政嵌入式决策向政府主导下的协商式决策进而向政府责任履行下的多元自主决策的根本性转型。因此,农村公共服务决策优化的实现依赖于优化目标导向下的政府、企业、民间组织、农民等多元主体之间多层次、网络化、动态化的协同合作机制的构建与良性运转。当前,在中国农村所面临的"单中心"的政府垄断仍有残留和"多中心"的治理体系尚未完善等背景下,农村公共服务决策优化的诸多问题有待深入研究:首先,优化目标问题,即优化目标是什么及目标构成要素之间逻辑关系如何的问题。其次,农村公共服务决策的优化路径问题,即通过何种路径来促进农村公共服务决策优化目标实现的问题。最后,农村公共服务决策优化的保障条件问题,即如何提升作为农村公共服务需求主体的农民的参与能力,如何提升基层政府和社会组织的能力以保障农村公共服务决策优化所必需的多元主体之间的协同和主动、合理、有序、有效的参与。前期研究显示,村庄治理主体能力匮乏对参与效果有损害,易导致公开排斥和政治包容现象,成为"永远的少数"[1],但参与主体的民主能力不足,农民参与农村公共服务决策的能力实质平等、理性信息交流与偏好转换能力有待推进和提高[2]。这些都表明"自下而上"和"自上而下"相结合的决策机制的具体实施路径和农村公共服务决策优化的保障条件等诸多问题还有待深入研究。

鉴于此,本书以"能力建设、社会学习与农村公共服务决策优化:机理与效应"为主题,以中国农村公共服务决策转型为背景,以公共服务前沿理

---

[1] 吴春梅、翟军亮:《可行能力匮乏与协商民主中的政治贫困》,《前沿》2010 年第 19 期。

[2] 吴春梅、翟军亮:《协商民主与农村公共服务供给决策民主化》,《理论与改革》2011 年第 4 期。

论、社会学习理论和能力建设理论为依据,以多目标融合作为农村公共服务决策全面优化的研究范式,以"保障条件—路径—目标"作为农村公共服务决策系统优化的研究范式,运用规范研究与实证研究相结合的方法,分析中国农村场域性和阶段性特征,深入探讨中国农村公共服务决策优化目标、路径和保障条件及彼此间的作用机理与影响效应,以期能够对中国农村公共服务决策的优化提供参考。

二、拟要解决的科学问题

本研究旨在通过能力建设条件下社会学习对农村公共服务决策优化的影响研究,揭示能力建设、社会学习、农村公共服务决策优化以及农村公共服务决策的科学化、民主化、高效化之间的内在逻辑关系,以期破解现阶段普遍面临的"能力贫困、社会学习虚化、决策不优"这一农村公共服务决策连环困境,推动"供给总量不足、供给结构失衡、供给不均等化和供给效率低下"[①]这一农村公共服务困境的解决,为农村公共服务决策的全面、系统优化提供理论依据、决策参考与实践借鉴。

农村公共服务决策问题的产生,既与决策本身的问题高度相关,亦与决策主体的能力贫困、社会学习虚化密切相关。本研究拟解决的问题如下:

(1)以公共价值管理等公共服务理论为依据,构建以科学化、民主化、高效化为维度的农村公共服务决策全面优化的发生机理模型,在量表开发、实证测量和机理验证的基础上,分析科学化、民主化、高效化之间的传导机制,揭示它们之间的内在逻辑关系。

(2)构建以能力建设、社会学习、农村公共服务决策优化为维度的农村公共服务决策系统优化的作用机理模型,在量表开发、实证测量和机理验证的基础上,分析社会学习对农村公共服务决策优化的作用,分析能力建设对社会学习与农村公共服务决策优化关系的调节作用,揭示能力建设、社会学习与农村公共服务决策优化之间的内在逻辑关系。

---

① 刘兴云:《走出当前农村公共服务供给的困境》,《光明日报》2012 年 7 月 4 日。

　　本研究以多目标融合为研究范式来分析农村公共服务决策全面优化的发生机理,以"保障条件—路径—目标"为研究范式来分析农村公共服务决策系统优化的作用机理,拓宽了农村公共服务决策理论研究的内容和视阈,适应了中国农村公共服务由传统的政府垄断决策或行政嵌入式决策向政府主导下的协商式决策进而向政府责任履行下的公共决策的根本性转型的大趋势,是公共价值管理理论、社会学习理论和能力建设理论在农村公共服务决策优化领域的体系化、情景化研究的有效探索。

　　本研究运用量表设计、实证测量、计量分析等方法,验证农村公共服务决策全面优化的发生机理模型和农村公共服务决策系统优化的作用机理模型,为实现"十二五"规划提出的"要完善科学民主决策机制,要强化农村公共服务"提供有参考价值的建议,为研究机构和农村公共服务部门提供一手数据支持,以合力解决"能力贫困、社会学习虚化、决策不优"这一农村公共服务决策连环困境问题,着力推进农村公共服务决策的全面、系统优化。

第二节　相关概念界定

一、农村公共服务

　　国内关于公共服务的界定主要是从公共服务与公共产品比较的视角展开。一是认为两者之间没有区别,倾向于将两者并列使用。如李军鹏将公共服务界定为政府为满足社会公共需要而提供的产品与服务的总称,它是由以政府机关为主的公共部门生产的、供全社会所有居民共同消费、平等享受的社会产品;[1]陈世伟将农村公共服务界定为政府及其他社会治理主体协同提供的,以满足农村、农业与农民的需要目的,具有一定的非竞争性和

---

① 李军鹏:《公共服务型政府建设指南》,中共党史出版社 2005 年版,第 19—22 页。

非排他性的产品与服务。二是认为公共服务属于公共产品范畴。如徐小青通过对农村公共服务的界定表述了类似观点。① 徐小青认为农村公共服务是农村地区为满足农业、农村发展或农民生产、生活共同所需而提供的具有一定的非排他性和非竞争性社会服务,是不具备物质形态,而以信息、技术和劳务等服务形式表现出来的一种农村公共产品。② 借鉴学界已有研究成果,本研究认为,公共服务是指以政府为主体的多元主体为了满足社会的公共需要而提供的产品与服务的总称。

进一步地,本研究中的农村公共服务主要是指与农村发展相关的公共服务,主要包括:以道路、通讯、水电、沼气等为主要内容的农村基础设施,以机井、防洪设施、节水灌溉、小型农田水利、平田整地、田间道路、土壤改良等为主要内容的农田水利设施,以提高农产品技术含量和产品附加值为目的的农业公益性科技服务,以农产品市场信息和营销服务提供等为主要内容的农业公共信息与营销服务,以良种、化肥、农药、农产品质量安全监测检测、农业人力资源开发、农机补贴、农业贷款、农业保险、土地流转等制度建设为主要内容的农业保障性公共服务,以农村污染治理、水域治理、村容村貌整治等为主要内容的农村生态环境建设,以及农村公共卫生医疗服务、农村社会保障服务、农村公共文化服务等。

二、农村公共服务决策及其优化

决策有狭义和广义之分。狭义的决策是指从两个或多个备选方案中择定一个的行为③。广义的决策包括四个阶段:探查环境,寻找要求决策的条件;创造、制定和分析可能采取的行动方案;从可资利用的方案中选出一条

---

① 陈世伟:《我国农村公共服务供给主体多元参与机制构建研究》,《求实》2010年第1期。
② 徐小青:《中国农村公共服务》,中国发展出版社2002年版,第47页。
③ [美]斯蒂芬·罗宾斯:《组织行为学》,孙建敏等译,中国人民大学出版社1997年版,第114页。

特别行动方案;对过去的抉择进行评价①。

公共决策是指以公共利益为目的的决策活动。根据戴维·毕瑟姆②对"公共"一词的理解,公共决策可做如下理解:首先,公共决策关涉到全体公民以及整个社会在任何方面的安排;其次,公共决策不仅应该是就公民关心的事务作出的决策,而且应该在公众的注视下公开进行,接受公众监督,担负起公共责任;再次,公共决策是一种管理方式,它应该秉持公共精神,"为了公众"而实施管理。

农村公共服务决策是公共决策在农村公共服务场域中的具体应用,是指政府等多元主体为了满足社会公共需要而就公共服务问题进行的决策活动。与决策内涵相对应,农村公共服务决策也有狭义和广义之分:狭义的农村公共服务决策是指决策方案的选择行为;广义的农村公共服务决策则包括方案制定前的调查与研究、方案制定、方案的评估与抉择、方案执行、执行结果评估、反馈与修正等环节。本研究选取广义的农村公共服务决策内涵。

农村公共服务决策优化即农村公共服务决策的目标,主要是指农村公共服务决策的科学化、民主化和高效化。

三、能力建设

能力建设理论认为,能力在广义上不仅指个体、组织和社区有效处理相关的事情的技能③,亦指组织性和技术性技能、关系及价值观,其使得国家、组织、群体和个人能够在社会的各个层次以有效、高效和持续的方式履行其

---

① [美]赫伯特·西蒙:《管理决策新科学》,李柱流等译,中国社会科学出版社1982年版,第34页。

② [英]戴维·毕瑟姆:《官僚制》,韩志朋、张毅译,吉林人民出版社2005年版,第29页。

③ Lancrin, S. V., *Building Capacity through cross Border Higher Education*, World Bank/OECD/Nuffic Seminar on Cross Border Higher Education and Capacity Development, The Hague, 2006, pp. 1-13, 14-15.

职能,实现发展目标①;能力建设在广义上指一系列活动及其动态的、持续的、所有利益相关者参与的过程,其"旨在增加知识、增强技能、改善个人行为、提升组织结构与过程,从而使组织能够以可持续的方式完成其使命与目标"②。

农村公共服务决策场域中的能力建设主要是指一系列活动及其动态的、持续的、所有利益相关者参与的过程,这些活动及其过程旨在增加农村公共服务决策中各行为主体(主要包括个体和组织)的决策参与知识、增强他们的参与技能、改善他们的行为、优化组织结构与过程,从而使得农村公共服务决策中的各行为主体能够以高效、可持续的方式来实现目标。

四、社会学习

社会学习是指发生在人们通过互动交流与协商讨论,分享不同观点和经验,建立共同理解框架和共同行动基础的过程中的学习③,主要包括社会学习机制、社会学习过程和社会学习目标。

第三节　研究内容与技术路线

本研究在阐释选题背景、研究目的、研究意义、研究方法等内容的基础上,共分三部分对问题进行探讨。

第一部分为理论研究部分,主要包括第2、3、4章。其中,第2章重点

---

① 参见 Morgan, p., *Capacity and Capacity Development-Some Strategies*, Note prepared for CI-DA/ Policy Branch, 1998。

② World Wide Fund for Nature Pakistan, *Capacity-building Framework: For Partners and Stakeholders.* [2012-08-13]. http://foreverindus.org/pdf/capacity-building_framework.pdf.

③ Schusler, T. M., Decker, D. J., and Pfeffer, M. J., Social Learning for Collaborative Natural Resource Management, *Society & Natural Resources: An International Journal*, 2003, Vol. 16.

阐释了本研究的理论基础与国内外相关研究,主要包括公共服务理论与实践研究、社会学习理论与应用研究、能力建设理论与实践研究、治理理论与实践研究等。第3章在分析农村公共服务决策的演进趋势和现实中存在问题的基础上,提出了农村公共服务决策全面优化和系统优化的研究问题,并进行了分析。第4章构建了能力建设、社会学习与农村公共服务决策优化的分析框架,该分析框架由三个模型组成,分别为:农村公共服务决策全面优化的发生机理模型、农村公共服务决策系统优化的作用机理模型、能力建设对社会学习与农村公共服务决策优化关系的调节效应模型。

第二部分为实证研究部分(包括第5、6章)。其中,第5章为实证研究设计部分,首先阐释了结构方程模型作为本研究主要分析方法的适用性。其次,在进一步梳理国内外相关研究成果的基础上,对能力建设、社会学习和农村公共服务决策等关键变量进行了操作化,开发了测量量表。最后,在阐释数据收集情况的基础上,对量表品质和数据正态性进行了检验,为后续分析奠定基础。第6章为实证分析和假设验证,在对前文所建分析框架中的研究假设进行验证的基础上,分析了农村公共服务决策全面优化的发生机理与影响效应、农村公共服务决策系统优化的作用机理与影响效应、能力建设对社会学习与农村公共服务决策优化关系的调节效应。

第三部分为结论与总结部分(包括第7章),主要为研究结论和对策建议,并对未来研究进行了展望。

本研究的研究思路为:在深入梳理国内外相关研究文献、政策文件、实践进展的基础上,结合农村的阶段性和场域性特征,提出农村公共服务决策优化的研究问题,以多目标融合研究范式和"保障条件—路径—目标"为框架来构建分析框架和模型,进行实证分析,验证研究假设并分析机理与效应,得出研究结论和对策建议。具体技术路线如图1-1:

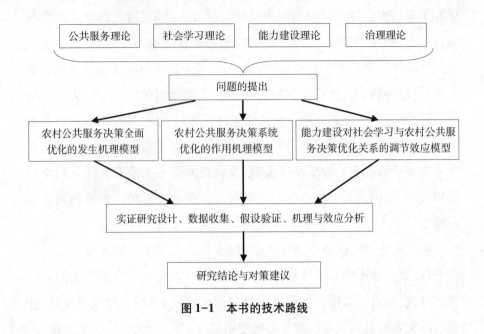

图1-1　本书的技术路线

第四节　研究方法

一、调查方法

以中部农业主产区为区域,根据村庄经济发展水平和村庄公共服务水平,尤其是近三年村庄已建或在建的公共服务项目状况,运用判断抽样法选取五个左右符合标准的行政村进行重点调查。

调查采用问卷调查和深度访谈相结合的方式进行。选取近三年村内有代表性的公共服务事件作为考察对象,对能力建设、社会学习、公共服务决策状况进行测量。在每个村庄,采用随机抽样方法按照村庄农户数量80%的比例在样本村抽取农户样本进行问卷调查;依据金太军[①]、仝志辉和贺雪

---

① 金太军:《村庄治理中三重权力互动的政治社会学分析》,《战略与管理》2002年第2期。

峰①等的村庄精英类型划分,选取 2—3 名体制内精英(如乡镇干部或驻村干部、村党支部和村委会成员)和 2—3 名体制外精英(如以宗派领袖为代表的宗族精英、以私营企业主为代表的经济精英、以乡村教师为代表的知识精英)进行深度访谈,选取 2—3 名普通村民进行深度访谈。共计重点调查五个左右村庄,对 1000 名左右村民进行问卷调查,对十名左右体制内精英、十名左右体制外精英、十名左右普通村民进行深度访谈。

此外,对上述调查区域省、市、县相关政府管理部门根据需要进行咨询访谈,对关键公共服务事件进行实地考察和小组座谈,收集村史等非正式文献资料并听取资深老人有关村庄公共服务变迁的口述史。

二、数据收集与分析方法

(一)资料收集方法

一手资料收集:主要通过个案深度访谈、实地考察、小组座谈等方法收集定性研究资料;通过问卷调查等方法收集定量研究资料。

二手资料收集:系统收集整理国内外公共价值管理理论、社会学习理论、能力建设理论等相关文献;通过统计年鉴、报刊杂志、政府官方网站、研究机构网站以及政府机构内部文件,收集相关政策、政策实施以及村庄公共服务事件等方面的资料。

(二)资料分析方法

规范研究法:在文献研究的基础上,运用规范分析方法探讨能力建设、社会学习、农村公共服务决策优化目标系统的构成要素,构建农村公共服务决策全面优化的发生机理模型和农村公共服务决策系统优化的作用机理模型,回答"应该是什么"的问题。

扎根理论法和关键事件法:用于对通过个案深度访谈、实地考察、小组座谈、问卷调查等方法获取的关键公共服务事件研究资料的综合分析。通

---

① 仝志辉、贺雪峰:《村庄权力结构的三层分析——兼论选举后村级权力的合法性》,《中国社会科学》2002 年第 1 期。

过这些方法,同时结合前期文献研究和规范研究,完善农村公共服务决策全面优化的发生机理模型和农村公共服务决策系统优化的作用机理模型,开发能力建设、社会学习、农村公共服务决策优化等潜变量的初步测量量表。

探索性因子分析法和验证性因子分析法:用于对预调查获得的问卷数据进行定量分析,检验通过扎根理论等质性研究方法开发出的初步测量量表的信度和效度;分析发生机理模型和作用机理模型中各变量之间的逻辑关系是否符合假设;并对模型和量表进行修正,形成正式问卷。

回归分析法和结构方程模型分析法:用于对正式调查得到的大样本资料的分析。运用回归分析法分析社会学习构成要素对农村公共服务决策优化的作用。运用结构方程模型分析法,分析农村公共服务决策中科学化、民主化、高效化之间的相互作用,分析社会学习对农村公共服务决策优化的作用,分析能力建设对社会学习与农村公共服务决策优化关系的调节作用。在此基础上,验证农村公共服务决策全面优化的发生机理和农村公共服务决策系统优化的作用机理。

第五节　本研究的创新与不足之处

一、创新之处

(1)将公共价值管理理论有关民主与效率是伙伴关系的新论断在中国农村公共服务决策场域进行拓展应用研究,是国外前沿理论的本土化、情景化研究的有益探索。毋庸置疑,科层制中民主与效率的紧张关系是长期备受关注的问题[1]。公共价值管理理论有关民主与效率是伙伴关系应然层面的新论断,能否契合中国公共服务决策实践的场域性特征,是理论应用研究

---

[1]　Shiffman, J., and Wu, Y., Norms in Tension: Democracy and Efficiency in Bangladeshi Health and Population Sector Reform, *Social Science & Medicine*, 2003, Vol. 57, No. 9, pp. 1547 - 1557.

尤其是量化研究必须面对的首要难题。本研究将该新论断与决策科学化传统相结合进行拓展应用研究,构建以科学化、民主化、高效化为维度的农村公共服务决策全面优化的发生机理模型,是国外前沿理论的本土化、情景化研究的有益探索,对于探究如何实现科学化、民主化、高效化有机结合意义上的农村公共服务决策全面优化具有开创性作用。

(2)构建以能力建设、社会学习、农村公共服务决策优化为维度的农村公共服务决策系统优化的作用机理模型,从系统论视角整体考察三者之间的内在逻辑关系。公共价值管理、社会学习、能力建设等理论均属于公共事务管理领域中的前沿理论,部分理论成果已获得小范围的成功应用。但是,如何将这些前沿理论成果在农村公共服务决策场域集成运用,仍是一大难题,鲜有直接相关成果。本研究前期对社会学习框架下公共服务集体决策优化问题进行了理论探讨①,对一些关键性公共服务事件进行了实地考察,但尚未进行定量研究。本研究在此基础上,以能力建设为保障条件,以社会学习为路径,以科学化、民主化、高效化为目标,从系统论视角构建以能力建设、社会学习、农村公共服务决策优化为维度的农村公共服务决策系统优化的作用机理模型,分析社会学习对农村公共服务决策优化的作用、能力建设对社会学习与农村公共服务决策优化关系的调节作用,揭示三者之间的内在逻辑关系。以期弥补单一层面研究的不足,在一定程度上克服就问题谈问题研究思路的局限。

(3)尝试对农村公共服务决策系统优化的作用机理和农村公共服务决策全面优化的发生机理进行系统量表开发和大样本验证。本研究将自主开发农村公共服务决策优化、社会学习、能力建设以及农村公共服务决策的科学化、民主化、高效化测量量表。通过问卷调查、个案深度访谈、实地考察、小组座谈等方式进行大样本数据采集和模型验证,这有利于探寻农村公共服务决策的中国实践特色,总结现阶段中国农村公共服务决策中的规律性

---

① 翟军亮、吴春梅:《论社会学习框架下公共服务集体决策的优化——兼论公共参与难题的破解》,《理论与改革》2012 年第 2 期。

特征,弥补前期量化研究严重不足、采样数量不足等弊端,在多种方法的领域应用方面进行有益尝试。

二、不足之处

本书仅是对整体公共服务场域中的能力建设、社会学习和农村公共服务决策优化三者之间的机理与效应进行了共性规律的探讨,而没有针对其中不同类型农村公共服务的特殊性进行分类探讨,这有待今后进一步的研究。

受资源条件的约束,本研究所用数据主要是近三年内的一手截面数据,而非面板数据,因而未能对农村公共服务场域中能力建设、社会学习和农村公共服务决策优化三者之间的机理与效应的演进趋势进行量化研究。此外,受探索性研究特征的限制,本研究所用样本采用典型抽样方法,且主要限于中部地区,其代表性不及从全国范围内所抽取样本的代表性。

第二章　理论基础与文献综述

第一节　公共服务理论与实践研究

一、公共服务理论研究

(一)公共服务理论的演进

公共服务思想发端于早期政治学、政治哲学和伦理学,后随经济学的发展形成公共产品理论。近现代的公共服务思想继承了公共产品的内涵,并汲取了政治学营养①,在理论和实践上形成了多学科、多视角综合交叉的状态。

第一,公共产品理论的发展为公共服务研究奠定了基础。

公共产品思想发端于早期政治学、政治哲学和伦理学中有关国家起源与本质的探讨。托马斯·霍布斯认为国家和政府本身就是一种公共产品,其本质"就是一大群人相互订立信约、每人都对它的行为授权,以便使它能按其认为有利于大家的和平与共同防卫的方式运用全体的力量和手段的一个人格"②。托马斯·霍布斯所倡导的利益赋税思想亦为公共产品研究的进一步发展奠定了基础。大卫·休谟从人性的角度,以排水为例,初步探讨了公

---

① 陈振明等:《公共服务导论》,北京大学出版社 2011 年版,第 32 页。
② [英]托马斯·霍布斯:《利维坦》,黎思复等译,商务印书馆 1985 年版,第 132 页。

共产品的存在性以及由此引致的消费的不可分割性和"搭便车"等问题①。

继威廉·配第对公共经费和赋税②等的探讨之后，以亚当·斯密、约翰·穆勒为代表的古典政治经济学家通过探讨自由市场经济中的市场失灵与政府职能进一步推进了公共产品理论的发展。他们认为，政府职能在于"保护本国社会的安全，保护人民在社会中的安全，建立并维护某些公共机关和公共工程"③，因为"这样做有助于增进普遍的便利"④。

此后，19世纪70、80年代的边际革命在推动古典经济学向新古典经济学转型的同时，将边际分析工具应用于公共产品分析领域，为公共产品理论的形成奠定了经济学基础，经济学开始成为公共产品研究的主导性学科，其他学科渐趋沉寂。以马佐拉(Mazzola)、潘塔莱奥尼(Pantaleon)、马尔科(Marco)、萨克斯(Sax)为代表的财政学者认为边际效用理论适用于公共产品领域，私人经济的效率原则同样适用于公共经济，并以此为基础深入分析了公共产品的特性、价格形成机制和公共支出原则等，论证了政府提供公共产品的经济学意义上的合理性⑤。但是，这种单纯强调市场在公共产品供给中的作用而忽视政治程序的影响的研究倾向受到了威克塞尔(Wicksell)的批判，因为"搭便车"问题的存在使得公共选择等政治程序对公共产品能否有效供给有至关重要的影响。此外，公平等原则亦被威克塞尔引入公共产品研究中。

公共产品理论正式形成于现代经济学思想。"public goods"一词首先由林达尔提出，尽管林达尔均衡(Lindahl Equilibrium)⑥进一步推动了公共

---

① ［英］大卫·休谟：《人性论》，关文运译，商务印书馆1980年版，第578—579页。

② ［英］威廉·配第：《赋税论》，薛东阳译，商务印书馆1978年版，第27—28页。

③ ［英］亚当·斯密：《国民财富的性质和原因的研究》(下卷)，郭大力等译，商务印书馆1974年版，第254页。

④ ［英］约翰·穆勒：《政治经济学原理——及其在社会哲学上的若干应用》(下卷)，胡企林、朱映译，商务印书馆1991年版，第371页。

⑤ Musgrave, R. A., and Peacoek, A. T., *Classic in the Theory of Public Finance*, Palgrave Macmillan, 1958; Ugo Mazzola.: *The Formation of the Prices of Public Goods*, Musgrave and Peacock, 1958, pp. 37-47；许彬：《公共经济学导论》，黑龙江人民出版社2003年版，第12页。

⑥ 参见 Lindahl, E., Just Taxation-a Positive Solution, In Musgrave, R.A. and A.T. Peacock eds., *Classics in the Theory of Public Finance*, London: Macmillan, 1919, pp. 168-177。

产品理论的形成,但现代经济学中的公共产品理论的奠基性工作却由萨缪尔森完成。萨缪尔森通过将现代经济学中的基本理论、概念和方法运用于公共产品供给的分析中,进一步拓展了"林达尔均衡模型",构建了一般均衡模型,即"萨缪尔森条件"(Samuelson Conditions),这对于公共产品理论的发展具有划时代意义[1]。萨缪尔森所界定的公共产品亦成为公共产品研究中的经典[2],公共产品"是指那种不论个人是否愿意购买,都能使整个社会每一成员获益的物品"[3],"是指每个人都能对该物品消费,但增加一个人对该物品的消费,并不同时减少其他人对该物消费的那类物品"[4]。此后,马斯格雷夫从公共产品的特性出发,认为公共产品是指"非竞争性消费的物品,它通常还具有消费上的非排他性"[5]。至此,公共财政学史上的"萨缪尔森—马斯格雷夫传统"形成,关注公共产品的配置逐步成为之后公共产品研究的主流。

与"萨缪尔森—马斯格雷夫传统"不同,布坎南从公共产品供给的层面对公共产品进行了界定。他认为公共产品是指"任何集团或社团为任何原因决定通过集体组织提供的产品或服务"[6],"人们观察到有些物品和服务通过市场制度实现需求与供给,而另一些物品与服务则通过政治制度实现

① Samuelson,P. A.,The Pure Theory of Public Expenditure,*The Review of Economics and Statistics*,1954,Vol. 36,No. 4,pp. 387–389; Samuelson,P. A.,Diagrammatic Exposition of a Theory of Public Expenditure,*Review of Economics and Statistics*,1955,Vol. 37,No. 4,pp. 350–356.

② 1954 年,萨缪尔森在《公共支出的纯理论》一文中,使用的是"集体消费物品"一词;1955 年萨缪尔森在《公共支出理论的图解》一文中,不再使用"集体消费商品"一词,改用"公共产品"(public good)。

③ [美]保罗·萨缪尔森、威廉·诺德豪斯:《经济学》(第 18 版),萧琛译,人民邮电出版社 2008 年版,第 32、321 页。

④ Samuelson,P. A.,The Pure Theory of Public Expenditure,*The Review of Economics and Statistics*,1954,Vol. 36,No. 4,pp. 387–389.

⑤ Musgrave,A.,*The Theory of Public Finance*,New York:McGraw-Hill,p. 10,1959;Musgrave,A.,Provision for Social Goods,In Margolis,J. and Guitton,H.,*Public Economics*,London:Mc-Millan,1969,pp. 124–144.

⑥ [美]詹姆斯·M.布坎南:《民主财政论》,穆怀朋译,商务印书馆 2002 年版,第 20 页。

需求与供给,前者被称为私人物品,后者则称为公共物品"①。"任何物品或服务均可被视为纯公共物品,只要它是通过某种具有极端公共性特征的组织结构而实现供给的。要使理论分析贴近现实世界中财政制度运转的真实状况,不一定非得要求公共物品的生产或消费具备上述技术特征"②。鉴于"萨缪尔森—马斯格雷夫传统"中公共产品外延的局限性,布坎南提出了"俱乐部物品"③概念。"至此,公共产品理论似乎已经形成一个相当完美、极具有解释性的分析工具,它成为公共经济学的基础,成为政府职能的认识依据,成为学者们在讨论政府工作时引用率最高的经典理论之一"④。

上述研究表明,公共产品的内涵与外延渐趋扩大,公共产品的公共性研究开始受到关注,研究的学科视角开始出现由政治学(或政治哲学、伦理学)经由经济学、公共经济学向公共管理学和政治学等学科转变的趋势,为公共服务的研究奠定了良好基础。事实上,公共服务研究的兴起亦印证了上述观点。

第二,公共服务研究逐渐实现了由单学科向多学科综合的跨越。

首次提出公共服务并作出界定的当属莱昂·狄骥(Leon Duguit),其从现代公法的角度认为,"公共服务就是指那些政府有义务实施的行为。任何因其与社会团结的实现和促进不可分割、而必须由政府来加以规范和控制的活动就是一项公共服务,只要它具有除非通过政府干预,否则便不能得到保障的特征"⑤。尽管学科不同,但莱昂·狄骥对公共服务的界定与布坎南对公共产品的界定有诸多相似之处。从20世纪70年代兴起的以新公共管理运动为代表的各国政府治理变革实践以及公共服务开始取代公共产品

---

① Buchanan,J. M.,*The Demand and Supply of Public Goods*,Chicago:Rand McNally & Company,1968,p. 3.

② Buchanan,J. M.,*The Demand and Supply of Public Goods*,Chicago:Rand McNally & Company,1968,p. 35.

③ Buchanan,J. M., An Economic Theory of Clubs, *Economica*, Vol. 32, No. 125, 1965, pp. 1–14.

④ 马庆钰:《关于"公共服务"的解读》,《中国行政管理》2005 年第 2 期。

⑤ [法]莱昂·狄骥:《公法的变迁》,辽海出版社 1999 年版,第 53 页。

成为政府职能核心的事实看,这一时期的公共服务理论研究及实践具有承前启后的意义:一方面,公共经济学中的作为认识政府职能依据的公共产品理论得到了较好的继承;另一方面,公共管理学等学科为公共产品研究提供了新的学科视角,并推动了公共产品理论的进一步发展。典型的如,马庆钰依据公共产品的内涵来界定公共服务的内涵,认为"公共服务主要是指由公法授权的政府和非政府公共组织以及有关工商企业在纯粹公共物品、混合性公共物品以及特殊私人物品的生产和供给中所承担的职责";新公共管理运动中服务提供与服务生产相分离的实践①突破了公共产品理论中的"'物品属性'界限"②,推动了公共服务在继承基础上的创新发展。此外,政治学、伦理学、博弈论、信息经济学、组织理论也逐步成为公共服务研究的学科视角,如公共服务动机③对公共服务的影响、不完全信息条件下公共产品需求与供给等④。

(二)公共服务供给价值取向的嬗变

第一,公共产品理论时期的"效率至上"与新公共管理运动的"效率优先"。

20世纪初至20世纪70、80年代,公共产品理论倡导"效率至上"的价值取向。从公共服务嬗变过程可以看出,"萨缪尔森—马斯格雷夫传统"中的公共产品研究的核心问题是如何实现公共产品的有效供给,也即如何确定效率产量和优化公共产品配置的问题。因此,公共产品供给的效率价值取向的探讨贯穿于公共产品研究的全过程,并随着经济学的发展而不断发展。经济学中,鲍恩模型、林达尔均衡模型、庇古模型、萨缪尔森条件、帕累

---

① 参见[美]E.S.萨瓦斯:《民营化与公私部门的伙伴关系》,中国人民大学出版社2002年版。

② 陈振明等:《公共服务导论》,北京大学出版社2011年版,第11页。

③ Perry,J. L.,and Wise,L. R.,The Motivational Bases of Public Service,*Public Administration Review*,1990,Vol. 50,No. 3,pp. 367-373;Rainey, H. G.,Reward Preferences among Public and Private Managers:In Search of the Service Ethic,*the American Review of Public Administration*,Vol. 16.

④ Marks,M. B.,and Croson,R. T. A.,The Effect of Incomplete Information in a Threshold Public Goods Experiment,*Public Choice*,1999,Vol. 99,pp. 103-118.

托最优以及蒂伯特的地方性公共产品模型①等均旨在实现公共产品的最优供给。

20 世纪 70 年代末 80 年代初,新公共管理运动兴起,"效率至上"的价值取向逐步为"效率优先"取代。管理学中,新公共管理运动中的公共服务市场化改革、顾客观念、民营化、生产与供应的分离、使用者付费、绩效测评等实践②均旨在提高公共服务的供给效率,但此时的效率价值已经泛化——效率被视为核心价值,效能、回应性等价值融入其中。依循这一路径,质量、回应性、公民满意度、结果以及供给过程中的信任与协作关系等内容逐步进入公共服务的效率研究视野,学者们开始探讨与构建公共产品与服务绩效测量框架③、研究顾客满意度及其与绩效的关系④。

需要指出的是,尽管新公共管理运动通过竞争来提升公共服务供给效率,但竞争并不是万能处方,不能根治政府效率方面的弊病⑤。一方面,通过竞争达致效率的提高需要政府不断提升其管理公私伙伴关系的能力,能够成为"精明买主"⑥,需要加强政府在公共产品供给领域中的网络治理能

---

① Tiebout, C. M., A Pure Theory of local Expenditures, *Journal of Political Economy*, 1956, Vol. 64, No. 5, pp. 416–424.

② Gruening, G., Origin and Theoretical Basis of New Public Management, *International Public Management Journal*, 2001, Vol. 4, Issue1, pp. 1–25.

③ 参见[美]安瓦·沙:《公共服务提供》,孟华译,清华大学出版社 2009 年版; Meyer, M. M., *Rethinking Performance Measurement: Beyond the Balanced Scorecard*, Cambridge University Press, Cambridge, 2002; Norman, R., Recovering from a Tidal Wave: New Directions for Performance Management in New Zealand's Public Sector, *Public Finance and Management*, 2004, Vol. 4, No. 3, pp. 429–447。

④ 参见 Galan, J.-Ph., Sabadie, W., *Construction of a Measurement Tool to Evaluate the Satisfaction of Public Service Web Sites Users*, 7th International Research Seminar in Service Management Proceedings, La Londe Les Maures, 2002; Page, S and Prescott, T.L., *Performance Management and Customer Satisfaction: Constructing a Conceptual Model for Enquiry*, Proceedings of the 4th European Conference on Research Methods in Business and Management Studies, Universite Paris-Dauphine, Paris, France, 2005, pp. 21–22。

⑤ 参见[美]唐纳德·凯特尔:《权力共享:公共治理与私人市场》,孙迎春译,北京大学出版社 2009 年版,第 159 页。

⑥ [美]唐纳德·凯特尔:《权力共享:公共治理与私人市场》,孙迎春译,北京大学出版社 2009 年版,第 14 页。

力建设①；另一方面，竞争引致"碎片化政府"的产生，需要加强跨部门合作能力建设②以提升公共产品供给效能。因此，探究如何加强政府能力建设及其对于公共服务供给效率提升的影响将成为学界研究趋势。

第二，新公共服务与公共价值管理理论中效率与民主等价值取向的整合。

公共服务供给中的民主价值取向研究始于公共选择学派对公共产品政治决策机制的经济学研究，并随公共产品研究学科视角的转换而渐受关注。从公共选择理论的研究主题看，其对决策行为、偏好显示与加总的研究实际上恰好回应了如何推进公共产品供给民主化的价值诉求。此后，研究重心逐步下沉，推动公民参与公共服务供给成为公共服务民主化研究的主流路径选择。与新公共管理运动中公民以"顾客"身份有限度地参与公共服务不同，新公共服务理论通过"建立一种更加关注民主价值和公共利益、更加适合于现代公民社会发展和公共管理实践需要的新的理论选择"③，来将效率等价值观置于民主和公共利益这一更广泛的框架体系中，实现效率价值基础上的民主价值复位④。公共价值管理理论进一步认为，作为公共价值重要组成部分的公共服务是由公共偏好决定的，公共服务供给范围、种类和数量应当通过涵盖各个利益相关者的协商确定，民主与效率是伙伴关系，而不是被平衡的对象⑤。正如 Stoker 所认为的，"一个重要任务就是使得公众参与到讨论关于他们偏好的过程之中来，并且在一定程度上对备选项目进

---

① 参见［美］斯蒂芬·戈德史密斯、威廉·埃格斯：《网络化治理：公共部门的新形态》，孙迎春译，北京大学出版社 2008 年版，第 8—22 页。

② 参见［美］尤金·巴达赫：《跨部门合作》，周志忍等译，北京大学出版社 2011 年版，第235 页。

③ 丁煌：《西方行政学说史》，武汉大学出版社 2004 年版，第 415 页。

④ 参见 Denhardt, R. B., and Denhardt, J. V., The New Public Service, Serving Rather than Steering, *Public Administration Review*, 2000, Vol. 60, No. 6, pp. 549−559。

⑤ 参见 Alford, J. and Hughes, O., Public Value Pragmatism as the Next Phase of Public Management, *The American Review of Public Administration*, 2008, Vol. 38, No. 2, pp. 549 − 559; Stoker, G., Public Value Management：A New Narrative for Networked Governance, *The American Review of Public Administration*, 2006, Vol. 36, No. 1, pp. 41−57。

行商议。……因为探寻公众偏好是一个复杂的对话过程,所以分配效率和民主是合作伙伴的关系,而不是平衡的对象。更为重要的是,技术效率不能依靠转交给官僚们或管理者们来实现。其关键在于学习交流,共同寻找解决问题的办法。并且人们发现,找到最好的做事方法也是包含着民主过程的"①。

此外,近几年来的部分研究表明,以解决公共问题为旨趣的能力建设将在提升公共服务供给民主和效率水平过程中发挥重要作用。Cuthill & Fien 的观点可以作为间接佐证,"能力建设是促进公民参与走向可操作化的有效方法"。② 可见,如何通过能力建设来促进公共参与效能,进而提升公共服务供给中的民主与效率水平将成为未来学界研究重点。

第三,其他价值取向的发展。

尽管公平原则较早地被威克塞尔引入公共产品研究中,但因其具有较重的伦理色彩,除了公共服务效率研究中所隐含的公平价值取向外,公平及均等化更多的出现在政治学、管理学等学科的研究中。公共产品供给的公平及均等化方面的研究始于柏拉图与亚里士多德的公平正义学说,经由边沁、庇古的功利主义学说、约翰·罗尔斯的公平正义原则等理论的演变与发展,政治哲学领域的公平正义理论逐步应用于教育、医疗卫生等公共产品与服务领域并产生了深远的影响。近年来,阿玛蒂亚·森在批判继承前人研究成果的基础上提出了能力平等学说③,为深入探究公共产品与服务供给领域的公平正义提供了新的分析工具与视角。此外,公共价值管理理论将公平、信任或合法性等价值引入公共服务研究,并将公共服务供给的价值取向拓展为公共价值④,为进行综合研究奠定了理论基础。

---

① Stoker, G., *Public Value Management: A New Resolution of the Democracy/Efficiency Trade-off*, Institute for Political and Economic Governance, University of Manchester, 2005, UK, p. 12.

② Cuthill, M., and Fien, J., Capacity Building: Facilitating Citizen Participation in Local Governance, *Australian Journal of Public Administration*, 2005, Vol. 64, No. 4, pp. 63-80.

③ 参见[印]阿玛蒂亚·森:《以自由看待发展》,任赜等译,中国人民大学出版社 2009 年版。

④ 参见 Kelly, G., Mulgan, G., and Muers, S., *Creating Public Value: An Analytical Framework for Public Service*, London: Cabinet Office Strategy Unit, 2002。

二、农村公共服务研究

农村公共服务研究多以乡村治理与基层政府改革视域为理论和实践背景,以供给制度与供给模式变革、农村公共服务及其影响因素等为主要内容。

(1)乡村治理与基层政府改革进程中的公共服务。一方面,公共服务是乡村治理与基层政府改革的主要内容。由于村庄作为农民生产、生活和娱乐的三位一体的空间,不会在短期内消失,村庄治理(或村组治理)是乡村治理研究的核心内容,建立有效的公共产品和公共服务供给机制是村庄治理研究的重要内容①。因此,农村公共服务供给体系的构建必须遵循村级治理的原则和要求,必须服务于村庄治理②。在基层政府改革方面,徐勇认为,"服务下乡"是对乡土社会的非强制性但更有成效的"软性整合",乡镇体制改革需要以现代国家建构为视角,通过重新建立和完善乡村公共服务体系来重新建构国家权威。③ 另一方面,农村公共服务供给需要乡村治理作为保障。当前农村传统解体、国家权力从乡村退出、农民特殊的公正观引致公共产品供给(筹资及使用)必须要有强制力作为保障,因此,需要将村庄民主作为国家民主制度的一部分,以国家强制力作为公共产品供给的保障④。

(2)供给制度变迁与供给模式变革。农村公共服务供给制度变迁对供给模式产生了深刻影响。制度变迁方式主要有强制性和诱致性制度变迁⑤或者需求诱致型、供给主导型和中间扩展型制度变迁⑥。将制度变迁理论

---

①　贺雪峰:《乡村治理研究的三大主题》,《社会科学战线》2005 年第 1 期。

②　李全胜:《治理语境下农村公共服务体系的缺失与重构》,《河南社会科学》2012 年第 6 期。

③　徐勇:《"服务下乡":国家对乡村社会的服务性渗透》,《东南学术》2009 年第 1 期。

④　贺雪峰、罗兴佐:《论农村公共物品供给中的均衡》,《经济学家》2006 年第 1 期。

⑤　林毅夫:《关于制度变迁的经济学理论:诱导性变迁与强制性变迁》,载 J. R.科斯等编:《财产权利与制度变迁》,上海三联书店 1994 年版,第 375—377 页。

⑥　杨瑞龙:《我国制度变迁方式转换的三阶段论——兼论地方政府的制度创新行为》,《经济研究》1998 年第 1 期。

应用于农村公共服务供给领域并在学界产生较大影响的当属张军和林万龙等。张军等认为公共产品供给制度在需求诱致的作用下将逐渐向私人供给、民间合作供给和政府主导供给制度模式转变;[1]林万龙认为作为宪法秩序意义上的变革的家庭承包制的实施引致农村公共产品供给制度发生了供给主导变迁和需求诱致变迁,使得农村公共产品供给主体不再限于政府,产生了私人供给、公共产品向俱乐部产品转化和向私人品转化三种民间供给模式,决策规则、成本分摊制度、生产管理制度以及分配制度均与政府供给制度有明显不同。[2] 之后学者对农村公共服务供给模式的研究基本上沿用了这一思路,将焦点集中于政府、市场和社会(民间与个人)等多元供给模式上。此外,亦有学者从供需视角对农村公共服务供给制度与供给模式进行了探讨,认为农村公共服务供给制度应由供给主导型向需求主导型转型[3]。

(3)农村公共服务及其影响因素。相关研究在方法上多采用因子分析法、二元离散选择模型、数据包络分析法(Data Envelopment Analysis,DEA)和 CSI-Probit 回归模型等方法。农村公共服务满意度及其影响因素的研究以朱玉春和唐娟莉等学者的研究为代表,他们认为农民满意度的影响主要来自道路、基础教育、医疗、农田水利设施、饮水设施等,农民对农村公共卫生、农村文化娱乐、农业科技推广与培训、农村清洁能源的满意度较低;农民满意度基本上不受被调查者性别、文化程度、家庭成员数等变量的影响;农民对农村公共服务的需求具有一定的层次性和阶段性,而农民满意度根据其需求状况

① 张军、何寒熙:《中国农村的公共产品供给:改革后的变迁》,《改革》1996 年第 5 期;张军、蒋琳琦:《中国农村公共品供给制度的变迁:理论视角》,《世界经济文汇》1997 年第 5 期。

② 林万龙:《乡村社区公共产品的制度外筹资:历史、现状及改革》,《中国农村经济》2002 年第 7 期;林万龙:《中国农村社区公共产品供给制度变迁研究》,中国财政经济出版社 2003 年版,第 87 页。

③ 吴春梅、翟军亮:《转型中的农村公共产品供给决策机制》,《求实》2010 年第 12 期;刘义强:《建构农民需求导向的公共产品供给制度》,《华中师范大学学报》(人文社会科学版)2006 年第 2 期;周利平:《构建农民需求主导型的农村公共产品供给制度》,《中共成都市委党校学报》2008 年第 1 期;刘宏凯、解西伟:《农民需求导向型公共物品供给决策机制的建构》,《学术交流》2010 年第 3 期。

具有一定的次序性①。在效率及其影响因素方面,我国农村公共产品投入总量长期不足,其中结构性供给不足显著,供给中技术效率不稳定且规模效率低下,引致农村公共产品呈现显著供给无效率状态②;农村公共服务纯技术效率和规模效率均呈现出梯度变化特征③。此外,李燕凌运用公共服务满意度理论对农村公共品供给效率进行评价,认为效率满意度主要影响来自农民受教育年限、医疗可及性、农民收入水平、农户有效灌溉面积率、农户距乡镇政府的距离、农林技术站服务次数以及被调查者年龄等因素。④

三、农村公共服务决策研究

中国农村公共服务长期实行的"自上而下"决策机制是一种来自外部的决策机制,引致了农民参与"路径闭锁"的问题。它能满足决策者的"政绩"和"利益"需要,但会引致农民需求偏好的无法表达和话语权的缺失、公共服务供需结构失衡和供给效率低下⑤。在公共服务市场化改革背景下,农村公共服务开始从单纯政府供给模式转向鼓励农户参与供给模式⑥。在

---

① 唐娟莉、朱玉春、刘春梅:《农村公共服务满意度及其影响因素分析》,《当代经济科学》2010 年第 1 期;朱玉春、唐娟莉、郑英宁:《欠发达地区农村公共服务满意度及其影响因素分析》,《中国人口科学》2010 年第 2 期;朱玉春、唐娟莉:《农村公共品投资满意度影响因素分析》,《公共管理学报》2010 年第 3 期。

② 张鸣鸣:《我国农村公共产品效率评价——基于 DEA 方法的时间单元检验》,《经济体制改革》2010 年第 1 期。

③ 朱玉春、唐娟莉、刘春梅:《基于 DEA 方法的中国农村公共服务效率评价》,《软科学》2010 年第 3 期。

④ 李燕凌:《农村公共品供给效率实证研究》,《公共管理学报》2008 年第 2 期。

⑤ 叶兴庆:《论农村公共产品供给体制的改革》,《经济研究》1997 年第 6 期;邱聪江:《创新农村公共产品供给的决策机制——以浙江省慈溪市的调研为例》,《国家行政学院学报》2010 年第 4 期;王安、覃芸:《改革农村公共产品决策机制才能消除减轻农民负担的体制障碍》,《农业经济问题》2000 年第 3 期;杨震林、吴毅:《转型期中国农村公共品供给体制创新》,《中州学刊》2004 年第 1 期;马晓河、方松海:《我国农村公共品的供给现状、问题与对策》,《农业经济问题》2005 年第 4 期;项继权、袁方成、吕雁归:《农民要的与政府给的差距有多大?——对我国农村社区居民公共需求的调查与分析》,《理论与改革》2010 年第 1 期。

⑥ 方建中:《农户参与农村公共服务供给模式研究》,《江苏行政学院学报》2011 年第 6 期。

公共服务社会化改革背景下,要提高农村公共服务能力,必须充分发挥农民群众的作用,促进农民群众广泛参与①。公共服务协同供给背景下,必须扩大公民有序政治参与,实现公民对于社会公共事务管理的权利②。现实中,以筹资筹劳为核心的村庄"一事一议"决策制度在理论上为农民参与决策提供了平台,但在实践中却对村级治理产生了一定的负面影响③,遇到了组织成本过高、资金约束、理性无知、激励机制缺失、实施效果不佳等困境④。在村民自治制度为农民参与和建构农民主体性提供制度和组织平台⑤的前提下,"农民是否有能力参与"成为了农民能够有效参与公共服务决策的一大关键问题。"南农实验"表明,农民等参与主体的民主能力偏低⑥。课题组前期研究也表明,村庄治理主体能力匮乏对参与效果有损害,易导致公开排斥和政治包容现象,成为"永远的少数"⑦;农村公共服务决策中农民的能力实质平等、理性信息交流与偏好转换能力有待推进和提高⑧。同时,农民参与条件下的决策转型,在一个过渡阶段会出现显性的科学化和民主化问题:决策主体及其权责分配的模糊性、偏好显示机制的缺失与形式化、决策程序与方法科学化程度偏低、决策信息沟通机制的非制度化与非科学化、决策监督与反馈机制的不健全⑨;决策主体的多元参与有限和能力实质平等

---

① 卢福营:《"协同服务":农村基层社会管理的创新模式——浙江省舟山市岱西镇调查》,《学习与探索》2012 年第 1 期。

② 桑玉成:《官民协同治理视角下当代中国社会管理的创新与发展》,《山东大学学报》(哲学社会科学版)2011 年第 3 期。

③ 马宝成:《税费改革、"一事一议"与村级治理的困境》,《中国行政管理》2003 年第 9 期。

④ 许莉、邱长溶、李大垒:《村级公共产品供给的"一事一议"制度困境与重构》,《现代经济探讨》2009 年第 11 期。

⑤ 徐勇:《现代国家的建构与村民自治的成长——对中国村民自治发生与发展的一种阐释》,《学习与探索》2006 年第 6 期。

⑥ 马华等:《南农实验:农民的民主能力建设》,中国社会科学出版社 2011 年版,第 105 页。

⑦ 吴春梅、翟军亮:《可行能力匮乏与协商民主中的政治贫困》,《前沿》2010 年第 19 期。

⑧ 吴春梅、翟军亮:《协商民主与农村公共服务供给决策民主化》,《理论与改革》2011 年第 4 期。

⑨ 吴春梅、翟军亮:《转型中的农村公共产品供给决策机制》,《求实》2010 年第 12 期。

有待推进、决策程序的包容性不足、信息交流与偏好转换的非理性倾向、民主监督的效能偏低①。

基于此，多数学者主张从农民需求出发，构建需求偏好表达机制，给予农民充分参与公共服务决策的民主权利，推动"自下而上"和"自上而下"相结合的决策机制的形成②。但在如何构建需求偏好表达机制和新型决策机制、通过何种制度平台保障农民参与、农民是否愿意和有能力参与决策、如何让政府供给意愿与农民需求无缝衔接等问题上鲜有深入而系统的探究。

四、农村公共服务供给中的民主及民主化研究

这方面的研究主要集中于农村公共产品供给中的"一事一议"制度、民主型供给模式以及协商民主与民主恳谈实践三个方面。

（1）"一事一议"制度。黄辉祥在考察农村"一事一议"的运作程序、制度特点和绩效的基础上，认为以民主的方式促进村庄公共产品有效供给为主要特点的"一事一议"在确立了村庄公共产品供给的决策机制、民主议定的成本分摊机制和村民民主监督的资金使用与管理机制的同时，亦存在着制度刚性、表决形式欠规范、"搭便车"行为、"少数人的反对"和村干部主动性减弱等问题，其效力存在着局限性；③马宝成认为税费改革使得村委会提供村级公共物品的能力受到很大限制，"一事一议"制度的实施对村级治理产生了一定的负面影响，并认为要从根本上解决农民负担问题，必须改革城

---

① 吴春梅、翟军亮：《协商民主与农村公共服务供给决策民主化》，《理论与改革》2011年第4期。

② 吴毅、杨震林：《道中"道"：一个村庄公共品供给案例的启示——以刘村三条道路的建设为个案》，《江西社会科学》2004年第1期；刘宏凯、解西伟：《农民需求导向型公共物品供给决策机制的建构》，《学术交流》2010年第3期；彭正波：《地方公共产品供给决策中的公众参与研究》，《经济体制改革》2009年第3期；项继权、袁方成、吕雁归：《农民要的与政府给的差距有多大？——对我国农村社区居民公共需求的调查与分析》，《理论与改革》2010年第1期；方建中：《农户参与农村公共服务供给模式研究》，《江苏行政学院学报》2011年第6期。

③ 黄辉祥：《"一事一议"：民主化的村庄公共产品供给机制》，华中师范大学2003年毕业论文。

乡二元体制①;许莉、邱长溶、李大垒认为以赋予广大村民在村级集体生产和公益事业提供中的参与权、选择权、审定权,在不增加农民负担的情况下保证农村公共产品的有效供给为出发点②,旨在改变农村公共产品筹资决策程序的"一事一议"制度在实施过程中遇到了组织成本过高、资金约束、理性无知、激励机制缺失等困境,引致其实施效果不佳;常伟、苏振华认为作为一种农村公共产品决策规则的"一事一议"由于存在制度设计不当,对于农民群众和乡镇干部激励不足,实施成本过高且缺乏可操作性等原因,"一事一议"制度效果不佳。③

(2)民主型供给模式。周义程认为纯政府型供给模式和市场型供给模式均存在着一些单靠自我完善根本无法完全避免的缺陷,需要构建将民主理念、民主体制以及民主方法和技术引入公共产品的提供和生产过程之中,保证全体公民或多数公民掌握着对公共产品供给的最终决定权的公共产品民主型供给模式以提高公共产品供给质量、完善公共产品供给种类、合理化公共产品供给数量、增进公共产品供给的公平性,并对其提出的必要性、条件和可能遇到的困境进行了一定程度的探讨。④

(3)协商民主与民主恳谈实践。陈朋和陈荣荣通过浙江省温岭市泽国镇的民主恳谈实践,从协商民主的视角对农村公共产品决策机制安排进行了一定程度的探索,⑤认为协商民主所提倡的平等对话有利于鼓励农民显示其真实偏好,所鼓励的公众参与有利于促进农村公共产品决策中的信息沟通,所提倡的理性沟通有利于促进农村公共产品供给的民主决策和偏好转换,有利于促进农村公共产品供给的科学决策。

---

① 马宝成:《税费改革、"一事一议"与村级治理的困境》,《中国行政管理》2003 年第 9 期。

② 许莉、邱长溶、李大垒:《村级公共产品供给的"一事一议"制度困境与重构》,《现代经济探讨》2009 年第 11 期。

③ 常伟、苏振华:《"一事一议"为何效果不佳:基于机制设计视角》,《兰州学刊》2010 年第 5 期。

④ 周义程:《公共产品民主型供给模式的理论建构》,苏州大学 2008 年毕业论文。

⑤ 陈朋、陈荣荣:《协商民主与农村公共产品供给的决策机制——浙江省泽国镇协商民主实践的案例启示》,《南京农业大学学报》(社会科学版)2009 年第 1 期。

第二节 社会学习理论与应用研究

一、社会学习理论的产生与发展:纵向视角

从纵向视角看,社会学习理论的产生与发展根源于自然资源管理范式的转换与发展。它萌芽于"命令与控制"管理模式阶段,形成于适应性管理模式阶段,发展于协作性管理模式阶段(见图2-1)。

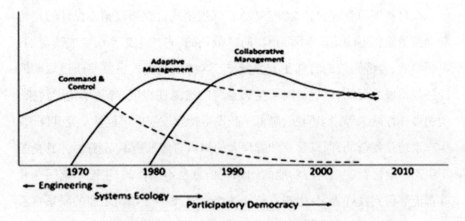

图 2-1 自然资源管理中管理范式转换与影响范式转换的学术思潮

资料来源:Cundill,G.,and Rodela,R.,A Review of Assertions about the Processes and Outcomes of Social Learning in Natural Resource Management, *Journal of Environmental Management*, 2012, Vol. 113, pp. 7–14。

社会学习理论萌芽阶段。20世纪70年代以前,自上而下的"命令与控制"(Command and Control)管理模式在自然资源管理中占据主导地位①。

自然资源管理中的"命令与控制"管理模式源于人类社会管理活动中的、以增加个体或集体福利为目标的"命令与控制"管理模式,如通过法律体系、激励体系、契约体系等来控制人类行为,通过现代生物科学技术来控

---

① Holling,C. S.,and Meffe,G. K.,Command and Control and the Pathology of Natural Resource Management, *Conservation Biology*, 1996, Vol. 10, No. 2, pp. 328–337.

制人类疾病的发生等。这种"命令与控制"管理模式的核心思想在于假定人类行为、组织乃至自然都是按照某种既定的规范来运行的,当人类行为、组织乃至自然的运行偏离既定规范时,应该通过命令与控制使之回到既定运行状态;"命令与控制"管理模式解决问题的主要途径有两个:一是通过控制导致问题产生的过程来杜绝问题的产生;二是通过控制问题的后果来消除问题的消极影响。这种管理模式假设知识与信息是完备的、问题是能够得到良好界定的、相对简单的、问题产生的"因"和"果"之间的联系是线性的。当问题比较复杂以及问题产生的"因"和"果"之间的联系是非线性时,"命令与控制"管理模式的适用性有待商榷。

在自然资源管理中,"命令与控制"管理模式旨在通过精心设计的建构与操控措施将不确定的、不可预测的、"低效的"自然生态系统变成确定的、可预测的、经济高效的自然生态系统①。这种控制模式虽然使获得短期的经济收益成为可能,但也提高了生态系统的脆弱性程度,导致了化学污染、生物多样性减少等诸多问题,降低了长期可持续发展的可能性。究其原因:生态系统是复杂的,而科学家和管理者的知识与信息是不完备的,尤其是关于生态系统运行的结构与功能的知识与信息是不完备的;生态系统问题并非都能够得到良好界定;生态系统问题产生的"因"与"果"之间的联系常常是非线性的。诚如 Walters & Holling 所认为的,"命令与控制"管理模式并不一定产生可预测的结果;生态系统问题的产生是多重因素耦合的结果;管理者常常在不完全信息的条件下去解决复杂问题②。

在这一阶段,社会学习理论开始萌芽,它主要发生在科学家和管理人员之间。

社会学习理论形成阶段。20 世纪 70—80 年代,"命令与控制"管理模式开始向适应性管理(Adaptive Management)模式转变。转变的背景是:"命

---

① Holling,C. S.,and Meffe,G. K.,Command and Control and the Pathology of Natural Resource Management,*Conservation Biology*,1996,Vol. 10,No. 2,pp. 328-337.

② Walters,C.,and Holling,C.S.,Large Scale Management Experiments and Learning by Doing,*Ecology*,1990,Vol. 71,No. 6,pp. 2060-2068.

令与控制"管理模式引起的生态危机逐渐引起了理论界与实践界的关注，生态系统的复杂性以及由此引起的诸多问题（例如知识与信息是否完备的问题）开始得到重新认识①。

梳理相关文献，适应性管理的代表性定义如下：

定义1：适应性管理是一种从实践中学习（Learning by Doing）的结构化方法，它主要包括建立清晰的目标、设立实现目标的措施、执行措施、监控措施实施效果、以目标为基准来评估措施的成果程度、以评估结果为标准来调整管理活动。适应性管理主要用来解决如下问题：目标是什么？如何实现目标？如何评估实现程度？如果没有实现目标，如何改进？②

定义2：适应性管理是通过以学习为目的的管理来实现以管理为目的的学习③。

定义3：适应性管理是一种创新性的技术，它使用科学的信息来促进管理策略的形成，以实现从既有项目中学习的目的，进而使后续政策和项目能够得到持续改进④。

定义4：适应性管理是一种通过从管理政策与实践结果中学习以持续改进管理政策和实践的正式过程⑤。

定义5：适应性管理将行动（Actions）和政策（Policies）看作能产生学习的实验（Experiments），它与科学方法类似：提出具体假设、强调不确定性、通过实验法来检验假设、评估结果、根据结果来调整后续行动；并将风险和

---

① Holling, C. S., Resilience and Stability of Ecological Systems, *Annual Review of Ecology and Systematic*, 1973, Vol. 4, pp. 1-24.

② Kremsater, L., Perry, J., and Dunsworth, G., *Forest Project Technical Project Summary: Adaptive Management Program*, Update of Report 1, 2002.

③ 英文原文为："Learning to Manage by Managing to Learn"; Bormann, B.T., Cunningham, P. G., Brookes, M. H., Manning, V. W., and Collopy. M. W., *Adaptive ecosystem management in the Pacific Northwest*, USDA For. Serv. Gen. Tech. Rep. PNW-GTR-341, 1993, p. 22。

④ Halbert, C. L., How Adaptive is Adaptive Management? Implementing Adaptive Management in Washington State and British Columbia, *Reviews in Fisheries Science*, 1993, Vol. 1, No. 3, pp. 261-283.

⑤ 参见 Taylor, B., Kremsater, L., and Ellis, R., *Adaptive management of forests in British Columbia*, B.C. Ministry of Forests, Victoria, British Columbia, Canada, 1997。

不确定性当作建立理解的机会,这种理解可以减少风险和不确定性出现的概率①。

可以看出来,尽管不同学者对适应性管理有不同的界定,但适应性管理却有一些基本的特征:学习与减少不确定性;运用从管理实践结果中所学来的改进政策与实践;焦点在于提升管理水平;经常需要实验性管理②(Experimental Management);正式的、结构化的和系统的。

在适应性管理模式中,实验法(Experimentation)是一个重要术语。它主要有两层含义:一方面,实验法是一种实证主义哲学意义上的研究方法论(Research Methodology)。其步骤如下:首先,假设生态系统能够对各种不同的管理措施作出不同的回应;其次,通过实验来检验这些假设;最后,根据检验结果来制定管理措施③。此时,决策制定的主要程序为:首先,科学家或专家向管理者等权威人物提供客观的、相对确定的信息;其次,管理者等权威人物根据这些信息作出决策。由于决策制定仅仅依靠专家知识,导致决策制定仅限于科学家与管理人员等权威人物的参与,在一定程度上排斥了公共参与。另一方面,从建构意义上看,管理本身即是一种实验。这种含义所隐含的假设为:管理本身就是假设检验,因为,管理活动以不完备、不确定的知识为基础,且本身具有假设验证的特性④。

在适应性管理模式中,第一,学习是通过实验法(Experimentation)来进行的。学习被界定为发生在精心策划的实验中的反复过程,在这一过程中,

---

① Stankey, G. H., Bormann, B. T., Ryan, C., Shindler, B., Sturtevant, V., Clark, R. N., and Philpot, C., Adaptive Management and the Northwest Forest Plan: Rhetoric and Reality, *Journal of Forestry*, 2003, Vol. 101, No. 1, pp. 40-46.

② AM is about thoughtfully applying management activities as experiments to see which are most effective in achieving desired goals. 中文译文为:适应性管理经常需要将管理活动作为实验来进行,以判断哪些管理活动在实现目标方面是最有效的。

③ Richter, B. D., Mathews, R., Harrison, D. L., and Wigington, R., Ecologically Sustainable Water Management: Managing River Flows for Ecological Integrity, Ecological Applications, 2003, Vol. 13, Issue 1, pp. 206-224; Lee, K. N., Appraising adaptive management, *Ecology and Society*, 1999, Vol. 3, Issue2, Art. 3.

④ Pahl-Wostl, C., The Importance of Social Learning in Restoring the Multifunctionality of Rivers and Floodplains, *Ecology and Society*, 2006, Vol. 11, Issue1, Art. 10.

利益相关者通过"目标设定→计划→采取行动→监控→结果评估与反思→学习→再次采取行动"这一循环过程进行学习①。利益相关者不仅包括科学家,也包括地方团体和其他主体②。第二,学习是通过实验中的互动来进行的。实验为持有不同观点的利益相关者进行互动提供了平台,不同利益相关者通过互动来进行学习,从而为建立信任与采取集体行动奠定基础。整体上,这一阶段的社会学习主要局限于资源管理者、政策制定者和科学家,他们通过反复的实验过程来学习如何降低不确定性,而这种反复的实验增强了不同层次主体的生态系统变化意识,并为社会变化创造了机会③。

社会学习理论发展阶段。20 世纪 80—90 年代,参与式民主的兴起推动了公共参与的发展,以权利为基础的、赋权于穷人、聚焦于资源可接近性的发展路径④日益受到理论界与实践界的关注,将公民排斥于资源保护之外逐渐被认为是不公平的和难以持久的⑤。在此背景下,协作性管理模式开始取代适应性管理模式,日渐成为自然资源管理的主导模式。

协作性管理模式,又称为协作性自然资源管理或参与型自然资源管理模式,将资源保护目标与发展目标整合起来,使地方社区在自然资源管理中享有更大的收益。协作性管理模式克服了单纯的自上而下或自下而上的管理模式的缺陷,主张利益相关者应该参与影响他们福利提升的决策;它提升了决策的合法性和透明性,强化了决策的信息基础;它不仅从权利的视角看是可取的,在实践上也逐渐被证明是可行的。例如,Ostrom

---

① 参见 Walters, C., Adaptive Management of Renewable Resources, MacMillan, New York, 1986; Daniels, S., and Walker, G. B., *Working through Environmental Conflict: the Collaborative Learning Approach*, Paeger, Westport, Connecticut, 2001。

② Stringer, L. C., Dougill, A. J., Fraser, E., Hubacek, K., Prell, C., and Reed. M. S., Unpacking "Participation" In the Adaptive Management of Social-Ecological Systems: A Critical Review, *Ecology and Society*, 2006, Vol. 11, Iss. 2, Art. 39.

③ 参见 Lee, K., *Compass and Gyroscope: Integrating Science and Politics for the Environment*, Island Press, Washington, 1993。

④ 参见 Sen, A.K., Development as Freedom, Oxford University Press, Oxford, 1999。

⑤ 参见 Brockington, D., *Fortress Conservation: the Preservation of the Mkomazi Game Reserve*, International African Institute and James Currey, Oxford, 2002。

在通过研究发现,通过建构集体行动制度来规制人们的行动逻辑可以克服公共池塘资源管理中的"公地悲剧"和"囚徒困境",推进公共池塘资源的合作治理①。

协作性管理模式重新定义了谁学习、怎么学习和学习什么等社会学习诸问题。总体上,协作性管理模式认为社会学习主要是所有利益相关者通过协商过程②来进行的,社会学习有利于促进集体行动。Pinkerton 是较早对社会学习进行探讨的学者,他认为:当利益相关者学着去重新定义他们能够通过协作来解决的问题时,社会学习就产生了;社会学习不仅涉及观念重构,也涉及与其他利益相关者——尤其是之前不认识或不信任的利益相关者——采取合作行动的意愿;社会学习不仅可以发生在省级或国家级层次,也可以发生在地区或地方层次;影响社会学习的关键因素主要包括清晰的主体边界、成员标准、管理单元大小、成本分摊机制和权力共享机制等因素③。此后,受尤尔根·哈贝马斯的沟通理性理论的影响,众多学者从协商的角度对社会学习进行了探讨。具体如下:

定义1:学习是公共政策决策制定的固有特性。……社会学习是包容性公共协商中的重构问题、分析备选方案、通过辩论作出选择的过程④。

定义2:社会学习是指专家或科学家、用户(Users)、规划者、管理者等多元主体为确认问题和寻找解决方案而进行的持续的对话与协商⑤。

---

① 参见 Ostrom,E.,*Governing the Commons:the Evolution of Institutions for Collective Action*,Cambridge University Press,Cambridge,1990。

② 原文为"deliberative process"。本研究将"deliberative"译为"协商的",不仅强调"议"、"给出理由",也强调利益相关者之间的协商讨论过程与互动过程,其内涵较"慎思"、"慎议"广泛。

③ Pinkerton,E.,Local Fisheries Co-Management:a Review of International Experiences and Their Implications for Salmon Management in British Columbia,*Canadian Journal of Fisheries and A-quatic Science*,1994,Vol. 51,No. 10,pp. 2363-2378.

④ Daniels,S.,and Walker,G.,Collaborative Learning:Improving Public Deliberation in Eco-system-Based Management,*Environmental Impact Assessment Review*,1996,Vol. 16,Issue 2,pp. 71-102.

⑤ Maarleveld,M.,Dangbégnon,C.,Managing Natural Resources:A Social Learning Perspective,*Agriculture and Human Values*,1999,Vol. 16,Issue 3,pp. 267-280.

定义3:社会学习是指发生在人们通过相互交往,分享不同观点和经验,建立共同理解框架和共同行动基础的过程中的学习①。

定义4:社会学习是持续的学习与协商过程,在这一过程中,多元主体间的交流、观点的分享以及问题解决策略的适应性(Adaptive)变化处于优先位置②。

定义5:社会学习不仅仅是社会情境中的旨在就集体行动达成共识以解决共同问题的个人学习,也是一种公众意识和个人如何看待私人利益与共同利益相关联的观念的转变过程,主要包括认知提高和道德发展两个关键要素③。

定义6:社会学习是指复杂和不确定环境下形成协调行动(Concerted Action)的过程④。

定义7:社会学习过程包括:第一,利益相关者的个体理解发生了改变,第二,这种改变超越了个体层面并与社会、社区环境相一致,最后,这种改变是通过社会网络中的利益相关者之间的互动过程而发生的⑤。

与适应性管理模式阶段的社会学习相比,可以发现:在协作性管理模式阶段,社会学习的主体逐步由科学家和管理者走向多元主体;社会学习过程多强调协商、互动而非实验;社会学习的目标则在于达成共识,形成集体行

---

① Schusler, T. M., Decker, D. J., and Pfeffer, M. J., Social Learning for Collaborative Natural Resource Management, *Society & Natural Resources: An International Journal*, 2003, Vol. 16, No. 4, pp. 309-326.

② Pahl-Wostl C., Hare M., Processes of Social Learning in Integrated Resources Management, *Journal of Community and Applied Social Psychology*, 2004, Vol. 14, Iss. 3, pp. 192-193.

③ Webler, T., Kastenholz, H., and Renn, O., Public Participation in Impact Assessment: a Social Learning Perspective, *Environmental Impact Assessment Review*, 1995, Vol. 15, Issue 5, pp. 443-463.

④ 参见 Ison, R., and Watson, D., Illuminating the Possibilities for Social Learning in the Management of Scotland's Water, *Ecology and Society*, 2007, Vol. 12, Issue1, Art. 21。

⑤ 参见 Reed, M. S., Evely, A. C., Cundill, G., Fazey, I., Glass, J., Laing, A., Newig, J., Parrish, B., Prell, C., Raymond, C., and Stringer, L. C., What is Social Learning, *Ecology and Society*, 2010, Vol. 15, Issue 4, resp1。

动,如 Buck 等学者认为社会学习有利于促进问题的解决、主体之间建立良好关系和集体行动①。正如 Cundill & Rodela 所认为的,在自然资源管理领域,有关社会学习的共识正在逐步形成:第一,社会学习过程包括利益相关者之间的持续互动、不间断的协商讨论(On-going Deliberation②)、信任环境中的知识分享;第二,社会学习结果是不断改善的公共决策,其主要有不断增强的人与环境互动意识、良好的关系、不断提高的解决问题的能力③。

社会学习理论未来发展阶段。适应性管理模式能够通过实验、从实践中学习等多种途径来不断调适政策或决策,使政策或决策能够适应不断变化的社会—经济—生态系统。但在适应性管理模式中,决策主体的多元性有限,决策的有效性和合法性有待进一步提升。协作性管理意味着多元参与、责任与权力分享,协作性管理模式将政府和其他利益相关者均纳入决策参与主体范畴,有效促进了多元主体对决策的有效参与,增加了决策的有效性和合法性。但是,由于协作性管理模式中的决策缺乏一定的灵活性而导致它并不一定能够对生态变化作出及时反映,因此,协作性管理并不一定能够促进生态发展和社会—经济福利目标的实现。在此背景下,融合了适应性管理模式和协作性管理模式的适应性合作管理(Adaptive Co-management)模

---

① 参见 Buck, L., Wollenberg, E., Edmunds, D., Social Learning in the Collaborative Management of Community Forests: Lessons from the Field. In: Wollenberg, E., Buck, D., Fox, J., Brodt, S. (Eds.), *Social Learning in Community Forest Management*, CIFOR and the East-West Center, Bogor Barat, Indonesia, 2001, pp. 1-20。

② "deliberation"翻译成中文为考虑、深思熟虑、评议、审议的意思,这个词最早在亚里士多德的实践哲学中得到了广泛探讨,它指的是形成意志和作出选择之前的、基于不确定性的审慎思考过程,强调相互给出每个人都可以合理接受的理由,因此最准确的译法是"慎思"。但是在国内学界,更多学者将其译为"协商",如将"Deliberative Democracy"译为"协商民主"。本研究将其译为"协商",不仅强调"议"、"给出理由",也强调利益相关者之间的协商讨论过程与互动过程,其内涵较"慎思"、"慎议"广泛,这也符合"deliberation"在社会学习语境中的应用。参见谭安奎:《公共理性》,浙江大学出版社 2010 年版,第 10 页。

③ 参见 Cundill, G. and Rodela, R., A Review of Assertions about the Processes and Outcomes of Social Learning in Natural Resource Management, *Journal of Environmental Management*, 2012, Vol. 113, pp. 7-14。

式开始产生①。

适应性合作管理模式是一种涉及多元异质主体和跨层次互动的治理体系②。它创新了多变性、复杂性和不确定性条件下的自然资源管理模式③，有效平衡了弹性与多变性之间的关系，促进了社会—生态系统的可持续发展④。它整合了适应性管理模式所强调的实验法和协作性管理模式所强调的赋权⑤，通过实验来保持决策的弹性，以使决策能够迅速回应环境系统的多变性；通过赋权来强化多元主体对自然资源管理的有效参与，增进决策的合法性。在实践中，适应性管理模式的运用产生了良好成果，例如：问题的清晰界定、利益共享体系、清晰的产权关系、多元参与的开放性、多元化知识

---

① 参见 Huitema, D., Mostert, E., Egas, W., Moellenkamp, S., Pahl-Wostl, C., and Yalcin, R., Adaptive Water Governance: Assessing the Institutional Prescriptions of Adaptive (co-) Management from a Governance Perspective and Defining a Research Agenda, *Ecology and Society*, 2009, Vol. 14, Issue1, Art. 26; Folke C, Hahn T, Olsson P, Norberg J., Adaptive Governance of Social-Ecological Systems, *Annual Review of Environment and Resources*, 2005, Vol. 30, pp. 441–473; Olsson, P., Folke, C., and Berkes, F., Adaptive Co-Management for Building Resilience in Social-Ecological Systems, *Environmental Management*, 2004, Vol. 34, No. 1, pp. 75–90; Armitage, D., Berkes, F., Doubleday, N., *Adaptive Co-Management: Collaboration, Learning, and Multi-Level Governance*, University of British Columbia Press, Vancouver, 2007。

② 参见 Olsson, P., Folke, C., and Berkes, F., Adaptive Co-Management for Building Resilience in Social-Ecological Systems, *Environmental Management*, 2004, Vol. 34, No. 1, pp. 75–90; Cash, D. W., Adger, W., Berkes, F., Garden, P., Lebel, L., Olsson, P., Pritchard, L., and Young, O., Scale and Cross-Scale Dynamics: Governance and Information in a Multilevel World, *Ecology and Society*, 2006, Vol. 11, Issue2, Art. 8; Fabricius, C., Folke, C., Cundill, G., and Schultz, L., Powerless Spectators, Coping Actors, and Adaptive Co-Managers: a Synthesis of the Role of Communities in Ecosystem Management, *Ecology and Society*, 2007, Vol. 12, Issue1, Art. 29。

③ 参见 Armitage, D., Berkes, F., Doubleday, N., *Adaptive Co-Management: Collaboration, Learning, and Multi-Level Governance*, University of British Columbia Press, Vancouver, 2007。

④ 参见 Olsson, P., Folke, C., and Berkes, F., Adaptive Co-Management for Building Resilience in Social-Ecological Systems, *Environmental Management*, 2004, Vol. 34, No. 1, pp. 75–90。

⑤ Armitage, D., Berkes, F., Doubleday, N., *Adaptive Co-Management: Collaboration, Learning, and Multi-Level Governance*, University of British Columbia Press, Vancouver, 2007, pp. 1–15.

来源、支持性的政策环境等在自然资源管理中逐步形成①。此外，相关学者也认为，适应性合作管理模式的主要要素包括多元参与系统中的协作、公共参与、实验、区域性管理②。

在适应性合作管理模式中，社会学习旨在增强多元主体应对生态系统变化的能力，以及将社会—生态系统引入可持续发展的轨道的能力，其驱动力来源于社会—生态系统的复杂性和不确定性，其过程主要为长期的自我组织过程（Self-organising Process）、知识与经验共享、反复省思（Reflection）等，其目标主要为决策的改进、价值观、观念等的变化、集体行动、社会—生态系统的良性发展等③。

从社会学习的发展轨迹可以看出：社会学习所赖以发展的管理模式逐步由管理向治理发展；社会学习主体逐步由政府/管理者单一主体→管理者、科学家两个主体→异质的利益相关者等多元主体发展；社会学习中的权力结构逐步由单一主体垄断权力→政府/管理者与科学家的中心边缘结构→多元主体共享权力发展。

二、社会学习理论的产生与发展：横向视角

从横向视角来看，社会学习内涵经历一个跨学科发展历程。社会学习最初产生于心理学学科，美国著名心理学家 Bandura1977 年将学习理

①　Armitage, D. R., Plummer, R., Berkes, F., Arthur, R. I., Charles, A. T., Davidson-Hunt, I. J., Diduck, A. P., Doubleday, N., Johnson, D. S., Marschke, M., McConney, P., Pinkerton, E. and Wollenberg, E., Adaptive Co-Management for Social-Ecological Complexity, *Frontiers in Ecology and the Environment*, 2009, Vol. 7, Issue2, pp. 95–102.

②　参见 Huitema, D., Mostert, E., Egas, W., Moellenkamp, S., Pahl-Wostl, C., and Yalcin, R., Adaptive Water Governance: Assessing the Institutional Prescriptions of Adaptive（co-）Management from a Governance Perspective and Defining a Research Agenda, *Ecology and Society*, 2009, Vol. 14, Issue1, Art. 26。

③　Olsson, P., Folke, C., and Berkes, F., Adaptive Co-Management for Building Resilience in Social-Ecological Systems, *Environmental Management*, 2004, Vol. 34, No. 1, pp. 75–90; Armitage, D., Marschke, M., Plummer, R., Adaptive Co-Management and the Paradox of Learning, *Global Environmental Change*, 2008, Vol. 18, Issue 1, pp. 86–98.

论运用于社会行为的研究之中,标志着社会学习理论的诞生。他将社会学习界定为观察和群体内交流基础上的个人学习,认为学习者与其所处环境之间存在重复性互动、学习者改变环境、环境影响学习者的行为。之后,Argyris 等学者将其应用于组织研究并形成了组织学习理论。有关通过社会学习解决社会问题的研究可以追溯到尤尔根·哈贝马斯的交往行为理论,它认为人类社会通过谈判、对话、协商、合作等方式可以达成共识进而解决其所面临的公共问题①,为社会学习应用场域拓展至公共参与、政策分析、公共事务治理与公共决策奠定了基础。社会学习逐渐演变为多维概念,例如,个体通过观察和与社会环境互动的学习、有关社会问题的学习、社会集合体(Social Aggregates)的学习、有关集体决策程序的学习等②。

三、社会学习的内涵与应用场域

以社会学习理论的产生与发展为脉络,综合众多学者对社会学习的研究成果,可以发现:

社会学习是指发生在人们通过互动交流与协商讨论,分享不同观点和经验,建立共同理解框架和共同行动基础的过程中的学习③。社会学习的主体是多元的,主要包括专家、受影响的公民、规划者、管理者以及其他利益相关者等④。多元主体之间的社会学习,旨在通过社会互动与相互交流,来

---

① Muro,M. and Jeffrey,P.,Social Learning-a Useful Concept for Participatory Decision-Making Process? Path (Participatory Approaches in Science & Technology) Conference,2010-02-28, http://www.macaulay.ac.uk/pathconference/outputs/PATH_abstract_3.1.3.pdf.

② Maarleveld,M.,Dangbégnon,C.,Managing Natural Resources:A Social Learning Perspective,*Agriculture and Human Values*,1999,Vol. 16,Issue 3,pp. 267-280.

③ Schusler,T. M.,Decker,D. J.,and Pfeffer,M. J.,Social Learning for Collaborative Natural Resource Management,*Society & Natural Resources:An International Journal*,2003,Vol. 16,No. 4, pp. 309-326.

④ Maarleveld,M.,Dangbégnon,C.,Managing Natural Resources:A Social Learning Perspective,*Agriculture and Human Values*,1999,Vol. 16,Issue 3,pp. 267-280.

分享观点与经验①,建立共同理解与信任基础,认识到彼此之间的相互依赖性②。Webler③ 等学者进一步拓展了社会学习的内涵,认为它不仅仅是社会情境中的旨在就集体行动达成共识以解决共同问题的个人学习,也是一种公众意识和个人如何看待私人利益与共同利益相关联的观念的转变过程,主要包括认知提高和道德发展两个关键要素。

社会学习本质上是一个用于分析和促进合作的框架④。作为公共事务决策的一条重要路径,社会学习的应用领域主要集中在公共参与、多中心治理、协作治理、自然资源的合作管理以及公共池塘资源管理等领域⑤,旨在通过设计一个动态决策制定过程,为"复杂环境背景中的集体性决策和行

① Pahl-Wostl,C.,and Hare,M.,Processes of Social Learning in Integrated Resources Management,*Journal of Community and Applied Social Psychology*,2004,Vol. 14,Issue 3,pp. 193-206;Cheng,A.S.,Mattor,K. M.,Place-Based Planning as a Platform for Social Learning:Insights from a National Forest Landscape Assessment Process in Western Colorado,*Society & Natural Resources*,2010,Vol. 23,Issue 5,pp. 385 - 400;Kendrick,A.,and Manseau,M.,Representing Traditional Knowledge:Resource Management and Inuit Knowledge of Barren-ground Caribou,*Society & Natural Resources*,2008,Vol. 21,Issue 5,pp. 404-418.

② Pahl-Wostl,C.,Towards Sustainability in the Water Sector—the Importance of Human Actors and Processes of Social Learning,*Aquatic Sciences*,2002,Vol. 64,Issue 4,pp 394-411;Mostert,E.,et al.,Social Learning:the Key to Integrated Water Resources Management,*Water International*,2008,Vol. 33,Issue3,pp. 293-304.

③ Webler,T.,Kastenholz,H.,and Renn,O.,*Public Participation in Impact Assessment:A Social Learning Perspective*,*EIA Review*,1995,Vol. 15,Issue 5,pp. 443-463.

④ Mostert,E.,et al.,Social Learning:the Key to Integrated Water Resources Management,*Water International*,2008,Vol. 33,Issue3,pp. 293-304.

⑤ Webler,T.,Kastenholz,H. and Renn,O.,Public Participation in Impact Assessment:a Social Learning Perspective,*Environmental Impact Assessment Review*,1995,Vol. 15,Issue 5,pp. 443 - 463;Wenger,E.,*Communities of Practice:Learning,Meaning,and Identity*,Cambridge University Press,Cambridge,UK,1998;Pretty,J.,and Ward,H.,Social Capital and the Environment,*World Development*,2001,Vol. 29,Issue2,pp. 209 - 227;Schusler,T. M.,Decker,D. J.,and Pfeffer,M. J.,Social Learning for Collaborative Natural Resource Management,*Society & Natural Resources:An International Journal*,2003,Vol. 16,No. 4,pp. 309-326;Olsson,P.,Folke,K.,and Berkes F.,Adaptive comanagement for building resilience in social-ecological systems,*Environmental Management*,2004,Vol. 34,Issue 1,pp. 75-90;Ridder,D.,Mostert,E. and Wolters,H.A.,*Learning Together to Manage Together:Improving Participation in Water Management*,University of Osnabrück,Osnabrück,Germany,2005.

动提供一个分析性和技术框架"①,以解决公共事务管理中出现的因徒困境和公地悲剧,提高治理复杂公共事务的能力,促进可持续发展②。例如,社会学习是水资源综合管理的一个重要途径③,通过促进不同参与者之间的社会学习可以促进协作性自然资源管理和合作管理④。

四、社会学习的框架

学者普遍认为,社会学习的框架主要由机制、过程和目标构成。第一,社会学习机制。它主要由参与过程中的协商、讨论、交流与互动组成⑤,具体包括民主结构、多元主体参与、主体之间的平等性、重复的小组讨论会、多元知识来源、开放的交流、无束缚思考、建设性冲突、影响过程的机会等⑥。

①　Kilvington, M., *Social Learning as a Framework for Building Capacity to Work on Complex Environmental Management Problems: Online review*, 2007. Retrieved 4/3/2008, from http://www.landcareresearch.co.nz/research/research_pubs.asp? Research_Content_ID＝114.

②　Garmendia, E., and Stagl, S., Public Participation for Sustainability and Social Learning: Concepts and Lessons from Three Case Studies in Europe, *Ecological Economics*, 2010, Vol. 69, Issue 8, pp. 1712－1722.

③　Mostert, E., et al.: Social Learning: the Key to Integrated Water Resources Management, *Water International*, 2008, Vol. 33, Issue3, pp. 293－304.

④　Schusler, T. M., Decker, D. J., and Pfeffer, M. J., Social Learning for Collaborative Natural Resource Management, *Society & Natural Resources: An International Journal*, 2003, Vol. 16, No. 4, pp. 309－326.

⑤　Maarleveld, M., Dangbégnon, C., Managing Natural Resources: A Social Learning Perspective, *Agriculture and Human Values*, 1999, Vol. 16, Issue 3, pp. 267－280; Pahl-Wostl, C., and Hare, M., Processes of Social Learning in Integrated Resources Management, *Journal of Community and Applied Social Psychology*, 2004, Vol. 14, Issue 3, pp. 193－206; Muro, M. and Jeffrey, P., Social Learning-a Useful Concept for Participatory Decision-Making Process? .Path (Participatory Approaches in Science & Technology) Conference, 2010－02－28, http://www.macaulay.ac.uk/pathconference/outputs/PATH_abstract_3. 1. 3.pdf; Schusler, T. M., Decker, D. J., and Pfeffer, M. J., Social Learning for Collaborative Natural Resource Management, *Society & Natural Resources: An International Journal*, 2003, Vol. 16, No. 4, pp. 309－326; Cundill, G. and Rodela, R., A Review of Assertions about the Processes and Outcomes of Social Learning in Natural Resource Management, *Journal of Environmental Management*, 2012, Vol. 113, pp. 7－14.

⑥　Schusler, T. M., Decker, D. J., and Pfeffer, M. J., Social Learning for Collaborative Natural Resource Management, *Society & Natural Resources: An International Journal*, 2003, Vol. 16, No. 4, pp. 309－326; Muro, M. and Jeffrey, P., Social Learning-a Useful Concept for Participatory Decision-

第二,社会学习过程。它主要由平台的可接近性①、信息交流③、知识分享④、公共问题界定、各自观点与目标的认识、相互依赖性与复杂性的理解、潜在价值观的明晰化、知识的共同创造④以及态度、信念、技能、能力、行动的改变⑤等组成。最后,社会学习目标。即多元主体将学习过程中的所得应用于公共事务问题的解决实践中⑥,是为了共同管理而共同学习⑦。具体包括确认问题与寻找解决方案⑧,共同决策与执行规划⑨,形成共同理

Making Process? .Path (Participatory Approaches in Science & Technology) Conference,2010-02-28,http://www.macaulay.ac.uk/pathconference/outputs/PATH_abstract_3. 1. 3.pdf.

① Maarleveld,M.,Dangbégnon,C.,Managing Natural Resources:A Social Learning Perspective,*Agriculture and Human Values*,1999,Vol. 16,Issue 3,pp. 267-280.

② McCrum G,*et al*. Adapting to Climate Change in Land Management:the Role of Deliberative Workshops in Enhancing Social Learning,*Environmental Policy and Governance*,2009,Vol. 19,Issue 6,pp. 413-426.

③ Cundill,G. and Rodela,R.,A Review of Assertions about the Processes and Outcomes of Social Learning in Natural Resource Management,*Journal of Environmental Management*,2012,Vol. 113,pp. 7-14.

④ Muro,M. and Jeffrey,P.,Social Learning-a Useful Concept for Participatory Decision-Making Process? .Path (Participatory Approaches in Science & Technology) Conference,2010-02-28,http://www.macaulay.ac.uk/pathconference/outputs/PATH_abstract_3. 1. 3.pdf;Mostert,E.,Pahl-Wostl,C.,Rees,Y.,Searle,B.,Tàbara,D.,and Tippett,J.,Social Learning in European River-Basin Management:Barriers and Fostering Mechanisms from 10 River Basins,*Ecology and Society*,2007,Vol. 12,No. 1,p. 19;Mostert,E.,et al.:Social Learning:the Key to Integrated Water Resources Management,*Water International*,2008,Vol. 33,Issue3,pp. 293-304.

⑤ Garmendia,E.,and Stagl,S.,Public Participation for Sustainability and Social Learning:Concepts and Lessons from Three Case Studies in Europe,*Ecological Economics*,2010,Vol. 69,Issue 8,pp. 1712-1722.

⑥ Pahl-Wostl,C.,and Hare,M.,Processes of Social Learning in Integrated Resources Management,*Journal of Community and Applied Social Psychology*,2004,Vol. 14,Issue 3,pp. 193-206.

⑦ 参见 Craps,M.,*Social Learning in River Basin Management*,HarmoniCOP WP2 reference document,2003;Ridder,D.,Mostert,E. and Wolters,H.A.,*Learning Together to Manage Together:Improving Participation in Water Management*,University of Osnabrück,Osnabrück,Germany,2005。

⑧ Frost,P.,Campbell,B.,Medina,G.,Usongo,L.,Landscape-Scale Approaches for Integrated Natural Resource Management in Tropical Forest Landscapes,*Ecology and Society*,2006,Vol. 11,No. 2,p. 30.

⑨ Mostert,E.,Pahl-Wostl,C.,Rees,Y.,Searle,B.,Tàbara,D.,and Tippett,J.,Social Learning in European River-Basin Management:Barriers and Fostering Mechanisms from 10 River Basins,*Ecology and Society*,2007,Vol. 12,No. 1,p. 19;Mostert,E.,et al.,Social Learning:the Key to Integrated Water Resources Management,*Water International*,2008,Vol. 33,Issue3,pp. 293-304.

解、多方协定、信任与协作关系、集体行动①,协调复杂与不确定环境下的行动②等。

此外,亦有学者对社会学习框架提出了不同观点,他们认为:社会学习这种集体决策框架主要包括以系统思考、理性交流为主要原则的规范性框架和以谁学习、学习什么、为什么学习和如何学习为主要内容的分析性框架③;社会学习分析性框架主要包括以对事实与信息的了解、对互动过程和人际关系的更好的理解和系统思考等为主要内容的学习与思考因素,以有效的多元沟通交流、协作平台的建立等为主要内容的参与互动因素,以对决策环境的管理、结构的开放性和支持开放交流的制度安排等为主要内容的社会与制度因素④。

五、社会学习的研究趋势与待解决的问题

社会学习的研究趋势与待解决问题主要包括以下方面:第一,社会学习框架方面。通过实证研究和经验来检验当前有关社会学习的观点在何种程

---

① Muro,M. and Jeffrey,P.,Social Learning-a Useful Concept for Participatory Decision-Making Process? .Path (Participatory Approaches in Science & Technology) Conference,2010-02-28, http://www.macaulay.ac.uk/pathconference/outputs/PATH_abstract_3. 1. 3.pdf; Schusler, T. M., Decker,D. J.,and Pfeffer,M. J.,Social Learning for Collaborative Natural Resource Management, *Society & Natural Resources:An International Journal*, 2003, Vol. 16, No. 4, pp. 309 – 326; Garmendia,E.,and Stagl,S.,Public Participation for Sustainability and Social Learning:Concepts and Lessons from Three Case Studies in Europe,*Ecological Economics*,2010,Vol. 69,Issue 8,pp. 1712-1722.

② 参见 Ison,R.,and Watson,D.,Illuminating the Possibilities for Social Learning in the Management of Scotland's Water,*Ecology and Society*,2007,Vol. 12,Issue1,Art. 21。

③ Maarleveld,M.,Dangbégnon,C.,Managing Natural Resources:A Social Learning Perspective,*Agriculture and Human Values*,1999,Vol. 16,Issue 3,pp. 267-280.

④ Kilvington,M.,*Social Learning as a Framework for Building Capacity to Work on Complex Environmental Management Problems:Online review*,2007. Retrieved 4/3/2008,from http://www. landcareresearch.co.nz/research/research_pubs.asp? Research_Content_ID=114.

度上是正确的①,通过案例研究来检验社会学习的理论框架②,将是未来几年这个领域的研究基础。第二,社会学习机制与目标方面。社会学习在何种条件下、何种程度上会优化公共决策进行实证检验将会成为一个中心主题③;已有的有限实证研究表明,社会学习可以导致集体行动,但这一结论是否具有普适性仍需要深入的实证检验,指导性的问题主要包括:社会学习能否导致集体行动? 如果能,在什么条件下? 其他的情境性因素在决定集体行动结果中起着什么作用④? 需要什么样的制度架构来促进集体行动?⑤ 最后,社会学习过程方面。尽管有大量的经验证据表明,公共参与中的确存在社会学习,但有关社会学习过程和结果的深入详细研究较少,社会学习如何发生、如何设计社会学习过程以更好地促进社会学习仍有待深入研究⑥;已有研究表明,协商并不总是会达成共识⑦,因此,什么样的协商与交流程序对社会学习是必要的?⑧ 协商在何种条件下可以促进社会学习,

---

① Cundill,G. and Rodela,R.,A Review of Assertions about the Processes and Outcomes of Social Learning in Natural Resource Management, *Journal of Environmental Management*, 2012, Vol. 113,pp. 7–14.

② Garmendia,E.,and Stagl,S.,Public Participation for Sustainability and Social Learning: Concepts and Lessons from Three Case Studies in Europe,*Ecological Economics*,2010,Vol. 69,Issue 8,pp. 1712–1722.

③ Cundill,G. and Rodela,R.,A Review of Assertions about the Processes and Outcomes of Social Learning in Natural Resource Management, *Journal of Environmental Management*, 2012, Vol. 113,pp. 7–14.

④ Cundill,G. and Rodela,R.,A Review of Assertions about the Processes and Outcomes of Social Learning in Natural Resource Management, *Journal of Environmental Management*, 2012, Vol. 113,pp. 7–14.

⑤ Schusler,T. M.,Decker,D. J.,and Pfeffer,M. J.,Social Learning for Collaborative Natural Resource Management,*Society & Natural Resources:An International Journal*,2003,Vol. 16,No. 4, pp. 309–326.

⑥ Garmendia,E.,and Stagl,S.,Public Participation for Sustainability and Social Learning: Concepts and Lessons from Three Case Studies in Europe,*Ecological Economics*,2010,Vol. 69,Issue 8,pp. 1712–1722.

⑦ Elstub,S.,The Third Generation of Deliberative Democracy,*Political Studies Review*,2010, Vol. 8,Issue 3,pp. 291–307.

⑧ Schusler,T. M.,Decker,D. J.,and Pfeffer,M. J.,Social Learning for Collaborative Natural Resource Management,*Society & Natural Resources:An International Journal*,2003,Vol. 16,No. 4, pp. 309–326.

需要从协商民主的视角进行深入考察①。

第三节　能力建设理论与实践研究

一、能力建设理论的产生与发展

"能力建设"(Capacity Building)是由"组织建设"(Institution Building)概念发展演变而来的②。组织建设一词最初为 20 世纪 70 年代联合国开发计划署(UNDP)向其成员国的相关组织提供指导性意见时所用,它所指涉的是增强诸如民用航空、农业、健康营养等组织的能力,从而使这些组织能够以尽可能最优的方式来完成既定任务,实现组织目标。直到 1991 年,组织建设一词才正式演化为能力建设。但是,能力建设的理论渊源并不局限于此。

个体能力建设阶段。个体能力建设阶段的能力建设聚焦于个体能力的提高,其基本途径是培训(Training)。20 世纪以来,生产力的飞速发展推动了人力资源发展(Human Resource Development)理念的转变,员工应该具备什么技能才能够以恰当的方式来完成任务成为了理论界和实践界关注的焦点。因此,通过培训来提高员工技能成为了促进员工工作绩效提升的路径选择。例如,InWEnt③认为,能力建设主要包括不断提高的专业培训、对话、网络和人力资源发展咨询服务,通过这些活动,各合作主体能够制定发展战略和政策。

---

① Cundill, G. and Rodela, R., A Review of Assertions about the Processes and Outcomes of Social Learning in Natural Resource Management, *Journal of Environmental Management*, 2012, Vol. 113, pp. 7–14.

② 参见 Maconick, R., and Morgan, P., *Capacity Building Supported by the United Nations*: *Some Evaluations and Some Lessons*, New York: United Nations, Department of Economic and Social Affairs, 1999。

③ 参见 InWEnt: *Capacity Building Concept*, Bonn: InWEnt, 2006。

组织能力建设阶段。组织能力建设阶段的能力建设聚焦于组织能力的提高,其关注的重点是组织重构或重塑。20世纪70年代,组织在绩效提升中所扮演的角色开始受到理论界与实践界的关注,能力建设关注的焦点开始由个体向组织转换。在逐步提升人力资源管理水平和物力资源保障水平的情况下,重构组织结构、优化过程管理、加强组织协同、重塑组织文化等措施开始成为组织能力建设的着力点。例如,有学者认为,组织能力建设是一个整体或系统,它不仅包括个体能力的提升,也包括以组织绩效和功能实现为内容的组织能力的提升;能力所指涉的是个体和组织能够以有效(Effective)、高效(Efficient)和持续(Sustainable)的方式作出决策并实现组织功能;能力建设是指通过教育与培训增强资源管理过程中公众技能与组织能力的过程[1]。

环境能力建设阶段。环境能力建设阶段的能力建设聚焦于环境能力的提高,其关注的重点在于从整体视角如何优化个体能力和组织能力提高所依赖的环境。20世纪80年代,随着能力建设理论研究与实践发展的不断深入,从系统视角来审视个体—组织—环境三个层次能力建设之间的内在联系显得尤为重要[2],环境能力建设也因此成为能力建设的重要组成部分。环境能力建设主要关注制度与法律框架的建设与发展,旨在为个体能力和组织能力建设提供有利的环境。在能力建设体系中,制度能力建设是居于第一位的,也是最重要的[3]。在公共服务领域,Filmer等认为,制度能力是提供有效服务的至关重要的因素。当这种能力不足时,医疗支出,即使是用在恰当的服务上,也会引致服务供给不足[4]。

可以看出,随着能力建设理论的日趋成熟,能力建设逐步形成了一个涵

---

① Wescott, G., Partnerships for Capacity Building: Community, Governments and Universities Working Together, *Ocean Coastal Manage*, 2002, Vol. 45, No. 9-10, pp. 549-571.

② Pres, A., Capacity Building: A Possible Approach to Improved Water Resources Management, *International Journal of Water Resources Development*, 2008, Vol. 24, Issue 1, pp. 123-129.

③ 参见 UNESCO IICBA: Can IICBA Make A Difference, *UNESCO IICBA Newsletter*, 1999, Vol. 1, No. 1。

④ Filmer, D., Hammer, J.S., Pritchett, L.H., Weak Links in the Chain: a Diagnosis of Health Policy in Poor Countries, *World Bank Research Observer*, 2000, Vol. 15, No. 2, pp. 199-224.

盖个体能力、组织能力和环境能力建设的系统体系。能力建设不仅仅包括培训,也包括如下内容:第一,人力资源发展:使个体具备理解技能的过程;使个体获得获取信息、知识和培训的途径的过程。第二,组织发展:精心设计的管理结构、过程和程序;组织内部、不同组织和部门(公共的、私人的、社区的)之间关系的管理。最后,制度与法律框架发展:通过合法合理的变革来增强不同层次不同部门的组织、制度和个体的能力。[①] 联合国开发计划署认为能力建设涉及人力资源发展、组织发展和不断改善的政策环境,以利于对正在出现或即将出现的需求产生恰当回应。Potter & Brough[②] 则从构成要素的视角构建了能力"金字塔"结构图(见图 2-2),从图 2-2 中可以看出,各种能力之间形成了层层节制的"因果"关系。与能力相对应,他们构建了由九类能力建设所组成的能力建设"金字塔"结构图(见图 2-3)。可以看出,这九种能力在整体上可以归属为个体能力、组织能力和环境能力。

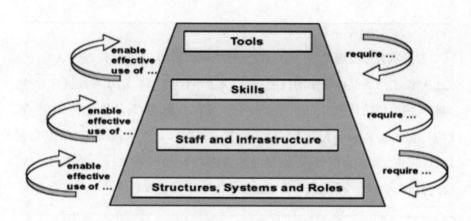

图 2-2 能力"金字塔"结构图

---

① 参见 http://www.gdrc.org/uem/capacity-define.html。

② Potter,C.,and Brough R.,Systemic Capacity Building:a Hierarchy of Needs,*Health Policy and Planning*,2004,Vol. 19,Issue 5,pp. 336-345.

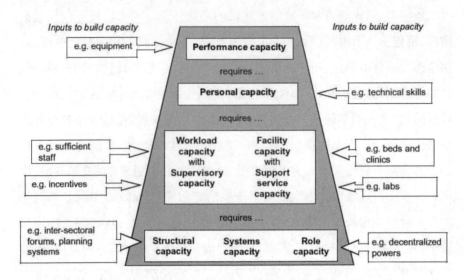

图 2-3　能力建设"金字塔"结构图

二、能力建设内涵与框架

（一）能力建设内涵

通过能力建设理论的产生与发展脉络可以看出,能力建设理论认为,能力在狭义上指做某件事情的技能;在广义上不仅指个体、组织和社区有效处理相关的事情的技能①,亦指组织性和技术性技能、关系及价值观,其使得国家、组织、群体和个人能够在社会的各个层次以有效、高效和持续的方式履行其职能,实现发展目标②。这意味着能力不是一种消极的状态,而是持续过程的一部分,而且人力资源在能力发展中居于核心位置③。 与能力内

---

① Lancrin,S. V.,*Building Capacity through cross Border Higher Education*,World Bank/OECD/Nuffic Seminar on Cross Border Higher Education and Capacity Development,The Hague,September 2006,pp. 1-13、14-15.

② 参见 Morgan,p.,*Capacity and Capacity Development-Some Strategies*,Note prepared for CIDA/ Policy Branch,1998。

③ UNDP:*Capacity Assessment and Development in a Systems and Strategic Management Context*,Technical Advisory Paper No 3,Management Development and Governance Division. January 1998.

涵相对应,能力建设在狭义上指增强特定人群管理其自身需求的潜力的技能的一系列活动①;在广义上指一系列活动及其动态的、持续的、所有利益相关者参与的过程,其"旨在增加知识、增强技能、改善个人行为、提升组织结构与过程,从而使组织能够以可持续的方式完成其使命与目标"②,如旨在增强资源管理过程中公众技能与组织能力的教育和培训及其过程。1991年,联合国开发计划署将能力建设定义为:通过恰当的政策与法律框架创造有利环境;组织发展,包括社区参与;人力资源发展以及管理系统的增强。在公共服务领域,能力建设"旨在增加公民和政府的能力以提供更具回应性和更高效的公共产品和服务"③。可见,能力建设并不是一个单项活动,而是一项系统工程。

（二）能力建设框架

如前所述,随着能力建设理论研究与实践的推进,能力建设外延逐步由单纯的个体能力建设经由公共组织能力建设扩展到地方社区与公民社会组织能力建设,并向社会文化、制度能力方向推进,其目标焦点亦逐步由个人与公共组织向个人、组织与社会环境的有机整合层次转移。因此,能力建设需要从整体系统的视角来审视。"能力是指作为整体的公众、组织和社会成功管理其面临的事务的技能,能力建设意味着作为整体的公民、组织与社会随着时间的推移,不断释放、增强、创造、适应与保持能力的动态过程"④,其"包含一个国家或地区的人、科学、技术、组织、制度和资源能力"⑤。可

---

① Potter, C., and Brough R., *Systemic Capacity Building: a Hierarchy of Needs, Health Policy and Planning*, 2004, Vol. 19, Issue 5, pp. 336–345.

② World Wide Fund for Nature Pakistan: *Capacity-building Framework: For Partners and Stakeholders.* [2012-08-13]. http://foreverindus.org/pdf/capacity-building_framework.pdf.

③ Hawkins, Jr. R. B., *Extension Project: Capacity-Building for Small Units of Rural Government*, Prepared for U.S. Department of Agriculture, Extension Service, unpublished final draft, 1980, p. 2.

④ OECD-DAC GOVNET, *The Challenge of Capacity Development: Working towards Good Practice*, Paris: Development Cooperation Directorate, 2006, p. 12.

⑤ 参见 UNCED, *Capacity Building-Agenda 21's definition* (Chapter 37). http://www.un.org/esa/dsd/agenda21/res_agenda21_37.shtml, 2012-08-13。

见,能力建设涵盖了个人、组织和环境三个层次[①]。通过对 Matachi[②]、Charles[③]、JICA[④] 等学者和机构观点的体系化整理,构建的能力建设框架如表 2-1。

表 2-1　能力建设框架

层次	能力的内涵	能力赖以建立的因素
个体	个体运用自身知识与技能制定目标并实现目标的意愿与能力	个体的知识、技能、价值观、态度、健康、意识等
组织	影响组织能力的内部因素	人力资源:组织成员的个体能力 物力资源:组织拥有的设施、设备、材料等 智力资源:组织的战略规划与实施、技术与服务、项目管理、过程管理、组织协同等 影响资源利用的组织结构、组织文化与管理方法等 组织管理者的领导能力
环境	影响个体与组织能力的环境因素	正式制度:法律、法令、政策、指令、规则等 非正式制度:风俗、文化、规范等 社会结构与社会关系等 可供利用的环境资源

三、能力建设实践研究

能力建设实践的研究多集中于公共服务能力建设、政府能力建设和公民参与能力建设研究三个方面。

(1)公共服务能力及其建设。公共服务能力指政府为满足社会公共需

---

① UNDP, *Capacity Assessment and Development in a Systems and Strategic Management Context*, Technical Advisory Paper No 3, Management Development and Governance Division, January 1998.

② 参见 Matachi, A., *Capacity Building Framework*: *UNESCO-IICBA*, United Nations Economic Commission for Africa, Addis Ababa, Ethiopia, 2006。

③ 参见 Charles, L., Anderson, G., and Murphy, E., *Institutional Assessment—A Framework for Strengthening Organizational Capacity for IDRC's Research Partners*, Ottawa: IDRC, 1995。

④ 参见 Task Force on Aid Approaches: *Capacity Development Handbook for JICA Staff*, JICA, March 2004。

要而提供的产品与服务的能力①,主要由规划能力、资源汲取能力、资源配置能力和危机管理能力构成②。县级政府公共服务能力主要受行政环境、政府人力资源、政府回应和行政文化等因素影响,其能力建设的关键在于建设高素质的政府人力资源队伍,途径在于促进政府回应与公共服务质量的良性互动,重点在于深化行政管理体制改革③。

（2）政府能力及其建设。第一,公共服务视角的政府能力是指,政府提供公共产品和服务的能力④。第二,政府职能视角的政府能力是指,为完成政府职能规划的目标和任务,拥有一定公共权力的政府组织,具有维持本组织的稳定存在和发展,有效治理社会的能量和力量的总和⑤。政府职能决定了政府能力的基本内容和发展方向,政府能力的大小强弱则决定了政府职能的实现程度⑥。最后,公共政策视角的政府能力是指,政府有效制定公共政策和执行公共政策,以解决社会公共问题,推动社会、经济、政治、文化良性发展的能力⑦。因此,政府能力建设应从提升公共服务供给水平、优化政府职能、提高公共政策效能、优化政府能力结构等方面展开⑧。

（3）公众参与公共服务能力及其建设。公众参与公共服务能力主要包括由公众参与公共服务的意识、技能、方式等构成的系统能力以及公众对公共服务的认知程度和判断能力,主要包括服务理念、服务知识与技能、服务方式、服务效能、服务绩效等要素,建议通过树立服务与责任意识、提高专业

---

① 参见李军鹏:《公共服务型政府》,北京大学出版社 2004 年版。
② 张立荣、李晓园:《县级政府公共服务能力结构的理论建构、实证检测及政策建议——基于湖北、江西两省的问卷调查与分析》,《中国行政管理》2010 年第 5 期。
③ 李晓园:《县级政府公共服务能力与其影响因素关系研究》,《公共管理学报》2010 年第 4 期。
④ 世界银行:《变革世界中的政府》,中国财政经济出版社 1997 年版,第 38 页;张国庆:《行政管理学概论》,北京大学出版社 2001 年版,第 562 页。
⑤ 施雪华:《论政府能力及其特性》,《政治学研究》1996 年第 1 期。
⑥ 金太军:《行政改革与行政发展》,南京师范大学出版社 2003 年版,第 500 页。
⑦ 王骚、王达梅:《公共政策视角下的政府能力建设》,《政治学研究》2006 年第 4 期。
⑧ 张康之:《机构改革后阻碍政府能力提升的因素》,《南京社会科学》2001 年第 5 期;王骚、王达梅:《公共政策视角下的政府能力建设》,《政治学研究》2006 年第 4 期;汪永成:《政府能力的结构分析》,《政治学研究》2004 年第 2 期。

技能、扩大知情权、顺畅参与渠道、建立激励机制、健全反馈评价机制、培育公民社会等途径来提升公众参与公共服务的能力①。

第四节 能力建设、社会学习与公共服务决策优化的关系研究

一、社会学习对公共决策优化的作用

学界已达成共识,社会学习能够促进公共决策优化②。社会学习有助于增强多元主体之间的理解③,旨在通过增加对话机会与实践来优化公共决策,其所关注的不仅仅是就不同观点达成一致,更关注如何管理对话过程以使其有利于集体观念与行动④。公共服务决策技术效率实现的关键在于,通过学习交流和借助民主过程来共同寻找解决问题的办法⑤。实证研究亦证明了社会学习能够促进公共决策优化:在环境治理中,社会学习可以提高复杂、不确定、冲突和矛盾背景中的决策质量与智慧⑥;运用混合方法评估的个案研究发现,景观与城市规划中的社会学习结果主要包括陈述性

---

① 漆国生:《公共服务中的公众参与能力探析》,《中国行政管理》2010 年第 3 期。

② Cundill,G. and Rodela,R.,A Review of Assertions about the Processes and Outcomes of Social Learning in Natural Resource Management, *Journal of Environmental Management*, 2012, Vol. 113,pp. 7-14.

③ McCrum G,et al. Adapting to Climate Change in Land Management:the Role of Deliberative Workshops in Enhancing Social Learning, *Environmental Policy and Governance*,2009,Vol. 19, Issue 6,pp. 413-426.

④ Kilvington,M.,*Social Learning as a Framework for Building Capacity to Work on Complex Environmental Management Problems*:*Online review*,2007. Retrieved 4/3/2008,from http://www. landcareresearch.co.nz/research/research_pubs.asp? Research_Content_ID=114.

⑤ Stoker,G.,*Public Value Management:A New Resolution of the Democracy/Efficiency Trade-off*,Institute for Political and Economic Governance,University of Manchester,UK,2005,p. 12.

⑥ Röling, N. G., and Wagemakers, M. A. E., *Facilitating Sustainable Agriculture*: *Participatory Learning and Adaptive Management in Times of Environmental Uncertainty*. Cambridge, UK:Cambridge University Press,1998,p. 54.

知识和程序性知识的获得、不同观点的理解、社会与技术技能等,社会学习结果对未来决策的潜在影响包括不断提高的意识和较好的社会关系,这些都为不同主体之间未来的合作奠定了良好的基础①;通过三个能源与资源管理的个案研究发现,社会学习能够破解自然资源管理公共决策中由复杂性、不确定性等引致的诸多难题②;社会学习有助于促进决策的达成③。

二、能力建设对社会学习的作用

案例分析发现,成员的多元化,平台在时间、空间、结构和运作方面的可接近性,成员的组织化程度、技能和能力,合适的制度安排④,这些涉及个体、组织、环境三个层面的能力建设均对社会学习效果有着至关重要的影响。个体能力建设方面,社会学习必然要求参与者从更广的文化价值观及其所蕴含的政治与文化涵义的背景中对既定问题进行界定的能力⑤;社会学习建立在对行为、价值观等所潜藏的假设的质疑能力基础上⑥。组织能力建设方面,Garmendia & Stagl⑦通过三个个案的实证研究表明,社会学习

① Albert,C.,et al. Social Learning can Benefit Decision-Making in Landscape Planning:Gartow Case Study on Climate Change Adaptation,Elbe Valley Biosphere Reserve,*landscape and urban planning*,2012,Vol. 105,Issue 4,pp. 347-360.

② Garmendia,E.,and Stagl,S.,Public Participation for Sustainability and Social Learning:Concepts and Lessons from Three Case Studies in Europe,*Ecological Economics*,2010,Vol. 69,Issue 8,pp. 1712-1722.

③ 参见 Stern,P. C.,and Fineberg,H. V.,*Understanding Risk:Informing Decisions in a Democratic Society*,Washington,DC:National Academy Press,1996。

④ Maarleveld,M.,Dangbégnon,C.,Managing Natural Resources:A Social Learning Perspective,*Agriculture and Human Values*,1999,Vol. 16,Issue 3,pp. 267-280.

⑤ Stirling,A.,*On "Science" and "Precaution" in the Management of Technological Risk*,report to the EU Forward Studies Unit,IPTS,Sevilla,1999 EUR19056 available at:ftp://ftp. jrc. es/pub/EURdoc/eur19056en.pdf.

⑥ Garmendia,E.,and Stagl,S.,Public Participation for Sustainability and Social Learning:Concepts and Lessons from Three Case Studies in Europe,*Ecological Economics*,2010,Vol. 69,Issue 8,pp. 1712-1722.

⑦ Garmendia,E.,and Stagl,S.,Public Participation for Sustainability and Social Learning:Concepts and Lessons from Three Case Studies in Europe,*Ecological Economics*,2010,Vol. 69,Issue 8,pp. 1712-1722.

的深度和广度取决于协商研讨会的设计状况。环境能力建设方面，Mostert① 等通过对十个个案的实证分析发现,政治与制度、领导者的动机与能力、开放性和透明性、资源的充足程度等对社会学习效果有至关重要的影响。

三、能力建设对公共服务决策优化的作用

通过梳理相关文献,可以发现,学界的主流观点是能力建设有助于提升公共服务决策效能:第一,能力建设可以通过促进公共参与来间接影响公共服务决策效能的提升。"能力建设是促进公民参与走向可操作化的有效方法"②,旨在增加公民和政府的能力以提供更具回应性和更高效的公共服务③。通过公共参与来间接影响公共服务决策效能提升的关键在于,"有效地将(公共服务)的技术与专业知识与公民的有效参与整合在一起。这需要在公民与公共管理者之间形成更为合作的关系和伙伴关系。这种伙伴关系强调公共问题的解决和公共能力的培养"④。第二,能力建设可以通过推进实质平等来直接影响公共服务决策效能的提升。本研究前期从参与决策视角提出,加强能力建设进而推进农村公共服务决策的实质平等,可以提升多元主体参与农村公共服务决策的效能⑤;"决策主体视角下的保障条件有

---

① Mostert, E., Pahl-Wostl, C., Rees, Y., Searle, B., Tàbara, D., and Tippett, J., Social Learning in European River-Basin Management: Barriers and Fostering Mechanisms from 10 River Basins, *Ecology and Society*, 2007, Vol. 12, No. 1, p. 19.

② Cuthill, M., and Fien, J., Capacity Building: Facilitating Citizen Participation in Local Governance, *Australian Journal of Public Administration*, 2005, Vol. 64, No. 4, pp. 63-80.

③ Robert B. Hawkins, Jr., *Extension Project: Capacity-Building for Small Units of Rural Government*. Prepared for U.S. Department of Agriculture, Extension Service, unpublished final draft, 1980, p. 2.

④ [美]谢里尔·西姆拉尔·金、卡米拉·斯蒂福斯:《民有政府:反政府时代的公共管理》,李学译,中央编译出版社 2010 年版,第 193 页。

⑤ 吴春梅、翟军亮:《协商民主与农村公共服务供给决策民主化》,《理论与改革》2011年第 4 期。

利于促进决策符合真实需求偏好"①。此外,阿玛蒂亚·森②提出的能力平等学说为深入探究公共服务决策优化问题提供了新的分析工具与视角。

第五节　治理理论与实践研究

一、治理理论的产生与发展

治理并不是一个最近才出现的新词汇③,它"只是晚近方才进入社会科学的标准英语词汇之内"④。"在不同历史时期,有不同的治理模式或统治方式"⑤。因此,治理理论随着历史的发展而不断演变。

(1)作为"统治(Government)"的治理。"英语的'治理'可以追溯到古典拉丁语和古希腊语中的'操舵'一词,原意主要指控制、指导或操纵,与government 的含义交叉。长期以来,governance 一词专用于与'国家公务'相关的宪法或法律的执行问题,或指管理利益关系不同的多种特定机构或行业"⑥。洛尼(H. R. Loyn)⑦对盎格鲁—撒克逊时期英国治理实践即采用此种意义。国内学者徐勇认为"governance 的中文意思主要是统治、管理或统治方式、管理方式,即统治者或管理者通过公共权力的配置和运作,管理

---

① 翟军亮、吴春梅:《论社会学习框架下公共服务集体决策的优化——兼论公共参与难题的破解》,《理论与改革》2012 年第 2 期。

② 参见[印]阿玛蒂亚·森:《以自由看待发展》,任赜等译,中国人民大学出版社 2009年版。

③ Leach,R, and Percy-Smith, J., *Local Governance in Britain*, Hampshire:Palgrave, 2001, p.47.

④ [英]鲍勃·杰索普、漆燕:《治理的兴起及其失败的风险:以经济发展为例的论述》,《国际社会科学杂志》(中文版)1999 年第 1 期。

⑤ 徐勇:《治理转型与竞争——合作主义》,《开放时代》2001 年第 7 期。

⑥ [英]鲍勃·杰索普、漆燕:《治理的兴起及其失败的风险:以经济发展为例的论述》,《国际社会科学杂志》(中文版)1999 年第 1 期。

⑦ Loyn, H. R., *The Governance of Anglo-Saxon England*, Edward Amold Ltd, 1984, pp.500-1087.

公共事务,以支配、影响和调控社会"①,并进一步指出,在传统治理模式的历史条件下,治理是与统治交叉使用的同义语②。此外,世界银行③、联合国开发署等国际组织的报告中亦有相似的观点。

（2）作为新公共管理的治理。此语境下的治理意味着以市场逻辑来管理公共事务,构建具有企业家精神的政府,实现公共部门向"更小的政府"、"更多的治理"的转变。戴维·奥斯本等④在抨击官僚主义的低效率后,主张以企业家精神来改革政府,构建分权、竞争、高效、有使命感、效果导向、顾客驱使的政府。由于其大量使用了"治理"这个词语,因此人们可以把具有企业家精神的公共行政与治理视为同一回事⑤。盖伊·彼得斯⑥通过对20世纪80年代之后的政府治理角色和运作方式的深入剖析,归纳了市场式政府、参与式政府、弹性化政府、解制型政府四种未来政府治理模式以提高政府的效益、效率和效能。此外胡德⑦亦表达了通过市场化工具实现效率提升的观点。此语境下的治理机制被概括为新公共管理⑧。

（3）20世纪90年代后的治理。此语境下的治理与统治相对,认为治理是指各种公共的或私人的个人和机构管理其共同事务的诸多方式的总和,它是相互冲突的或不同利益得以调和并且采取联合行动的持续的过程,其

---

① 徐勇:《GOVERNANCE:治理的阐释》,《政治学研究》1997年第1期。

② 徐勇:《治理转型与竞争——合作主义》,《开放时代》2001年第7期。

③ 参见 World Bank, *From Crisis to Sustainable Growth-Sub Saharan Africa: a Long-Term Perspective Study*, 1989。

④ 参见[美]戴维·奥斯本、特德·盖布勒:《改革政府:企业精神如何改革着公营部门》,周敦仁、汤国维、寿进文、徐获洲译,上海译文出版社2006年版。

⑤ 参见[美]乔治·弗雷德里克森:《公共行政的精神》,张成福、刘霞、张璋、孟庆存译,中国人民大学出版社2003年版。

⑥ [美]B.盖伊·彼得斯:《政府未来的治理模式》,吴爱明等译,中国人民大学出版社2001年版,第25—283页。

⑦ 参见 Hood, C., A Public Management for All Seasons, *Public Administration*, 1991, Vol.69, No.1, pp.3-19; Stoker, G., *The New Management of British Local Governance*, Hampshire: Macmillan Press Ltd., 1999。

⑧ 参见 OECD, *Governance in Transition: Public Management Reforms in DECD Countries*, Paris: OECD, 1995。

既包括正式制度和规则,也包括非正式制度安排①。与统治不同,治理指的是一种由共同的目标支持的活动,这些管理活动的主体未必是政府,也无须依靠国家的强制力量来实现。"治理意味着政府管理含义发生了变化,指的是一种新的管理(Governing)过程;或者是一种改变了的有序统治状态;或者是一种新的社会管理方式"②。首先,治理需要权威,但这个权威并非一定是政府机关,治理是政治国家与公民社会的合作、政府与非政府的合作、公共机构和私人机构的合作、强制与自愿的合作;其次,与统治不同,治理则是一个上下互动的管理过程,它主要通过合作、协商、伙伴关系、确立认同和共同的目标等方式实施对公共事务的管理③。正如杰瑞·斯托克所总结的,治理指出自政府、但又不限于政府的一套社会公共机构和行为者,指出在为社会和经济问题寻求解答的过程中存在的界限和责任方面的模糊之点,各个社会公共机构之间存在权力依赖,行为者网络的自主自治,办好事情的能力并不在于政府的权力,不在于政府下命令或运用其权威。④ 因此,治理打破了长期存在的市场与计划、公共部门与私人部门、国家与公民社会等两分法的传统思维方式,回应了众多学者和实践者对新公共管理损害公平、正义、民主和代议制等宪政价值,削弱公民主人地位⑤的批评。

可以看出,治理强调多元参与机制、平等合作机制、权力依赖与分享。第一,多元参与。治理主体的多元化已经成为国内外学界的共识。"治理活动的主体未必是政府"⑥,"公共的或私人的个人和机构","治理比政府

---

① 参见全球治理委员会:《我们的全球伙伴关系》,牛津大学出版社 1995 年版,第 23 页。

② Rhodes,R. A. W.,The New Governance:Governing without Government,*Political Studies*,1996,Vol. 44,Issue4,pp. 652–667.

③ 俞可平:《治理与善治》,社会科学文献出版社 2000 年版,第 5—6 页。

④ [英]杰瑞·斯托克:《作为理论的治理:五个论点》,载俞可平编:《治理与善治》,社会科学文献出版社 2000 年版,第 32 页。

⑤ 参见[美]理查德·C.博克斯:《公民治理:引领 21 世纪的美国社区》,孙柏瑛等译,中国人民大学出版社 2005 年版。

⑥ [美]詹姆斯·N.罗西瑙:《没有政府的治理》,张胜军等译,江西人民出版社 2001 年版,第 75 页。

管理范围更广,包括了非国家的行为者①,"多中心治理理论"②等都表述了治理主体多元化的趋势。第二,平等合作。治理强调政府与社会各种组织的合作③,其权力向度是多元的、相互的,它所偏重的统治机制并不依靠政府的权威或制裁④。最后,权力依赖与分享。治理强调治理主体间的关系网络⑤,通过关系网络实现权力的依赖与分享,"它所关心的是网络化的过程及伙伴关系"⑥。Rhodes⑦在上述观点的基础上,通过构建"权力依赖模型"以剖析英国地方治理主体间的权力关系。

近几年来,协作治理在继承并发展治理理论的基础上,注重从集体/公共决策的角度来考量治理,推动了治理与集体/公共决策的融合。Ansell 和 Dash⑧认为协作治理是一种治理安排,一个或多个公共部门与非政府部门通过这种治理安排来参与正式的、共识导向的、协商的并且旨在制定或执行公共政策的集体决策过程。Crosby & Stone⑨认为,跨部门合作是指为了共同实现一个单个组织(部门)难以实现的目标,多个组织(部门)之间的信息、资源、活动(Activities)、能力(Capabilities)的链接或共享(Linking or Sha-

---

① 参见[英]罗伯特·罗茨:《新的治理》,载俞可平编:《治理与善治》,社会科学文献出版社 2000 年版。

② 参见[美]埃莉诺·奥斯特罗姆:《公共事物的治理之道》,余逊达、陈旭东译,三联书店出版社 2000 年版;[美]迈克尔·麦金尼斯:《多中心体制与地方公共经济》,毛寿龙译,中国人民大学出版社 2003 年版。

③ 参见 Rosenau, J. N., and Czempiel, E. O., *Governance without Government: Order and Change in World Politics*, Cambridge University Press, 1992。

④ [英]杰瑞·斯托克:《作为理论的治理:五个论点》,载俞可平编:《治理与善治》,社会科学文献出版社 2000 年版,第 32 页。

⑤ 参见 Goss, S., *Making Local Governance Work: Networks, Relationships and the Management of Change*, Hampshire: Palgrave, 2001。

⑥ Stoker, G., *The New Politics of British Local Governance*, Hampshire: Macmillan Press, 2000, p. 3.

⑦ 参见 Rhodes, R. A. W., *Control and Power in Central-local Government Relations*, Aldershot: Ashgate Publishing Ltd., 1999。

⑧ Ansell, C. and Gash, A., Collaborative Governance in Theory and Practice, *Journal of Public Administration Research and Theory*, 2008, Vol. 18, Issue 4, pp. 543-571.

⑨ Bryson, J. M., Crosby, B. C, and Stone, M. M., The Design and Implementation of Cross-Sector Collaborations: Propositions from the Literature, *Public Administration Review*, 2006, Vol. 66, Issue Supplement s1, pp. 44-55.

ring）。Emerson，Nabatchi & Balogh 认为，协作治理是一种公共政策制定和管理的过程和结构①，通过这种过程和结构，跨部门、跨层级、跨公共、私人、公民团体的人们能够为了实现一个只有多主体合作才能实现的公共目标，建设性地参与公共政策制定和管理。进一步地，Choi 将协作治理看作是一种协商性的集体决策过程（Deliberative Group Decision-making Process）②，通过这种决策过程，多元主体通过协商来探寻各主体相互满意的结果以就当前所面临的事务达成共识，因此，作为集体决策过程的协作治理的特征主要包括集体的平等的决策过程、协商、共识导向、互利共赢互动（Mutually Beneficial Interaction）③。

协作治理不仅推动了治理理论与实践的发展，也推动了公共决策优化。诸多研究表明，协作治理有助于提升公共决策对多元偏好，尤其是少数人的偏好的包容性④；有助于促进公共决策对公众需求的回应性⑤；有助于促进公共决策制定过程中的信息交流与知识分享，提升公共决策的合法性与可接受性、提升多元主体的满意度水平和决策的回应性水平⑥；有助于提升公

① 参见 Emerson，K.，Nabatchi，T.，and Balogh，S.，An Integrative Framework for Collaborative Governance，*Journal of Public Administration Research and Theory*，Advance Access published May 2，2011。

② 参见 Choi，T.，*Information，Sharing，Deliberation，and Collective Decision-Making：A Computational Model of Collaborative Governance*，Doctoral Dissertation of University of Southern Calilornia，2011。

③ Choi，T.，*Information，Sharing，Deliberation，and Collective Decision-Making：A Computational Model of Collaborative Governance*，Doctoral Dissertation of University of Southern Calilornia，2011，pp. 9-13.

④ Booher，D. E. and Innes，J. E.，Network Power in Collaborative Planning，*Journal of Planning Education and Research*，2002，Vol. 21，No. 3，pp. 221-236；Feldman，M. S.，and Khademian，A. M.，The Role of the Public Manager in Inclusion：Creating Communities of Participation，*Governance：An International Journal of Policy，Administration，and Institutions*，2007，Vol. 20，No. 2，pp. 305-324.

⑤ Booher，D. E.，Collaborative Governance Practices and Democracy，*National Civic Review*，2004，Vol. 93，Issue 4，pp. 32-46.

⑥ Choi，T.，*Information，Sharing，Deliberation，and Collective Decision-Making：A Computational Model of Collaborative Governance*，Doctoral Dissertation of University of Southern Calilornia，2011，pp. 10-15.

共决策的科学性①。

二、乡村治理转型及其对农村公共服务的影响

乡村治理是治理理论在农村场域中的具体实践,是以乡村政府为基础的国家机构和乡村其他权威机构给乡村社会提供公共服务的活动②。随着村民自治制度的深入推行,以村民自治制度为代表的基层民主制度已经从制度上建构了一个以农民为主体的乡村治理体系③。尽管在实际运作中,乡村治理尚未成为实质意义上的民主治理,一些地方甚至表现为极少数农村管理者或农村"权力精英"的治理④,"属于一种(地方)'权威性自治',而不是现代意义上的(村民)'代表性自治'"⑤,但是,乡村治理由"单中心"向"多中心"转型的趋势已不可逆转。如 Jennings 认为村民可以通过"合作"、"发言"、"接触"三种模式进行参与⑥。近几年来,随着农村经济社会的不断发展,乡村自组织网络⑦也得到了快速发展,农民的公民权意识也得到了快速成长,更是推动了乡村治理由"单中心"向"多中心"的转型。

乡村治理转型推动了农村公共服务转型。首先,乡村治理强调多元参与,意味着政府与地方机构、志愿组织、市场组织和个体等主体之间进行合作管理,推动了农村公共服务供给方式的转型。因为,"没有任何主体,不论是公共的还是私人的,拥有解决复杂、动态、多样的问题所需的所有知识

---

①　Postmes,T.,Spears,R.,and Cihangir,S.,Quality of Decision Making and Group Norms,*Journal of Personality and Social Psychology*,2001,Vol. 80,No. 6,pp. 918–930.

②　党国英:《我国乡村治理改革回顾与展望》,《社会科学战线》2008 年第 12 期。

③　徐勇:《现代国家、乡土社会与制度建构》,中国物资出版社 2009 年版,第 142—143 页。

④　卢福营:《村民自治与阶层博弈》,《华中师范大学学报》(人文社会科学版)2006 年第 4 期。

⑤　张静:《村庄自治与国家政权建设》,载黄宗智编:《中国乡村研究》(第一辑),商务印书馆 2003 年版,第 214 页。

⑥　Jennings,M. K.,Political Participation in the Chinese Countryside,*American Political Science Review*,1997,Vol. 91,No. 2,pp. 361–372.

⑦　自组织网络意味着一种自主而且自我管理的网络。参见 Rhodes,R. A. W.,The New Governance:Governing without Government,*Political Studies*,1996,Vol. 44,Issue 4,pp. 652–667.

和信息;没有一个行为者有足够的能力有效地利用所需的工具;没有一个行为者有充分的行动潜力单独地主导一个特定的政府管理模式。"①在农村公共服务供给领域,多元参与合作管理推动农村公共服务供给方式将呈现出政府垄断供给→多元供给→以公民权为基础的合作生产→以网络治理为基础的合作供给的演变态势②。其次,乡村治理强调平等合作,推动了农村公共服务供给中权力结构转型。与传统公共行政通过科层管理制来追求秩序所形成的政府垄断权力和等级合作不同,治理强调多元主体之间的平等合作。"治理是社会—政治—行政干预和互动的结果。虽然在政策中存在着秩序,但是这种秩序不是上级制定的;它是在几个受到影响的主体相互协商中产生的"③。在农村公共服务供给领域,这集中体现依托于传统科层制的自上而下的"命令—控制"机制向多元主体之间依托网络治理的平等合作机制转型。最后,治理强调权力共享,推动了农村公共服务供给中的权力结构呈现出等级权力→以中心—边缘结构为基础的多元权力→以公民权为基础的共享权力→以网络治理为基础的共享权力的演变态势④。

决策是农村公共服务供给的核心并贯穿于农村公共服务供给全过程,在乡村治理转型推动农村公共服务供给转型的背景下,协作治理理论对深入推进农村公共服务决策优化具有重要意义,如何通过协作治理所倡导的公共政策/决策制定和管理的安排、过程和结构来推进农村公共服务决策优化有待深入研究。例如:(1)平等的决策过程如何实现? 协作治理理论认为,协作治理能够确保多元主体平等参与决策、拥有更多的影响决策的机

---

① Rhodes, R. A. W., The New Governance: Governing without Government, *Political Studies*, 1996, Vol. 44, Issue4, pp. 652-667.

② 吴春梅、翟军亮:《变迁中的公共服务供给方式与权力结构》,《江汉论坛》2012 年第 12 期。

③ Rhodes, R. A. W., The New Governance: Governing without Government, *Political Studies*, 1996, Vol. 44, Issue4, pp. 652-667.

④ 吴春梅、翟军亮:《变迁中的公共服务供给方式与权力结构》,《江汉论坛》2012 年第 12 期。

会、所有观点和信息都将被平等考虑①。在农村公共服务决策中，平等的决策过程主要包括哪些方面、通过何种安排、过程和结构来增进决策过程的平等性等问题均需要深入探讨。（2）如何增强集体学习效果？协作治理理论认为，集体学习是公共决策过程的重要组成部分②。通过集体学习，各主体能够理解他们所面临的问题，认识到彼此之间的依赖性、分享他们的知识、建立相互信任关系③。在农村公共服务决策中，通过何种安排、过程和结构来增进集体学习效果等问题均需要深入探讨。（3）如何增进协商效果？协作治理认为，在理想的协商过程中，协作治理体系中的每个参与者都拥有平等的机会将他们的观点与知识输入进决策过程中④。在农村公共服务决策中，通过何种安排、过程和结构来增进协商效果等问题均需要深入探讨。

① Fung, A., and Wright, E. O., Deepening Democracy: Innovations in Empowered Participatory Governance, *Politics and Society*, 2001, Vol. 29, No. 1, pp. 5-41; Fung, A., and Wright, E. O., *Deepening democracy: Institutional innovations in empowered participatory governance*, London: Verso, 2003; Choi, T., *Information, Sharing, Deliberation, and Collective Decision-Making: A Computational Model of Collaborative Governance*, Doctoral Dissertation of University of Southern California, 2011, p. 8.

② Bouwen, R. and Taillieu, T., Multi-party Collaboration as Social Learning for Interdependence: Developing Relational Knowing for Sustainable Natural Resource Management, *Journal of Community & Applied Social Psychology*, 2004, Vol. 14, Issue 3, pp. 137-153; Hahn, T., Olsson, P., Folke, C., and Johansson, K., Trust-Building, Knowledge Generation and Organizational Innovations: The Role of a Bridging Organization for Adaptive Comanagement of a Wetland Landscape around Kristianstad, Sweden, *Human Ecology*, 2006, Vol. 34, Issue 4, pp. 573-592.

③ Blatner, K. A., Carroll, M. S., Daniels, S. E., and Walker, G. B., Evaluating the Application of Collaborative Learning to the Wenatchee Fire Recovery Planning Effort, *Environmental Impact Assessment Review*, 2001, Vol. 21, No. 3, pp. 241-270; Folke, C., Hahn, T., Olsson, P., Norberg, J., Adaptive Governance of Social-Ecological Systems, *Annual Review of Environment and Resources*, 2005, Vol. 30, pp. 441-473; Thomson, A. M., and Perry, J. L., Collaboration Processes: Inside the Black Box, *Public Administration Review*, 2006, Vol. 66, Issue supplement s1, pp. 20-32.

④ Choi, T., *Information, Sharing, Deliberation, and Collective Decision-Making: A Computational Model of Collaborative Governance*, Doctoral Dissertation of University of Southern California, 2011, p. 1.

第六节　研究述评

综上所述,国内外相关研究呈现如下趋势:第一,公共服务决策系统研究开始由独立的公共服务决策优化、社会学习、能力建设研究向彼此关系的研究拓展,公共服务决策优化研究开始由独立的科学化、民主化、高效化研究向民主化与高效化结合的研究拓展,显示出体系化研究的初始迹象。第二,基于问题导向的多学科、多视角的综合研究已成为应对理论发展和实践需求的必然要求,显示出多学科交叉融合的研究态势。第三,研究重心逐步下沉,部分领域开始由前期的规范研究向实证研究甚至是定量研究延伸,初显宏微观结合的研究态势。

但是,现有研究尚存在以下问题:第一,缺乏农村公共服务决策优化、社会学习、能力建设三者之间的内在逻辑关系研究。现有研究成果主要集中在社会学习对公共决策优化的影响、能力建设对公共服务决策优化及社会学习的影响方面,揭示三者之间内在逻辑关系的体系化研究成果十分少见,忽视了目标、路径与保障条件之间的联系,难以避免就问题谈问题研究思路的局限。第二,缺乏从科学化、民主化、高效化三者有机结合角度的农村公共服务决策优化研究。现有研究成果主要集中在独立形态的科学化、民主化、高效化研究和民主化与高效化结合研究方面,揭示三者之间内在逻辑关系的体系化研究成果十分少见,具有典型的碎片化特征。最后,量化研究严重不足。农村公共服务决策的全面优化和系统优化是一个复杂系统,单靠一门学科、一种方法难以解决问题。无论是农村公共服务决策优化、社会学习还是能力建设,既有研究多以规范研究为主,实证研究相对缺乏,定量研究十分少见,难以满足本研究对农村公共服务决策全面优化的发生机理和农村公共服务决策系统优化的作用机理进行定量验证的需要。

针对国内外相关研究中的一些欠缺之处,需要进一步就下述问题进行深入研究:在社会管理向社会治理转型背景下,探讨农村公共服务决策科学化、民主化、高效化三者之间的内在逻辑关系，揭示农村公共服务决策全面优化的发生机理与规律；探讨"保障条件—路径—目标"研究范式下农村公共服务决策优化、社会学习、能力建设三者之间的内在逻辑关系，揭示农村公共服务决策系统优化的作用机理与规律；在量表开发、实证测量的基础上，对上述发生机理和作用机理进行验证，目的是通过体系化、情景化研究，为破解农村公共服务决策困境以提高决策优化水平提供理论依据。

第三章　农村公共服务决策:演进
趋势、问题与优化

"十二五"规划提出要强化农村公共服务,统筹城乡发展规划,促进城乡公共服务一体化。梳理公共服务决策的演进趋势,分析农村公共服务决策存在的问题,推进农村公共服务决策优化已成为破解现阶段普遍面临的总量不足、结构失衡、不均等化和效率低下等困境的当务之急。

第一节　公共服务决策的演进趋势

从公共服务决策理论演变和历史轨迹中探寻公共服务决策演进趋势,总结其规律和经验,可为推进我国公共服务改革、缓解农村公共服务困境提供有益启示。整体上,公共服务发展决策趋势可以从供需导向、决策方式和价值取向三个视角展开。

一、决策供需导向:由供给主导型决策走向需求主导型决策

依据供需导向的差异,公共服务供给制度可以分为供给主导型和需求主导型。发达国家的公共服务供给制度已完成由供给主导型向需求主导型的转变,而我国农村尚处这种转变过程中。鉴于此,本研究进一步将公共服务决策划分为供给主导型公共服务决策、供给主导向需求主导转型的过

渡型决策、需求主导型公共服务决策。

第一,供给主导型公共服务决策。

供给主导型公共服务决策依存于供给主导型公共服务供给制度。在借鉴相关学者研究成果的基础上,本研究认为供给主导型公共服务供给制度是指在公共服务供给中,政府基于自身对公共服务需求的理解和偏好,根据效用最大化的原则,确定公共服务需求的数量、结构和供给方式,制定公共服务决策或方案,向社会强制供给公共服务的供给制度。它并不完全排除社会需求方的需求表达,但政府提供公共服务的意愿和能力是主导公共服务供给的决定性因素。供给主导型公共服务决策是指公共服务决策过程中所形成以下主要规则和制度体系,即决策建立在政府较之民众更了解民众需求的假设基础上;决策完全由政府垄断,排斥公众参与;决策前的偏好显示和转换机制、决策信息沟通机制以及决策监督机制不健全,仅仅局限于政府内部监督。

供给主导型公共服务决策的形成是由以下因素引致的:首先,传统公共行政理论假定民众并不热心于公共参与,即使参与也应仅仅局限于政治领域,而非公共行政领域。"公共行政则将公民参与看作是一个不适宜本领域的范畴,它最好是远离职业化的行政官员"①。其次,在公共服务决策制定过程中,"公共政策一旦形成,权力影响力应该从选任的政策制定者自上而下地流向行政管理者,再流向公众。这里并不存在着影响力的逆向流动,即同时也不允许来自公众的影响力经由行政管理者沿科层体系向上流动"②。再次,民众自身参与意识薄弱,市民社会发展不成熟,社会组织力量相对弱小,对政府决策的影响微乎其微,使得政府完全垄断公共服务决策。

供给主导型公共服务供给制度发端于 20 世纪 30—40 年代,在英国以艾德礼政府的根本性改革为标志,在美国以罗斯福新政为标志。其典型特

---

① [美]约翰·克莱顿·托马斯:《公共决策中的公民参与:公共管理者的新技能与新策略》,孙柏瑛等译,中国人民大学出版社 2005 年版,第 15 页。

② [美]约翰·克莱顿·托马斯:《公共决策中的公民参与:公共管理者的新技能与新策略》,孙柏瑛等译,中国人民大学出版社 2005 年版,第 16 页。

征为政府不但对社会的公共服务进行计划和管理,而且还直接地成为了公共服务的提供者:通过将生产公共服务的企业收归国有和大规模的社会福利计划而承担公共服务生产者的责任;通过法律或施政纲领来规定提供公共服务的步骤、覆盖面和程度来承担公共服务管理者的责任;通过监督公共服务的提供情况和完成情况,并调整制定下一步的供给计划来承担监督者的责任①。在这一供给模式中,"政府将公共服务全面纳入了自己的管理之中,社会公众没有选择公共服务的权力,甚至没有拒绝公共服务的权力,一切公共服务的种类、数量、范围等均由政府事先决定"②。

第二,供给主导向需求主导转型的过渡型决策。

过渡型公共服务供给制度是由供给主导型向需求主导型转变的过渡形态。在借鉴弗雷德·W.里格斯行政生态学的基本原理、供给主导型供给制度的典型特征以及公共服务供给实践的基础上,本研究将过渡型公共服务供给制度界定为:在公共服务供给中,以政府自身对公共服务的理解和偏好为公共服务需求的主导输入方式,以社会主体对公共服务需求的有限表达为补充输入方式,通过政府自身的合法程序,根据政府自身供给偏好和民众需求偏好来确定公共服务决策或方案。过渡型公共服务供给制度开始考虑社会主体公共服务需求的基本结构、对公共服务的评价、对公共服务供给的有限参与等因素,但程度仍取决于政府与社会主体的力量对比关系。过渡型决策是指公共服务决策过程中所形成以下主要规则和制度体系,即决策主体为政府主导下的有限参与的公众;制度内偏好表达机制与制度外偏好表达机制并存;政府意志主导下的部分决策信息沟通机制和决策监督机制的建立。

20世纪70年代末80年代初期,随着发达国家政府权威危机和财政危机的出现,以英国为首的发达国家发起的旨在改革传统的公共服务供给制度的新公共管理运动直接引致了公共服务由供给主导型向需求导向型的转

---

① 曹现强:《当代英国公共服务改革研究》,山东人民出版社2009年版,第42页。

② 曹现强:《当代英国公共服务改革研究》,山东人民出版社2009年版,第42页。

变。新公共管理运动通过引进市场机制,开始重新确立政府应该以社会、公众的需求和价值作为组织行动导向,以公众的偏好显示为依据来确定供给数量和结构,通过市场竞争来达到公共服务质量提高的理念。"在新公共管理中,公民产生需求,然后政府负责提供服务以满足这些需求。其目标就是要满足公民的这些需求以便他们将会对政府的绩效做出有利的评价"①。这一时期的公共服务决策机制融合了供给主导型和需求主导型的某些特征,例如:政府在公共服务决策中仍占据主导地位,公民开始参与公共服务供给,但"作用仅仅局限于对服务的需求、消费和评价"②;政府开始定期公布公共服务相关信息,公民被动接受。英国的公民宪章运动,法国的"公共服务宪章",比利时的"公共服务宪章",美国克林顿政府的戈尔报告等均体现了上述特征。

第三,需求主导型公共服务决策。

需求主导型公共服务决策依存于需求主导型公共服务供给制度。在借鉴相关学者研究成果的基础上,本研究认为需求主导型公共服务供给制度是指,在公共服务供给中,以社会主体对公共服务的需求作为公共服务需求的主导输入方式,借助于政府的合法程序将社会的需求和利益偏好转化为公共服务决策或方案,从而使社会主体对公共服务的实际需求能够在公共服务供给过程中得到最充分的体现。它将社会主体公共服务需求的基本结构、对公共服务的评价、对公共服务供给过程的民主参与等作为制度运行的核心内容。在决策层面,它并不完全排除政府参与公共服务决策,而是指公共服务决策的形成以社会力量的全面介入和政府力量的有限介入为基础。需求主导型公共服务决策是指公共服务决策过程中所形成以下主要规则和制度体系,即决策主体逐渐由政府单一主体变成为政府、公民和社会等多元

---

① [美]珍妮特·V.登哈特、罗伯特·B.登哈特:《新公共服务:服务,而不是掌舵》,丁煌译,中国人民大学出版社2004年版,第111页。

② [美]珍妮特·V.登哈特、罗伯特·B.登哈特:《新公共服务:服务,而不是掌舵》,丁煌译,中国人民大学出版社2004年版,第111页。

主体;决策权力逐步由公共管理者垄断逐步转变为公共管理者与公民共同分享决策权力;建立并完善了公民调查、关键公众接触、由公民发起的接触、公民调查、公民论坛、公民咨询委员会、斡旋调解等一系列信息沟通、偏好显示和转换机制;建立并完善了申诉专员和行政中心等监督机制。典型例子如 1983 年美国加利福尼亚普拉杉西亚市的"社区规划":市民代表通过市民管委会召开一系列的公开会议,针对所有市民进行调查以及和社区领导进行讨论等过程,确定一系列的社区目标和工作框架,市议会在此目标和框架内对自己的服务和活动作出计划①。

20 世纪 90 年代,随着西方社会经济的发展,民主政治的推进,公民社会的发展,公民对公共服务的关注意识和参与意识的提高,新公共服务理论在纠正新公共管理运动中"顾客"观念的基础上,确立了以公民为中心的公共服务体系,需求主导型公共服务决策机制由此形成。在这一阶段,公民不仅仅是要求政府满足自身要求,更是"越来越多地借助于各种非营利组织,进入公共政策制定、执行以及社区公共事务的管理过程,以此表达自身利益倾向,影响公共政策导向,并作为政府的合作伙伴,承担一部分共同产出公共服务的责任"②。"公民在民主治理中的角色是比较复杂的,他不仅仅是公共服务的提供者,亦是公共服务的合伙人或参与者,还是公共服务的监督者"③。

至此,发达国家的公共服务制度完成了由供给主导型向需求主导型的转变,决策也相应地完成了由供给主导型决策向需求主导型决策的转型。

二、决策方式:由政府自主式决策走向公共决策

伴随着公共服务制度的变迁,公共服务决策亦将实现由政府自主式决

---

① 〔美〕保罗·乔伊斯:《公共服务战略管理》,张文礼等译,清华大学出版社 2008 年版,第 177 页。

② 〔美〕约翰·克莱顿·托马斯:《公共决策中的公民参与:公共管理者的新技能与新策略》,孙柏瑛等译,中国人民大学出版社 2005 年版,第 2 页。

③ 武玉英:《变革社会中的公共行政》,北京大学出版社 2005 年版,第 55 页。

策向协商式决策进而向公共决策①的实质性转变。

第一，公共服务垄断供给中的政府自主式决策。

传统公共行政认为，政府是公共服务的唯一有效提供者。西方发达国家在实践层面上的典型表现是：首先，通过福利国家建设，政府提供尽可能全面的公共服务。而前资本主义时期，政府在公共服务供给中的作用非常有限。约翰·洛克认为，"政府除了保护财产之外，没有其他目的"②；亚当·斯密认为，政府职能仅局限于保护社会并维持社会秩序，建设并维持某些公共事业和公共设施③。其次，政府垄断公共服务供给。政府不但对公共服务的计划、生产和管理等环节进行控制，还是公共服务的直接和唯一的提供者。

在此背景下，公共服务决策为政府自主式决策。所谓政府自主式决策是指政府主体在没有公众参与的情况下进行决策；或者是从公众中搜寻信息，然后独自决策，公众的需求信息可能会也可能不会反映到决策中。这集中体现在以下几个方面：首先，公共服务决策主体的单一性，即政府是唯一主体。决策主体的单一性根源于政府对公共服务垄断供给，公共服务决策的政府本位从制度上排斥了市场、社会组织及公民的参与。其次，政府通过科层官僚制组织提供公共服务，导致公共服务决策中的公共权力在公共服务主体间呈集权化和等级化态势。由于"等级式的政府官僚体制是用来提供公共服务和实现公共政策目标的主要组织模式"④，公共服务主体之间依托官僚层级制形成了以"命令—服从"为表现形式的金字塔型的权力分层结构。

---

① 约翰·克莱顿·托马斯根据公民参与程度，将公共决策分为自主式决策、协商式决策和公共决策。详见[美]约翰·克莱顿·托马斯：《公共决策中的公民参与：公共管理者的新技能与新策略》，孙柏瑛等译，中国人民大学出版社2005年版，第34—36页。

② [英]约翰·洛克：《政府论》（下篇），叶启芳等译，商务印书馆1982年版，第58页。

③ [英]亚当·斯密：《国民财富的性质和原因的研究》（下卷），郭大力等译，商务印书馆1998年版，第252—253页。

④ [美]斯蒂芬·戈德史密斯、威廉·埃格斯：《网络化治理：公共部门的新形态》，孙迎春译，北京大学出版社2008年版，第6页。

公共服务政府垄断供给背景下的政府自主式决策将公共服务供给权力集中于政府,强化了政府供给职责,在一定程度上解决了传统市场供给不足的问题,提高了公众的公共福利水平。但是,公众参与权利的丧失、权力垄断和自上而下的具有强制性的公共服务协作也导致了对日益增长的多元化的公共需求回应不足、对结果和个人责任的关注不够所引致的效能低下等问题的产生。

第二,公共服务多元供给中的协商式决策。

新公共管理主张将私营部门的管理方法和市场机制引入公共部门,通过授权、分权等措施实现公共行政由对象性分化到主体性分化①的转变,以提高公共管理的有效性,促进公共服务供给方式由政府垄断供给向多元供给转变。世界各国的新公共管理实践主要表现在:首先,公共服务的市场化与社会化。借此实现公共服务多元供给与提供责任的分离及方式的转换。萨瓦斯将公共服务市场化工具概括为政府服务、政府间协议、契约、特许经营、补助、凭单制、市场、自我服务、用者付费、志愿服务等②。其次,政府的公共政策化。借此将公共服务供给中的掌舵职能(政策和规则制订)和划桨职能(服务提供和执行)分开,将政府职能定位于“掌舵”,将政府角色定位于公共事务的促进者和管理者,同时推进公共服务供给的多元化,选择私人部门中最能满足效率、效能、平等、责任和灵活性等需要的方式来实现公共服务供给效能的提高。

在此背景下,公共服务决策开始由政府自主式决策逐步演变为协商式决策。所谓协商式决策是指政府与公众进行协商,然后制定反映公众需求的决策。这主要体现在以下几个方面:首先,以“顾客”为中心的公共服务制度的建立,公众的需求偏好开始对公共服务决策产生有限度的影响。其次,公民权的低度实现。政府通过培育“顾客意识”、建立“顾客驱使”的制度来促进公众对公共服务的有限参与。再次,通过授权分权、解制和引入市

---

① 张康之:《公共行政中的哲学与伦理》,中国人民大学出版社2004年版,第157页。
② 参见[美]E.S.萨瓦斯:《民营化与公私部门的伙伴关系》,中国人民大学出版社2002年版。

场竞争机制等措施来实现公共服务多元供给，打破了政府在公共服务决策中的权力垄断，构建了具有弹性化和市场化特征的更能适应公众需求的"扁平化—分权化"权力结构。最后，以中心—边缘结构为基础的多元权力格局的形成。通过建设社区拥有的、竞争性的、分权化的和市场导向的政府，促进了公共服务决策中一元权力主体向多元权力主体的实质性变革，实现公共服务决策中中心—边缘结构为基础的多元权力协调运作的良好态势。

公共服务多元供给中诸多促进效能提高的措施，弥补了垄断供给的局限，表明在一定条件下实现公共服务的多元供给是可能的。公共服务多元供给中的协商式决策弱化了传统公共服务决策中的权力等级化程度，提高了效能和回应性水平。但低度公民权基础上的多元权力，尚不能从根本上改变公共服务决策中的政府中心和公民边缘权力结构。在协商式决策执行过程中，多元参与并不必然伴随效能的提高，亦有可能引致对民主的增益有限、过度市场化中的政府责任缺失、过度竞争与合作程度低下等问题。

第三，公共服务合作生产中的以公民权为基础的公共决策。

新公共服务在多元供给基础上更为强调公民在公共服务供给中的主体地位，主张通过政府与公民的合作生产来实现公共服务供给目标。公民参与领域，不仅包括公共服务需求的表达和公共服务的评价，还应包括公共服务决策制定和执行过程中的诸多环节。公民应与公共管理者一起从道义上承担提供公共服务的责任以凸显公民权在公共服务供给中的地位。在实践层面，近年来西方国家盛行的公共服务社区化浪潮以及合作生产充分体现了这一点，如以美国为代表的以合作生产为基础的社区警务模式。合作生产是指，"有明确意图的公民从事的一些行动，他们意欲拓展或贡献于公共机构的行动，并表现为共同的参与行为"①，它以公共服务是公民和政府官

---

① ［美］全钟燮：《公共行政的社会建构》，孙柏瑛等译，北京大学出版社 2008 年版，第81页。

员活动的共同产品作为认知基础①。公民不仅是公共服务的评判者,也是共同生产者。社区警务模式将社区居民参与社会警务放在突出位置,通过警察与社区居民共同努力,改变传统的强调职业化、聚焦效率与控制的警务管理途径,在警察局与邻里居民间建立工作伙伴关系,实现在邻里层面提供治安服务和降低犯罪率等目标②。

在此背景下,公共服务决策由协商式决策逐步转变为以公民权为基础的公共决策。所谓公共决策主要是指政府同公众等多元主体进行协商讨论,就公共服务问题达成共识,并进行决策。以公民权为基础的公共决策主要体现在以下几个方面:首先,公民权是核心,通过将公共服务视为公民权的延伸等措施来凸显公民在公共服务决策中的主体地位,实现哲学意义上的中心边缘化和边缘中心化。其次,在公共服务决策中,公共管理者扮演着公共资源的管理员、公民权利和民主对话的促进者、社区参与的催化剂等角色,担负着构建协商平台、使相关各方通过真诚对话为共同面临的问题寻求解决方案以形成共同的价值观念、确保公共利益居于主导地位等责任,通过与公民一起行使领导权和将共同关注焦点转移到更高层次的价值观念等方式以达到共享权力的目的。公共管理者应通过帮助公民认识和表达其需要和潜能、整合和表达社区愿景等途径,赋予公共领导以新的内涵,目的是实现以相互尊重、相互适应和相互支持为过程特征的共同领导和以"一种尊重公民权和给公民授权的方式共享权力"③。

新公共服务通过凸显公民权在公共服务供给中的核心地位,纠正了新公共管理因过度强调市场机制作用所引致的合作程度低下、公民主体地位被忽视等问题,在社区公共服务供给中具有较强的现实可行性。新公共服

---

① Sharp, E. B., Toward a New Understanding of Urban Services and Citizen Participation: The Coproduction Concept, *Midwest Review of Public Administration*, 1980, Vol. 14, No. 2, pp. 105–118.

② [美]全钟燮:《公共行政的社会建构》,孙柏瑛等译,北京大学出版社 2008 年版,第 81—83 页。

③ [美]珍妮特·V.登哈特、罗伯特·B.登哈特:《新公共服务:服务,而不是掌舵》,丁煌译,中国人民大学出版社 2010 年版,第 111 页。

务通过凸显公民在公共服务供给中的主体地位,尝试改变新公共管理下的中心—边缘权力格局,有利于推动公民与政府间的平等对话与共享权力目标的实现。

第四,合作供给中的以网络治理为基础的公共决策。

20世纪90年代,公共管理生态环境发生了巨大的改变,公共服务市场化、协同政府的发展、数字化革命和消费者需求多样化等趋势①共同促成了网络治理的形成与迅速发展,公共服务供给方式因此进入到了合作供给阶段,即通过构建共同承担责任的主体网络和以公共服务伦理道德为基础的供给网络来实现公共服务供给。具体如下:首先,公共服务供给主体应是由政府、市场、志愿组织、社区组织、公民等组成的复杂网络,共同承担实现公共服务供给目标的多元与复杂责任。其次,政府应通过对公共服务伦理道德的承诺来建立开放的、关系型的、灵活的公共服务供给网络。具体包括:政府应在公共服务提供者选定标准中凸显公共服务伦理道德,拓展其在公共服务供给中的场域和扩展其承诺主体;应根据环境、公共价值、情景因素、任务性质、可用技术与资源等因素来构建开放而实用的公共服务供给网络并根据上述因素的变化来调整供给网络。再次,多元主体之间应建立起相互信任与合作的关系,以维护公共服务供给网络的整体功效、运作机能,并实现公共服务供给网络的良性运转。具体包括:生产者与消费者、顾客与承包商之间应建立高质量的信任关系,以利于形成资源共享、相互依赖、合作互惠的公共服务供给网络运行机制;建立不局限于合同的较为稳固持续的长远合作关系以利于应对社会环境的复杂性、多样性和动态性带来的挑战,确保公共服务供给过程中各主体之间互动关系的稳定性。

在此背景下,公共服务决策逐步由以公民权为基础的公共决策转向以网络治理为基础的公共决策。主要体现在以下几个方面:首先,公共服务决策主体在公共服务决策过程中形成了复杂网络。其次,多元主体之间相对

①　[美]斯蒂芬·戈德史密斯、威廉·埃格斯:《网络化治理:公共部门的新形态》,孙迎春译,北京大学出版社2008年版,第8—9页。

独立、自由、平等，彼此在相互竞争与合作中形成了相互依赖的良性互动关系和以平面化、中心化为结构特点的共享权力关系。再次，权力互动呈现出双向甚至多向和交互的特点：从纵向看，各主体间的权力关系逐步由原来的等级权力结构转化为分权协作的网络型权力关系；从横向看，各主体间的权力分割关系逐步转化为合作伙伴间的共享权力关系。

公共服务决策中主体网络的构建，在一定程度上解决了多元主体之间通过平等合作以实现公共服务供给目标的制度化合作机制问题，使公共服务的动态供给成为可能。以网络治理为基础的共享权力，代表了现代民主体制下公共服务供给中的理想权力结构，它可以实现政府与公民权利结构的优化。但是，以网络治理为基础的公共决策的形成，依赖于公民社会的壮大，依赖于以政府与公民的权力意识转变为核心的政府与公民转型，依赖于由"市场经济、服务型政府和公民社会所构成的三维制约的社会结构"①的形成。

三、决策价值取向：由效率至上走向民主与效率整合

传统公共行政下的效率至上，源于对技术效率的追求，通过行政科学来解决公共服务供给中的分工协作优化问题。新公共管理中的效率优先，源于对效能的追求，通过市场机制的引入来解决公共服务供给社会化程度低、效能与回应性低下等突出问题。新公共服务供给中的效率基础上的民主价值复位，源于对民主的追求，通过推进基层民主等方式来解决公共服务供给中的民主缺失问题。公共价值管理中的民主与效率伙伴关系，源于对民主与效率双重价值的追求，通过公共网络治理途径来解决公共服务供给中的民主与效率冲突问题。

第一，传统公共行政下的效率至上。

效率至上是传统公共行政下公共服务供给的价值取向。以"政治—行政"二分理论、理性官僚制理论和科学管理理论为基础和主要内容的传统

---

① 冯建辉：《社会层级结构理论与当代中国政府转型》，《前沿》2010 年第 13 期。

公共行政的诞生,标志着行政管理哲学开始由通过政治来处理问题向通过管理来处理问题的转变。受机械技术观和企业价值观的影响,行政领域开始成为"高级行政管理精英的高地",效率成为行政科学最基本的"善",成为公共行政的目标与指导原则①。在公共服务领域,传统公共行政关注行政组织结构和功能的技术合理性,将公共服务供给定位于技术性的管理过程,主张通过官僚制组织提供公共服务以实现效率理性。在以效率至上为宏观价值取向的政府运行机制中,政府通过官僚制提供的公共服务,亦以效率至上为价值取向。

与早期公共行政相比,传统公共行政下的效率至上借助科层化管理提高了公共服务供给的技术效率。但工具理性的过度张扬引致了工具价值化,进而导致公共服务供给的民主缺位。同时亦产生了公共服务供给的效率悖论:由于为提高公共服务供给效率而确定的"最佳工作方式"难以考量、官僚制与市场相比效率太低等问题,以效率至上为价值取向的传统公共行政在实践中走向了效率的对立面,官僚制理论再也不被广泛地看作是提供马克斯·韦伯所认为的技术效率的理论②。

第二,新公共管理下的效率优先。

针对传统行政下公共服务供给的效率悖论,新公共管理以市场化和管理主义为政策取向,强调结果导向和顾客导向,主张通过改变治理工具、转换治理机制、将私营部门管理方法引入公共部门等措施以实现公共服务供给的效率目标。新公共管理在公共服务领域倡导"效率优先"的价值取向:通过拓展效率的价值内涵,在传统公共行政所主张的"效率"、"经济"理念中融入"效能"价值理念,实现了效率价值的泛化——效率被视为核心价值,效能、回应性等价值融入其中;通过在公共服务供给中引入顾客导向与市场机制、改变传统公共服务供给运行机制和管理方法等措施来实现有效率支撑的公共服务。

---

① [美]罗伯特·B.登哈特:《公共组织理论》,扶松茂、丁力译,中国人民大学出版社2003年版,第69页。

② [澳]欧文·E.休斯:《公共管理导论》,中国人民大学出版社2007年版,第37页。

新公共管理中的效率优先是通过市场机制的引入和一系列监督、激励、绩效、责任机制的建立来实现的,在实践中亦有利于价值泛化意义上的效率的实现,在一定程度上弥补了传统公共行政下仅注重技术效率的局限性。但效率优先的价值取向亦遭到了批判,如:"顾客"的不当隐喻引致了对公民角色的片面理解;"新管理主义"和企业家精神的引入使政府在公共服务供给中过度强调企业价值的优先性和工具理性,丧失了诸如公平、正义、公民权、公民参与和公共利益等民主和宪政价值①。

第三,新公共服务下的效率基础上的民主价值复位。

针对新公共管理下公共服务供给中工具理性张扬、价值理性缺失的现象,新公共服务在认同新公共管理效率优先的基础上更加强调公共服务供给中公民权的核心地位,主张通过政府与公民间的合作生产来实现公共服务供给价值取向由效率优先向"效率基础上的民主价值复位"②的转变。新公共服务中公民权的核心地位和民主价值复位主要体现在:首先,公民参与场域的扩大与层次的深入。应将公民参与拓展至基层和社区,公民不应仅局限于对公共服务的需求表达和监督,而应参与到公共服务供给的各个环节。其次,公民主体地位的凸显。公民不再被视为顾客,而被视为公民,是政府的主人,能够为实现共同利益和目标而采取集体行动;不再被视为公共服务供给的监督者,而被视为多元治理体系中不可或缺的重要参与者。再次,领导权的分享使公民能通过广泛的对话协商和充分的公民参与来追求共同利益,确立发展方向,实现共同目标。最后,完善具有整合力和回应力的公共机构以确保政府具有开放性、可接近性和回应性,为公民参与创造机会。

新公共服务在理论上实现了效率基础上的民主价值复位,在公民参与方面有独到见解,可以纠正新公共管理下效率优先所引致的价值理性缺失

---

① Terry,L. D.,Administrative Leadership,Neo-Managerialism,and the Public Management Movement,*Public Administration Review*,1998,Vol. 58,No. 3,pp. 194-200.

② Denhardt,R. B.,and Denhardt,J. V.,The New Public Service,Serving Rather than Steering,*Public Administration Review*,2000,Vol. 60,No. 6,pp. 549-559.

等消极结果。但是，新公共服务并没有为公共服务供给中的公民参与、公民主体地位的凸显以及领导权的共享等机制提供稳定的制度基础与实现路径，很难保证效率价值服务于民主价值和民主价值的复位。

第四，公共价值管理下的民主与效率伙伴关系。

针对后工业社会网络治理发展的现实诉求，公共价值管理在扬弃新公共管理的基础上提出，政府应当充分利用政府组织、私营组织和志愿组织的优势，通过建构共同承担责任的供给主体网络以及开放的、关系型的、灵活的公共服务供给网络来实现公共服务的高效率供给，满足多元主体的个性化服务需求；政府应将公共偏好的探讨放在核心位置，给予利益相关者的合法性以更多的重视，建立制度化的公民参与与协商机制，促进政府、公民等重要利益相关者间的信息交流和偏好表达，以实现由公共偏好决定公共服务供给种类、数量以及网络治理理念下公共服务民主型供给的目的。在公共服务供给中，公共管理者的"一个重要任务就是使得公众参与到讨论关于他们偏好的过程之中来，并且在一定程度上对备选项目进行商议。……因为探寻公众偏好是一个复杂的对话过程，所以分配效率和民主是合作伙伴的关系，而不是平衡的对象。更为重要的是，技术效率不能依靠转交给官僚们或管理者们来实现。其关键在于学习交流，共同寻找解决问题的办法。并且人们发现，找到最好的做事方法也是包含着民主过程的"[1]。公共价值管理将价值取向定位为民主与效率"伙伴关系"[2]。

公共价值管理通过公共服务供给网络的构建，为公共服务供给中民主与效率伙伴关系的建立提供了较好的制度基础和实现路径。但是，价值目标的实现依赖于高水平的政府能力和公民能力，需要政府推进相应的网络管理能力建设、制度能力建设、公民参与能力建设、组织能力建设和合作型文化建设。

---

① Stoker, G., *Public Value Management：A New Resolution of the Democracy/Efficiency Trade-off*, Institute for Political and Economic Governance, University of Manchester, UK, 2005, p. 12.

② Stoker, G., *Public Value Management and Network Governance：A New Resolution of the Democracy/Efficiency Tradeoff*. Manchester, UK：Institute for Political and Economic Governance, University of Manchester, 2004, pp. 1-18.

从公共服务决策供需导向、决策方式和决策价值取向的演进趋势可以看出,随着社会由工业化社会向后工业社会、科层管理时代向网络治理时代的转变以及由此引致的公共服务理论变迁,公民民主参与意识不断增强引致的公共服务供给中的公民参与广度、深度和强度的不断拓展与加深,在供需导向方面实现了供给主导型供给制度向需求主导型供给制度的转变,在供给方式方面实现了科层式垄断供给经由市场化多元化供给、以公民权为基础的共同生产向基于网络治理的合作供给的转变,在决策方式方面实现了由政府自主式决策向公共决策的转变,在价值取向方面实现了由效率至上向效率与民主有机整合的转变,在政府与公民关系方面政府与公民间的中心—边缘结构逐步被打破,实现了由象征性参与向实质性合作参与关系的转变。从公共服务供给演进逻辑与运行态势看,基于网络治理的公共决策代表了未来的发展方向。我国公共服务决策在遵循上述逻辑与规律的同时,亦具有我国典型的场域性与阶段性特征,需进一步研究。

第二节　农村公共服务决策问题

社会管理向社会治理的转型使得公共服务理念发生了实质性改变。正如全钟燮所言:"随着公民社会能力、网络化和沟通结构的扩展,科层统治的观念已经逐渐转变成公共领域内多方面的互动,这种多方面的互动过程以话语体系为导向,具有非等级、水平性、合作性的特征"[①]。在治理背景下解决农村公共服务总量不足、结构失衡、不均等化和效率低下等问题,进而促进公共服务城乡二元结构向公共服务城乡一体化转型、公共服务非均等化向公共服务均等化转型,必须探寻在农村公共服务实践中实现政府与市场、社会协同治理及其多元价值整合的目标、路径和保障条件。以公共服务

---

① ［美］全钟燮:《公共行政的社会建构》,孙柏瑛等译,北京大学出版社 2008 年版,第165 页。

决策演进趋势为导向、以农村公共服务的阶段性特征为依据,农村公共服务决策面临着:科学化、民主化和高效化问题以及三者之间关系链条断裂问题、农村公共服务决策的优化路径与保障条件缺失问题。

一、农村公共服务决策的科学化、民主化和高效化问题

科学与民主既是现代生活的基本精神,也是现代政治的本质和政治合法性的基石。决策作为现代生活和现代政治的重要组成部分,必然内在地包含着科学化和民主化的要求。决策效益是决策收益与决策成本之间的比率,因而,追求高效益成为现代决策的内在目标之一,决策效益高低直接影响着现代生活的品质和效率,影响着现代政治合法性。尽管决策科学化和民主化不一定必然导致决策的高效化,但只有决策科学化和民主化建构了现代决策的关键性保障之后,从整体上提升决策高效化的概率才能够成为可能。可见,决策科学化、民主化和高效化不仅是现代决策的本质要求,更具有内在的有机统一性。这一观点也可以从前述的公共服务理论与实践发展的脉络中得到详细证明。农村公共服务是现代生活、现代政治和现代决策的具体践行场域,随着农村市场经济的发展以及社会管理向社会治理的转型,推进农村公共服务决策的科学化、民主化和高效化也成了题中之意。但现阶段,农村正处于多重转型之中,农村公共服务决策的科学化、民主化和高效化面临诸多问题。

(一)农村公共服务决策的科学化问题

公共服务决策的科学化依赖于科学的偏好显示机制和决策程序、方法,充分的决策信息、运行良好的监督反馈机制等。但是,农村公共服务决策在转型过程中还呈现出诸多科学性问题。

第一,主体权责分配的模糊性。

在过渡期内,一方面,由于制度变迁路径依赖的存在,传统的供给主导型公共产品决策机制依然有很大程度的残留,这使得政府在农村公共产品供给中仍然起着主导作用;另一方面,作为需求主体的社会力量开始觉醒,越来越强烈地显示出其对公共产品供给参与的诉求。政府与社会等主体在

供给中的权责尚未有明确的划分。

在主体方面,集中体现为政府主导过程,民众参与不足;在权责分配方面主要表现为各级政府,尤其是基层政府之间、基层政府与农民自治组织之间的公共产品供给职责划分不清。由于"人并不会因他所处的地位不一样使其本性改变。个人的行为天生地要使效用最大化,一直到受到抑制为止。无论在市场活动中还是在政治活动中,人都是追求效用最大化的人"①。在现实的公共产品决策过程中,"合理的经济官僚"②为了追求个人效用的最大化,博得上级政府的好评,往往根据上级政府的"考核指标"、"政绩"、"任期"等因素来进行决策,将农民直接排除在公共产品决策过程之外,难以顾及或忽视农民的需求。政府垄断供给行为的残留将直接导致农民在决策中参与不足,甚至话语权的丧失。基层政府之间、基层政府与农民自治组织之间的公共产品供给责任划分不清导致"本来由政府提供的公共产品或由政府与农民共同承担的公共产品成本,却完全由农民承担;本来由上级政府提供的公共产品却通过政府权威转移事权由下级政府提供,最终还是落到乡政府和农民头上"③。

第二,偏好显示机制的不完善。

偏好显示机制的创建与不完善突出体现为:一些需求表达机制开始建立,但还没有发挥其应有的作用;农民偏好表达愿望的增强与制度化表达机制的缺失或形式化之间的矛盾。随着农村经济社会的进一步发展,农民素质的进一步提高,权利意识的进一步增强,农民有了一定的偏好表达的愿望,但并没有制度化表达机制的配套支持。具体表现在:首先,农民在决策中参与的不足引致话语权的一定程度的丧失,进而引致农民的真实需求难以在公共决策中得到反映。其次,村委会在村民利益代表者与乡镇等基层政府意志执行者的双重身份博弈中,往往会选择后者,而变成基层政府下的"准政府",难以准确地表达村民的真实需求。最后,制度内需求表达机制

---

① 徐云霄:《公共选择理论》,北京大学出版社 2006 年版,第 11 页。
② 徐云霄:《公共选择理论》,北京大学出版社 2006 年版,第 148 页。
③ 张珺:《中国农村公共产品供给》,社会科学文献出版社 2008 年版,第 138 页。

形式化和制度外需求表达机制不健全,使得农民需求偏好甚至难以进入决策议程,从而直接影响公共产品决策的有效性。

第三,决策程序和方法有待改进。

从主流态势看,仍为自上而下的决策程序和政府主导决策,作为需求方的社会力量开始参与决策,但多属于被动参与。

在决策程序方面,自上而下的决策程序在核心资源分配等领域仍占据控制地位;在决策方法方面,采取政府主导与一定范围内征求意见相结合的方法。从横向上看,公共产品决策的形成先由政府根据自身偏好以及相关调研结果制定预备方案,在政府系统内部或者社会范围内征求意见之后确定为最终方案,并公布实施;从纵向上看,公共产品决策往往采取上下级政府间层层分解、逐级下派的办法。这种决策程序和方法基本排斥了农民在决策中的话语权,直接引致农民的参与不足、需求表达机制失灵和供需结构失衡。

第四,信息沟通机制的不完善。

从总体上看,政府主导的一些信息沟通机制已经建立,但社会主体较之政府在信息沟通中处于明显的被动地位,仍存在信息搜集工作制度不健全、信息搜集方法不科学以及政府与民众之间信息沟通的非制度化、非对称性等问题。

在信息沟通机制具体运行方面:政府机构往往缺乏主动搜集农村公共产品决策信息的动力;基层政府通常采用座谈会、汇总统计报表等方法来搜集信息,但参与座谈会的人员通常代表性不足、瞒报、漏报、虚报现象时有发生,容易造成信息片面和失真;民众与政府之间信息沟通的非制度化、非对称性引致农民的需求偏好难以反映到政府的公共产品决策方案进程中,进而引致官僚(机构)的目标函数与农民目标函数发生偏差,最终引致供给与需求的脱节,造成结构失衡。如基层政府偏向于供给投资周期短、见效快、易出政绩的公共产品供给,对于投资周期长、见效慢但具有战略意义的公共产品(如公共教育、公共卫生、质量安全、防灾减灾、社会保障等)往往投资意愿不强。再如2010年中国西南五省市云南、贵州、广西、四川及重庆的百年一遇的特大旱灾所反映的政府相关部门将有限资金用于工业用水、居民用水等可以收费的领域,而忽视了农田水利设施建设,造成农田灌溉系统和水库等水利设施由于缺乏资金投入和疏于管理而荒废;将水利重点放在大江大河的治理上,而忽视了对农业发展至关重要的沟塘渠堰的建设与维修。

第五,监督机制的不健全。

公共服务科学化要求公共服务的内容、责任和标准等相关信息必须被公之于众,以利于公众监督和提高公共服务质量;建立投诉与受理机制,明确补偿标准、受理程序。如美国政府要求各下级政府制定"顾客服务标准",明确服务标准和评价尺度,设立顾客服务标杆,进行服务满意度调查,建立有效的顾客投诉渠道等。但在现实中,尽管监督体系趋于多元化,但监督机制的作用不甚理想,或者已建立的监督机制尚处于制度文本阶段,未被付之于实践。

在监督机制的具体运行方面:在监督主体方面,突出表现为公共产品决策监督主体仍主要是党政内部监督,缺乏有效的外部监督。社会主体监督缺乏国家机关的有力依托,监督成本较高;在监督渠道方面,突出表现为政府对多元化监督的提倡与监督渠道的缺失;在监督效果方面,突出表现为现有的制度内监督机制难以起到有效监督、反馈、控制和调节的作用,制度外监督因监督渠道的不健全、信息的不完整性、监督的滞后性和零碎性而使得监督不能有效制约权力的滥用,从而造成监督效果不佳。

第六,绩效评估机制尚未建立健全。

公共服务决策科学化要求建立完备的绩效评估体系对效果进行评估以利于后续改进。例如,英国撒切尔政府颁布的"雷纳评审"(Rayne Scrutiny Programme)、"财务管理新方案"(Financial Management Initiatives)和美国克林顿政府颁布的《政府绩效与结果方案》均以法律形式要求各部门树立绩效意识,建立具体的绩效评估框架,成立绩效评审委员会以使得绩效评估方案使绩效评估规范化、系统化和常态化。但是,现阶段的农村公共服务决策过程中,尚未建立规范化、系统化和常态化的绩效评估机制,公众参与绩效评估更是流于形式。

（二）农村公共服务决策的民主化问题

公共服务决策由自主式决策走向公共决策,依赖于决策理念、机制、方法和技术的民主化,即决策主体的多元化,决策程序与决策监督的民主化,信息交流与偏好转换的理性化。然而,现实中,农村公共服务决策在转型过程中存在诸多民主化问题。

第一,多元主体参与有限。

农村公共服务参与主体选择应该具有包容性,应该使参与主体"不应当仅仅局限于政治代表、专家和其他精英的范围内,而应当扩展到整个社会"①。

在现实农村公共服务决策中,主体的包容性不足和多元参与有限。首先,政府主导决策过程中的农民参与不足。在现阶段的压力型行政体制下,政府官员为了追求个人效用最大化,博得上级政府好评,往往不以需求主体的需求和偏好为动力,而是通过调研视察等途径获得、综合各主体需求和偏好的同时,更多的是根据上级政府的"考核指标"、"政绩"、"任期"等因素来决定农村公共服务决策方案,将农民直接排除在公共服务决策方案确定过程之外,引致农民话语权丧失。其次,农民有限参与中的代表性不足。近几年来,随着基层民主不断推进,农村公共服务决策主体范围逐步扩大,农民开始参与公共服务决策,但往往代表性不足。参与者不能很好地包容受决策影响的弱势群体,参与者由领导指定和优势群体强参与等现象时有发生,"小组长喜欢谁去,谁就去。关系好的让去,关系不好的不让去"②。最后,参与主动性有待提高。访谈中,笔者发现,部分村民因为"面子"、"不受尊重"、"村组人员脸色难看"等原因,即使他们自己知道有农业技术培训,只要没有村组等负责人通知自己去参加,他们也不会参加。例如,有人反映,"他们没有通知我,我为什么要去,我不晓得开什么会,他们不叫我去,我晓得?（即使知道,但如果没通知,也不会去）"③;"没有通知你去,你就

---

① 陈剩勇、何包钢:《协商民主的发展》,中国社会科学出版社2006年版,第3页。
② 参见《湖北新村访谈——村民》。
③ 参见《湖北新村访谈——村民》。

不能去。没有通知你去,你去的话小组长会板着脸,村民也不会去(面子上放不下,觉得低三下四的)"①。

第二,主体能力的实质平等有待推进。

实质平等主要是指为了确保现存权力和资源等的分配不会影响参与者参与决策的机会,也不会在协商中发挥权威作用而设定的平等条件(主要包括资源平等和政治上相关能力的平等)。政治上的相关能力主要包括参与主体在决策过程中表达真实偏好的能力,有效利用文化资源的能力和基本的认知能力②等。实质平等的实现有利于保证多元主体对决策方案具有平等的政治影响力。

在现实农村公共服务决策过程中,多元主体间的实质不平等突出体现为以资源占有为基础的能力不平等。首先,农民较其他主体在社会权威等级、生产关系和制度分割中的较低地位,引致其与其他不同主体进行协商与决策的平等性受到一定程度的削弱。其次,权力和资源等分配的不平等,尤其是政府(村委会)与农民之间的中心—边缘权力格局,使决策过程中的协商为占优势的参与者所主导,引致农民存在顾虑,不能畅所欲言,坦率表达;有效利用现有资源能力的匮乏引致其很难利用现有体制中的各种机会发起公共辩论和商讨。最后,在偏好表达与转换、认知等政治上相关能力方面的劣势限制了农民偏好的真实表达和与其他主体交换公共理性,对各自观点进行理性审视,引致真实需求偏好对公共服务决策的影响力偏弱。因为"成功协商取决于使他人相信某种理由的力量,取决于对他人推动作用的判断……只有他们彼此交换能够影响他人协商的期望,公民之间才有可能进行合作"③。例如,部分村民反映:"开社区大会时,代表发言,自己也发

---

① 参见《湖北新村访谈——村民》。

② Knight,J.,and Johnson J.,What Sort of Equality does Deliberative Democracy Require,in Bohman,J.,and Rehg,W.,*Deliberative Democracy*:*Essays on Reason and Politics*,Cambridge:MIT Press,1997,pp.279-320.

③ [美]詹姆斯·博曼:《协商民主与有效社会自由:能力、资源和机会》,载陈家刚编:《协商民主》,上海三联书店2004年版,第157页。

言,但影响不大"①。

第三,程序的包容性不足。

程序的包容性,亦即程序平等,主要是指在确定议程和其他决策阶段,参与者平等参与相关协商与决策领域。根据协商民主理论,程序平等是公民对公共决策具有平等的政治影响机会的先决条件,决策中的民主协商过程应当包容各种不同的利益、立场和价值。

现实中农村公共服务决策程序的包容性往往不足:首先,政府主导公共服务决策议程,农民被动参与或象征性参与。主要体现在:受传统政治文化的影响,农民民主素养偏低,引致其不愿或不敢参与;农民参与公共服务决策的政府意志主导性、非制度化,且多集中于方案征求意见阶段而非全过程。其次,实质不平等引致的程序不平等。实质不平等对程序不平等的消极影响主要体现为机会的匮乏与有效利用机会能力的匮乏。参与决策机会的相对匮乏会引致程序不平等。根据协商民主理想的交往平等模型,"所有发言者都必须拥有相同的发言机会——发起任何形式的言说或互动,在交往或对话中采取任何地位等"②。但在现实决策过程中,农民较其他主体在权力、资源、能力等方面的劣势,极有可能引致其参与决策的机会与信息交流和偏好表达机会的相对剥夺,在一定程度上失去了与其他主体平等对话与交换意见的基础。例如,在个案深度访谈中,有农民反映,"实际上,每一个老百姓都应该有机会去开会。但在现实中,没有威望、经济比较差的基本没有机会。有威望的干部看得起,就通知去开会"③。有效利用机会能力的相对匮乏亦会引致程序不平等。协商民主强调主体利用现有民主体制中的各种协商机会以发起公共辩论和商讨的能力平等。但在现实决策过程中,农民相关能力的匮乏,使他们很难改变既存的一些对自身不公正的程序、规则,亦很难参与制订公共辩论与商讨发起活动的最低门槛、程序与规

---

① 参见《湖北湖村访谈——村民》。

② [美]詹姆斯·博曼:《公共协商:多元主义、复杂性与民主》,黄相怀译,中央编译出版社 2006 年版,第 103 页。

③ 参见《湖北新村访谈——村民》。

则,使规则、程序上的公开排斥引致结果意义上的政治不包容现象。

第四,信息交流与偏好转换的非理性倾向。

公共协商是交换理性的对话性过程[①],"它基于开放且包容的对话中的意见交换,对话者们在其中提供理性、领会他人意见、并相互给出回答"[②]。公共协商是一种对话性机制,其目的"不一定是要产生理由充足的主张,而是要产生范围足够广泛、论证足够充分并能对非限制性公众负责的主张"[③]。因此,协商民主强调理性在公共协商中的作用,尤其强调其所具有的批判性和反思性在公民偏好转换中的作用。根据协商民主理论,农村公共服务决策中的信息交流与偏好转换应当是理性的,应以公共审查为基础,确保"更好观点的力量"主导信息交流与偏好转换过程。

农村公共服务决策实践中信息交流与偏好转换的非理性倾向突出表现为,制度化公共协商机制的不健全与实质不平等引致的消极影响。首先,制度化公共协商机制不健全引致的信息交流与偏好转换的非理性倾向。农村公共服务决策方案的达成依赖于制度化的公共协商机制,以促进多元主体进行充分的信息沟通、不断调整自己的判断、偏好和观点,弥合分歧。在现实农村公共服务决策中,制度化的公共协商机制尚未完善:公共协商平台的缺失;公共协商的政府主导性,即公共协商过程中信息沟通的程度、内容、时间和地点等均由政府掌握,制度化水平偏低;官僚体系的"信息黑洞效应"使得公共服务供需信息纵向传递效果受限,制度化的横向信息沟通机制尚未建立。其次,实质不平等引致的信息交流与偏好转换的非理性倾向。农民较其他参与主体在社会权威等级、生产关系和制度分割中的底层地位引致社会对其认可度和承认度的低下,致使其言说的可信度和行为的有效度下降,难以让别人认真倾听自己的意见并信服自己,难以确保自己的偏好表

---

① [美]詹姆斯·博曼:《公共协商:多元主义、复杂性与民主》,黄相怀译,中央编译出版社 2006 年版,第 25 页。

② [美]詹姆斯·博曼:《公共协商:多元主义、复杂性与民主》,黄相怀译,中央编译出版社 2006 年版,第 26 页。

③ [美]詹姆斯·博曼:《公共协商:多元主义、复杂性与民主》,黄相怀译,中央编译出版社 2006 年版,第 52 页。

达不被漠视。农民在权力、资源等方面的劣势通过固化和损害决策中支撑公共协商的各种交流机制,引致其参与公共协商的机会和决策过程中言说机会的相对剥夺,在一定程度上失去了与其他参与主体(如政府)平等对话与讨论的基础,引致其进行信息沟通、表达真实偏好的机会、影响他人观点机会的匮乏,进而引致公共服务决策方案难以体现其真实意愿和公共服务供需结构失衡。农民在政治上相关能力方面的劣势,使得其难以准确表达自身偏好,难以阻止能力较强的参与者通过公共手段来达到私人目的,使他们的"私意"变为公共协商结果意义上的"公意"。正如博曼所说,"没有矫正不平等的措施,协商总是具有精英主义倾向,使那些占有较多文化资源(如知识和信息)即有能力将自己的利益和价值强加于他者的人受益"[①]。

第五,民主监督效能偏低。

协商民主有利于决策过程中公开性、平等和包容的最大化,倡导主体在决策制定与执行过程中具有同等监督机会,以实现民主监督的目标。但在农村公共服务决策方案实际制定与执行过程中,监督主体、监督效果等方面存在明显不足:首先,监督主体包容性不足。受传统权力政治的惯性的影响,农村公共服务决策中的监督仍主要限于党政内部监督,缺乏社会主体的有效监督。其次,监督效果不佳。现有的制度内监督机制往往难以起到有效的监督、反馈、控制和调节作用,制度外监督因监督信息的不对称、监督主体与监督对象间政治不平等等因素的限制往往难以有效制约权力的滥用,导致监督效果不佳。

(三)农村公共服务决策的高效化问题

农村公共服务决策的高效化不仅关注生产效率,更关注配置效率,即不仅关注投入—产出比,更关注效益。

现阶段,我国农村公共服务供给基本上摆脱了传统的政府垄断供给模式,整体上采用多元供给模式。但是,农村公共服务供给正处于多元供给的

---

① [美]詹姆斯·博曼:《公共协商:多元主义、复杂性与民主》,黄相怀译,中央编译出版社 2006 年版,第 95 页。

初级阶段,通过市场机制来实现公共服务决策效率目标成为了绝大多数农村的不二选择。例如,湖北岗村所属镇的党委书记和办公室主任均表示公共服务项目主要通过合同外包、项目招投标等形式来运作①。市场机制通过多元主体之间的竞争在一定程度上提高了生产效率。

但是,市场机制的引入也有其局限性,正如理查德·布隆克(Rihcard Blunk)所认为的,"自由市场这只看不见的手,尽管有它不可怀疑的力量,但是它仍不足以确保许多牵涉到人类幸福以及能让人类持进步乐观态度的社会目标的实现"②。由于中国农村的阶段性特征、市场机制不完善等因素的影响,农村公共服务市场化在实践中并不一定是政府责任履行下的市场化,也没有建立完善的"顾客导向"机制,这直接导致了农村公共服务供需结构失衡和效率低下。原因在于:第一,政府职责尚未完全履行背景下的市场化,使得公共服务市场化成为了政府"卸包袱"的途径,加剧了供给不足与效率低下程度;第二,"顾客导向"机制的不完善,使得农民等公共服务受众难以将自身需求偏好反映到公共服务供给者所制定的目标之中,而公共服务生产者则根据公共服务供给者所制定的目标进行生产,这直接导致了供需结构失衡;最后,"顾客"观念的混淆。作为农村公共服务生产者的市场组织追逐利润最大化的动机,导致其直接对公共服务项目的发包方负责,也即对政府等主体负责而非农民等主体负责。这直接导致了农村公共服务并不一定是满足农民等"顾客"的需要,而很可能是满足官僚政治的需要。实证调查显示,由于农村经济社会发展水平低、参与机制不完善、农民参与意识淡薄与态度冷漠、基层治理精英的政绩与利益需求、基层政府与农民之间的统治与被统治心态等多重因素的影响,多元供给蜕变为市场供给,多元参与蜕变为市场参与,效率成为了装门面、种类多、建设速度快等的代名词,至于是否为农民所需要则在所不论。正如驻村调查中个案深度访谈对象所

---

① 参见《湖北岗村所属镇的党委书记的访谈记录》和《湖北岗村所属镇的办公室主任的访谈记录》。

② 参见[美]理查德·布隆克:《质疑自由市场经济》,林季红译,江苏人民出版社2000年版。

说的,"硬件标准不高、不适用;软件没人用(远程教育)"①。因此,忽视农民等公共服务受益者的参与与需求表达机制建设,并不能改变公共服务低效供给状况,因为效率不仅强调建设速度、投入—产出比,更强调经济效益和社会效益等;效率提升不仅依赖于农村公共服务决策的科学化,也依赖于农村公共服务决策民主化。

二、农村公共服务决策科学化、民主化和高效化关系链条断裂

(一)科学化与民主化关系链条断裂

农村公共服务决策的科学化和民主化是有机统一的。"决策民主化是实现决策科学化的前提,决策科学化是决策民主化的目的"②。"舍弃科学的民主化无法带来公众的满意一样,舍弃民主的科学化也无法保证政策的质量"③。但是,在农村公共服务决策实践中,科学化和民主化之间的关系链条往往处于断裂状态。

首先,农村公共服务决策中科学知识与公众常识的冲突。表现为对科学知识的过分推崇而对公众常识的贬抑④。知识分为两类:"一类是来自于科学研究、由专家掌握的专家知识、内行知识、科学知识,另一类是普通公众拥有的非专家知识、地方知识、本土知识、民间知识"⑤。"坎布里亚羊事件"证明,科学知识与公众常识的有机结合能够有效地解决公共问题。但是在实践中,两种知识相较,前者因其科学性、理性、系统性、规律性等特点而备受决策科学化的青睐,公众常识则往往因其非科学性、非理性、非系统

①　参见《湖北岗村所属镇的党委书记的访谈记录》和《湖北岗村所属镇的办公室主任的访谈记录》。

②　王春福:《论决策的科学化和民主化的统一——兼论政策科学的学科理念》,《政治学研究》2004 年第 4 期。

③　王庆华、张海柱:《决策科学化与公众参与:冲突与调和——知识视角的公共决策观念反思与重构》,《吉林大学社会科学学报》2013 年第 3 期。

④　王庆华、张海柱:《决策科学化与公众参与:冲突与调和——知识视角的公共决策观念反思与重构》,《吉林大学社会科学学报》2013 年第 3 期。

⑤　任福君、翟杰全:《科技传播与普及概论》,中国科学技术出版社 2012 年版,第 147 页。

性、非规律性等特点而成为决策科学化排斥的对象。在农村公共服务决策中,这典型体现为:决策中的专家咨询、专家论证而非公众咨询、公众论证;意见征求、公众信息搜集形式化等问题。例如,个案深度访谈中,部分村民认为"代表的话仅仅是意见,作用不大"①,将关于公共服务问题的会议描述为"我说你听,不是充分讨论,都是'套会'";"支部把事情拟好了,只要表态就行,不需要其他";"要做什么事,通知你去听一下,你知道是怎么回事就可以了"②;"村里面开会都是交代政策的落实执行,(参会人员)没有时间交流"③。可见,农村公共服务决策对科学知识的推崇而对公众常识的排斥直接导致了科学化与民主化关系链条的断裂。

其次,农村公共服务决策科学化与民主化对公共参与所持态度的冲突。农村公共服务决策科学化以科学知识为依据,因而注重以专家为代表的精英的参与,忽视公众参与。相反,农村公共服务决策民主化不仅强调精英参与,更强调普通民众的参与。在农村公共服务决策实践中,参与者多为以乡镇干部或驻村干部、村党支部和村委会成员为代表的体制内精英、以宗派领袖为代表的宗族精英、以私营企业主为代表的经济精英、以乡村教师为代表的知识精英,普通村民参与者较少。例如,新村调查中,村民反映:"我们又不是党员,党员开会";"通常是代表开会,普通百姓很少开会"。④ 诸多研究表明,不同经济收入水平的民众,他们的公共服务需求偏好结构有较大差异;随着经济收入水平的提高,他们的需求偏好将逐步由生产性公共服务转向生活性公共服务。在农村,精英通常情况下较之普通农民具有更高的经济收入水平,他们的公共服务需求偏好结构与普通农民的需求偏好结构有很大差异。因此,农村公共服务决策科学化和民主化对公共参与所持态度的不同直接导致了何种偏好居于农村公共服务决策方案的核心位置,即精英的需求偏好主导决策方案还是普通农民的需求偏好主导决策方案。这种

---

① 参见《湖北张村访谈——村民》。
② 参见《湖北张村访谈——村民》。
③ 参见《湖北湖村访谈——村民》。
④ 参见《湖北新村访谈——村民》。

局面在现实中典型体现为，农民亟须的生产性公共服务供给不足，而农民不需要或很少需要的"政绩工程"却过度供给。

最后，农民的需求偏好难以对农村公共服务决策产生实质影响。主要原因是决策参与主体能力的实质平等程度偏低和程序的包容性不足，致使普通农民的参与多局限于决策执行而非决策制定阶段。访谈结果也显示，尽管农村公共服务决策采用"五议三公开"①的程序，但村民参与多限于决策执行阶段，而非决策方案制定阶段。

（二）民主化与高效化关系链条断裂

农村公共服务决策的民主化有利于将农民的需求偏好整合到农村公共服务决策中去，促进农村公共服务供需结构均衡，促进农村公共服务决策的高效化。但是在农村公共服务实践中，农村公共服务的民主化和高效化之间的关系链条往往处于断裂状态。

首先，参与主体的代表性不足导致高效化难以实现。例如，实证调查发现，在农业生产领域，"农业技术是农民之间互相学习而得，经验积累而得"②，赋予"正确的人"参与机会显得尤为重要。但是，现实中，在参加农业技术培训班时，"有时需要技术的并没有机会参加学习班。参加人员由村委叫人去，且倾向于党员等精英，真正种地的、需要技术的不一定有机会去"③。因此，如何形成完善的参与主体筛选机制或利益相关者识别机制以克服参与主体的代表性不足问题对修复民主化与高效化关系链条显得尤为重要。

其次，农民等参与主体的参与知识与能力难以满足决策参与需求，直接影响了农村公共服务决策高效化。将农民的需求偏好整合到农村公共服务

---

① "五议三公开"是指：村民小组长提议，党小组长和村民小组长商议，村、组合议，党小组会议审议，群众代表会议或群众会议决议；决议公开，实施过程公开，实施结果公开。鉴于各村的具体情况，各村的表述略有不同，但内容基本一致。如张村的"五议三公开"主要包括：村党支部提议，村两委商议，驻村勤廉督导员参议，党员大会审议，村民代表会议或户代表会议表决；决定公开、过程公开、结果公开。
② 参见《湖北新村访谈——村民》。
③ 参见《湖北新村访谈——村民》。

决策中需要农民等参与主体具有良好的参与知识与能力。然而，现实中，农民等参与主体的参与知识和能力难以满足决策参与需求。因本章的前文和后文均有阐释，这里不再赘述。

最后，难以对公共参与和需求偏好进行有效管理。一方面，民主的要义在于有效的公共参与，而公共参与有有序和无序之分，无序公共参与容易对公共服务决策造成破坏，有序的公共参与能够促进公共服务决策优化，因此，如何规制无序的公共参与，规范有序的公共参与对促进公共服务决策优化至关重要；另一方面，如何有效整合多元需求偏好以形成集体行动对充分发挥民主化对高效化的促进作用至关重要。但是，在农村公共服务决策实践中，由于决策支持系统、信息搜集机制、决策程序和方法等的不完善，公共参与极易转变为无序公共参与，需求偏好也难以进行有效整合，这直接导致民主化难以形成对高效化的促进作用。例如，在实证调查中，部分村民反映："每次开会都解决不了问题"①；"对于村干部来说，不开会比开会好，开会人多嘴杂，不好办事"②；"这么多人去开会有什么用么？人多了没有用，思想多了，不好搞"③。这些话语都从侧面反映了难以对公共参与和需求偏好进行有效管理所造成的民主困境。

（三）科学化与高效化关系链条断裂

农村公共服务决策科学化与高效化相互衔接的关键在于通过构建科学的农村公共服务决策程序来实现对公共偏好的有效管理，将公共偏好置于农村公共服务决策方案的核心位置，促进生产效率和配置效率两者关系的辩证统一。但是在农村公共服务决策实践中，由于决策程序的科学性程度偏低等原因，科学化和高效化之间的关系链条往往处于断裂状态。

首先，农村公共服务决策科学化和高效化关注焦点不同导致两者并非是天然统一的。农村公共服务决策科学化多依赖于科学知识，注重专家等精英的参与，属于工具理性范畴，多关注技术效率，也即生产效率的提高。

———————————

① 参见《湖北湖村访谈——村民》。
② 参见《湖北湖村访谈——村民》。
③ 参见《湖北新村访谈——村民》。

但是,高效化不仅包括生产效率的提高,更包括配置效率的提高。公共服务生产效率是指公共服务项目投入与产出的比值,配置效率是指供给主体所提供的产品和服务能否满足需求者的偏好。实证调查发现:在农村公共服务决策过程中,公共服务供给主体关注的是生产效率;与此相反,农民关注的是配置效率,他们眼中的"产出"并不完全是经济学意义上的,而是根据他们自己心中大概的估算,将难以用货币衡量的"收益"也计入其中的综合性"产出"①。

其次,农村公共服务决策程序科学性程度偏低降低了农村公共服务决策程序在促进科学化和高效化统一过程中的积极作用。当前,由于决策程序、方法、监督反馈机制的不完善,农民难以将需求偏好有效融入公共服务供给者所制定的目标中,这直接导致了供需主体关注目标的不同,进而导致了政府所供给的公共服务并不一定是农民所需的公共服务,公共服务供需结构失衡产生,农民对政府提供的"有些东西群众不感冒"。例如,当前社会主义新农村建设中的绝大部分公共服务项目由"国家付费、企业承包建设","村民的参与很有限"②,其结果是农家书屋闲置、远程教育没人用。而要消除供需结构失衡,就必须通过建立农民参与机制等措施来提升农村公共服务决策的民主化程度,充分发挥农民参与在生产效率与配置效率之间的桥梁作用,使配置效率的提升成为改进生产效率的目标。因为,"在农村公共品供给效率评价中,从农民主体而言,只有农民认为有用的公共品,才是有效率的。相反,即使政府反复认定有用并强制去供给的公共品,当农民认为没有用时,农民依然感觉它是无效率的"③。

三、农村公共服务决策的优化路径与保障条件缺失

纵观公共服务决策的演进趋势,可以发现,公共服务决策系统由条件、

---

① 翟军亮、吴春梅、高韧:《村民参与公共服务供给中的民主激励与效率激励分析——基于对河南省南坪村和陕西省钟家村的调查》,《中国农村观察》2012 年第 3 期。
② 翟军亮、吴春梅、高韧:《村民参与公共服务供给中的民主激励与效率激励分析——基于对河南省南坪村和陕西省钟家村的调查》,《中国农村观察》2012 年第 3 期。
③ 李燕凌:《农村公共品供给效率实证研究》,《公共管理学报》2008 年第 2 期。

路径和目标构成:公共服务供给的实质性转变,以现代社会向后现代社会、科层管理时代向网络治理时代的转变为背景,公共服务决策优化以理性与合理性、专业知识与经验知识、基于真实需求的知识与决策判断的有机衔接为优化路径,以公民民主意识与参与能力不断提升和公民参与广度、范围、深度、强度的不断拓展与加深为保障条件,以科学化、民主化和高效化为目标。优化路径与保障条件的有机衔接能有效促进优化目标的实现,即将不同层次的、有序的、实质性的公民参与纳入公共服务决策中,实现以共同理解、共识、信任与合作关系为基础的公共决策①。优化路径与保障条件的断裂将引致公共参与困境,即公共参与对管理绩效的消极影响和对决策质量的威胁②,进而引致优化目标难以实现。

在公共服务决策演进的过程中,优化路径与保障条件逐步由分裂走向有机衔接,引致优化目标逐步由效率悖论与去民主化走向高效化与民主化的有机结合。第一,供给主导型阶段,政府垄断公共服务供给,优化路径与保障条件缺失引致公共服务供给的效率悖论与去民主化。受科学管理的影响,效率成为行政科学的目标。在公共服务领域,传统公共行政关注行政组织结构和功能的技术合理性,将公共服务供给定位于技术性的管理过程,主张通过官僚制组织提供公共服务以实现效率理性。"从纯技术的观点说,行政组织的纯粹官僚制形态能够达到最高程度的效率"③。但是,传统公共行政排斥公共参与,将其看作是一个不适宜本领域的范畴④。优化路径与保障条件缺失引致公共服务供给产生了效率悖论,即以效率至上为价值取向的传统公共行政在实践中走向了效率的对立面,公共服务供给处于低效率水平,官僚制成为"无效率"的同义词⑤。第二,过渡型阶段,多元供给成

---

① 翟军亮、吴春梅:《论社会学习框架下公共服务集体决策的优化——兼论公共参与难题的破解》,《理论与改革》2012 年第 2 期。

② [美]约翰·克莱顿·托马斯:《公共决策中的公民参与:公共管理者的新技能与新策略》,孙柏瑛等译,中国人民大学出版社 2005 年版,第 24—25 页。

③ [英]戴维·毕瑟姆:《官僚制》,韩志朋、张毅译,吉林人民出版社 2005 年版,第 6 页。

④ [美]约翰·克莱顿·托马斯:《公共决策中的公民参与:公共管理者的新技能与新策略》,孙柏瑛等译,中国人民大学出版社 2005 年版,第 15 页。

⑤ [澳]欧文·E.休斯:《公共管理导论》,中国人民大学出版社 2007 年版,第 40 页。

为常态,优化路径与保障条件初显与两者关系的开始衔接,公共服务供给效能提升与有限度的民主。典型表现为:新公共管理将市场竞争等激励结构引入公共服务,强调通过承包和准市场等运作方式实现更有效的竞争以及消费者选择①;"公民产生需求,然后政府负责提供服务以满足这些需求。其目标就是要满足公民的这些需求以便他们将会对政府的绩效做出有利的评价"②,政府的责任是提供既可以使其顾客满意又能够以最有效益的方式产生预期效果的服务和功能③;公众作为"顾客"象征性参与公共服务供给,有限度的参与公共服务的需求表达、评价和监督④。市场机制的引入、公民有限度的需求表达与参与引致公共服务效能的提升,但亦引致公平、正义、公民权、公民参与和公共利益等民主和宪政价值⑤的弱化。最后,需求主导型阶段,合作供给成为常态,优化路径与保障条件有机衔接,公共服务供给中效率与民主相协调,并统一于公共价值创造过程中⑥。新公共服务理论倡导效率基础上的民主,认为只有通过政府有效率的运作,民主才能得到最

---

① [英]罗伯特·罗茨:《新的治理》,载俞可平编:《治理与善治》,社会科学文献出版社2000年版,第89页;参见[美]戴维·奥斯本、特德·盖布勒:《改革政府:企业家精神如何改革着公共部门》,周敦仁、汤国维、寿进文、徐获洲译,上海译文出版社2006年版。

② [美]珍妮特·V.登哈特、罗伯特·B.登哈特:《新公共服务:服务,而不是掌舵》,丁煌译,中国人民大学出版社2010年版,第84页。

③ [美]珍妮特·V.登哈特、罗伯特·B.登哈特:《新公共服务:服务,而不是掌舵》,丁煌译,中国人民大学出版社2010年版,第95页。

④ 翟军亮、吴春梅、高韧:《村民参与公共服务供给中的民主激励与效率激励分析——基于对河南省南坪村和陕西省钟家村的调查》,《中国农村观察》2012年第3期。

⑤ Terry, L., Administrative Leadership, Neo-Managerialism and the Public Management Movement, *Public Administration Review*, 1998, No. 3, pp. 194−200.

⑥ Stoker, G., Public Value Management: A New Narrative for Networked Governance, *The American Review of Public Administration*, 2006, Vol. 36, No. 1, pp. 41−57; Smith, R.F.I., Focusing on Public Value: Something New and Something Old, *Australian Journal of Public Administration*, 2004, Vol. 63, No. 4, pp. 68−79; O'Flynn, J., From New Public Management to Public Value: Paradigmatic Change and Managerial Implications, *Australian Journal of Public Administration*, 2007, Vol. 66, No. 3, pp. 353−366; Kelly, G., Mulgan, G., and Muers, S., *Creating Public Value: An Analytical Framework for Public Service*, London: Cabinet Office Strategy Unit, 2002; Alford, J. and Hughes, O., Public Value Pragmatism as the Next Phase of Public Management, *The American Review of Public Administration*, 2008, Vol. 38, No. 2, pp. 549−559.

好的保持①;公共价值管理理论倡导通过构建协商网络和服务递送网络来创造公共价值②,通过构建以公民为核心的协商网络来促进民主的实现,通过构建服务递送网络来促进效率的实现。在此基础上,优化路径和保障条件有机衔接,公共管理者的"一个重要任务就是使得公众参与到讨论关于他们偏好的过程之中来,并且在一定程度上对备选项目进行商议。……因为探寻公众偏好是一个复杂的对话过程,所以分配效率和民主是合作伙伴的关系,而不是平衡的对象。更为重要的是,技术效率不能依靠转交给官僚们或管理者们来实现。其关键在于学习交流,共同寻找解决问题的办法。并且人们发现,找到最好的做事方法也是包含着民主过程的"③。可见,以网络治理为基础的对话与交流体系较好的应对了来自效率与民主等问题的挑战④。

因此,如何促进理性与合理性、专业知识与经验知识、基于真实需求的知识与决策判断的有机衔接,如何在提高公民民主意识与参与能力的基础上不断推进公民参与广度、范围、深度、强度的拓展与加深成为实现农村公共服务决策科学化、民主化和高效化的核心问题。也就是说,要解决农村公共服务问题,就必须在推进农村公共服务决策全面优化的基础上,探寻农村公共服务决策优化的保障条件与路径,推进农村公共服务决策系统优化。

(一)农村公共服务决策的优化路径缺失

推进农村公共服务决策优化,必须构建行之有效的优化路径,以促进多元主体之间的偏好表达、知识分享并形成以共同理解、共识、信任与合作关

---

① Denhardt, R. B., and Denhardt, J. V., The New Public Service, Serving Rather than Steering, *Public Administration Review*, 2000, Vol. 60, No. 6, pp. 549-559. [美]罗伯特·B.登哈特:《公共组织理论》,扶松茂、丁力译,中国人民大学出版社 2003 年版,第 73 页。

② 参见[美]马克·莫尔:《创造公共价值:政府战略管理》,清华大学出版社 2003 年版;Stoker, G., Public Value Management:A New Narrative for Networked Governance, *the American Review of Public Administration*, 2006, Vol. 36, No. 1, pp. 41-57。

③ Stoker, G., *Public Value Management:A New Resolution of the Democracy/Efficiency Trade-off*, Institute for Political and Economic Governance, University of Manchester, UK, 2005, p. 12.

④ Stoker, G., Public Value Management:A New Narrative for Networked Governance, *the American Review of Public Administration*, 2006, Vol. 36, No. 1, pp. 41-57.

系为基础的集体决策与行动。但是,在实践中,农村公共服务决策面临优化路径缺失问题。

(1)"一事一议"筹资筹劳制度遭遇困境。"一事一议"筹资筹劳制度作为农民参与农村基础设施等公共服务项目的主要方式,在一定程度上为农民表达偏好、形成集体行动提供了路径选择。但是,由于农村由"熟人社会"向"半熟人社会"的转型,农村人口流动与阶层分化、农村内部一致性弱化、农民社区(村庄)认同感弱化等因素的影响,"一事一议"筹资筹劳制度在实践中遭遇了困境,难以成为农民参与农村公共服务乃至促进农村公共服务决策优化的路径,主要表现在以下两个方面:一方面,"一事一议"制度本身存在缺陷。例如:李琴等认为"一事一议"制度存在交易成本高、不确定性大等问题[1];李郁芳、蔡少琴[2]和刘祖华认为实践中存在事难议、议难决、决难行等问题[3]。另一方面,"一事一议"执行困境。例如,申端锋通过实证调查发现,"一事一议、以奖代补"制度下农田水利项目等公共服务项目采取封闭运行方式,排斥农民参与,导致了供给与需求相背离[4];占少华[5]通过实证调查发现,"一事一议"制度在执行过程存在形式化问题;吴钢也认为,部分公共服务项目的实施存在"领导为民做主"现象,村民并没有真正参与[6]。

(2)社会学习平台或公共协商机制的缺失。农村公共服务决策优化的关键之一是让农民等多元主体能够通过特定的沟通平台进行需求偏好表达、信息交流和公共协商,以利于增进相互理解、达成共识和影响决策方案。

---

[1] 李琴、熊启泉、孙良媛:《利益主体博弈与农村公共品供给的困境》,《农业经济问题》2005年第4期。

[2] 李郁芳、蔡少琴:《农村公共品供给中的村民自治与"一事一议"——基于公共选择理论视角》,《东南学术》2013年第2期。

[3] 刘祖华:《农村"一事一议"的实践困局与制度重构》,《甘肃理论学刊》2007年第5期。

[4] 申端锋:《税费改革后农田水利建设的困境与出路研究——以湖北沙洋、宜都、南漳3县的调查为例》,《南京农业大学学报》(社会科学版)2011年第4期。

[5] 占少华:《乡村公共治理的六个视角及其问题——兼议"一事一议财政奖补"政策》,《社会科学战线》2013年第10期。

[6] 吴钢:《一事一议财政奖补项目实施的几点探讨》,《农村经营管理》2011年第10期。

因此，如何构建行之有效的社会学习平台或公共协商机制成为推进农村公共服务决策优化所必须解决的关键问题。发达国家经过长期探索，已经逐步形成了以关键目标群体接触、公民调查、公民论坛、公民满意度投票、协商民意调查、共识讨论、在线论坛、市镇会议等为内容的社会学习平台或公共协商机制。近几年来，随着农村经济社会的不断发展，乡村基层治理实践出现了一些创新之举，以民主恳谈为代表的公共协商机制开始在农村公共服务中发挥作用，但仍然处于初级阶段，仍然面临诸多问题，需要不断完善，社会学习平台或公共协商机制仍然面临着缺失困境。

（二）农村公共服务决策的保障条件缺失

农民是推动农村社会发展和演变的主体力量①，农民只有参与公共服务决策才能从根本上保障自己的利益，因此，建构农民参与公共服务决策的制度是解决中国农村问题的关键②。但是，农民参与农村公共服务决策需要个体能力、组织能力和环境能力作为保障，因为农民参与农村公共服务决策不仅涉及个体层面因素，也涉及组织和环境层面因素。正如安东尼·吉登斯所说的："个体有能力'改变'既定事态或事件进程，这种能力正是行动的基础。如果一个人丧失了这种'改变'能力，即实施某种权力的能力，那么他就不再成其为一个行动者"③。随着我国农村经济社会的快速发展以及农村公共服务需求的不断上升，个体能力、组织能力和环境能力在推进农村公共服务决策优化过程中的作用日益突出，但也存在诸多问题。

1.个体能力面临基础支持不足问题

第一，农民参与知识欠缺与能力偏低易引致决策与农民需求偏好错位。

农村公共服务决策要求参与决策的农民必须具有一定的决策参与知识与能力。从决策过程看，农村公共服务决策本质上是公共协商过程。通过公共协商，多元主体充分表达需求偏好，分享和交流公共服务的地方知识与

---

① 项继权、袁方成、吕雁归：《农民要的与政府给的差距有多大？——对我国农村社区居民公共需求的调查与分析》，《理论与改革》2010 年第 1 期。

② 郑沪生：《建构农民参与的农村公共产品供给制度》，《长白学刊》2007 年第 5 期。

③ ［英］安东尼·吉登斯：《社会的构成》，李康等译，生活·读书·新知三联书店 1998 年版，第 76 页。

经验,促进理性知识与经验性知识的对接,促使决策方案更加切合实际情况,提升决策的适用性和针对性,提高公共服务的合宜性与效能。公共协商以实质平等为条件,意在确保多元主体对决策有平等的影响力。实质平等主要是指为了确保现存权力和资源等的分配不会影响参与者参与决策的机会,也不会在公共协商中发挥权威作用而设定的平等条件,主要包括资源平等和相关能力平等,例如,与决策相关的供需信息、地方知识、经验知识、理性知识与技术知识;争取参与机会的能力、利用机会和资源的能力、决策中表达真实偏好的能力、认知和沟通能力、"重述"和"重构"问题能力[1]等。

农村公共服务决策实践中,农民的参与知识与能力水平明显偏低,易引致决策与农民真实偏好错位:一方面,参与知识水平偏低。文化素质与知识水平的局限性使得农民无法真正理解与决策相关的供需信息、地方知识、经验知识、理性知识与技术知识,在一定程度上失去了与其他参与主体平等对话与交换意见的基础与机会,导致农村公共服务决策成为难以体现其真实意愿的强制性结果。近几年来,虽然九年义务教育和各种培训服务提升了农民的文化素质与知识水平,但整体上,农民的参与知识水平仍不乐观,这可以从农民受教育程度偏低的事实中得到反映。第二次全国农业普查主要数据公报(第五号)显示,农村劳动力受教育程度中,文盲占6.8%,小学文化程度占32.7%,初中文化程度占49.5%,高中文化程度占9.8%,大专及以上文化程度仅占1.2%。徐勇等主持的"南农实验"也印证了这一事实,普通村民受教育程度普遍较低,语言表达能力差,宪政常识掌握也不好,参与能力偏低[2]。另一方面,参与能力水平偏低。争取参与机会的能力、利用机会和资源的能力的偏低,易引致农民进行信息沟通、表达真实偏好的机会的匮乏,进而引致公共服务决策难以体现其真实偏好和公共服务供需结构失衡。偏好表达与转换、认知能力偏低,限制了农民在决策协商讨论过程中

---

① McCoy,M. L.,and Scully,P. L.,Deliberative Dialogue to Expand Civic Engagement:What Kind of Talk Does Democracy Need,*National Civic Review*,2002,Vol. 91,No. 2,pp. 117-135.

② 马华等:《南农实验:农民的民主能力建设》,中国社会科学出版社 2011 年版,第 119 页。

表达真实偏好、与其他参与主体交换公共理性、对各自观点进行理性审视的能力,引致真实需求偏好对决策影响偏弱。例如,"南农实验"表明,在协商讨论过程中,素质相对高的人往往具有语言优势,他们的语言会压倒一些素质低的人,所以一部分的代表就具有说服力,他们可以引导另一部分的代表,从而得到支持①。农民参与知识和参与能力的不足,固化和损害了公共协商机制,使得农民在决策中长期处于可有可无的劣势地位,直接引致农民言说的可信度和行为的有效度下降,难以让别人认真倾听自己的意见并信服自己,难以确保自己的偏好表达不被漠视。在此背景下,农民难以阻止能力较强的参与者通过公共手段来达到私人目的,使他们的"私意"变为公共协商结果意义上的"公意",最终形成精英主导、农民被边缘化的格局,农村公共服务供给陷入所供非所需→供需结构失衡→效率低下的恶性循环。陈潭等的实证研究结论也印证了此观点:普通农民在村庄政治中扮演"棋子"角色,他们在形成自己的政治态度时往往受到村庄精英的裹挟,被动或主动地依附于村庄精英进入村庄政治生活②。

"当下的大部分农民具备了一定的文化基础,但普通的文化教育仍然不能代替专业的政治能力训练"③,中国农村教育培训的非体系性、内容的单一性与非均衡性引致农民欠缺参与决策所需知识与能力。有关农村教育培训的分析将在后文进行分析。

第二,农民参与型政治文化缺失易伴生农民决策参与意识淡薄与态度冷漠。

参与行为直接受到政治文化的支配和影响,农民参与农村公共服务决策需要以参与型政治文化为内在支撑。参与型政治文化强调理性的政治参与,强调参与者对参与权利、能力、责任和行为有着明确的认知、强烈的情感

① 夏添:《协商民主:农民组织过程中的困境与反思——以南农实验欧村合作社为个案》,《科学社会主义》2013 年第 1 期。

② 陈潭、刘祖华:《精英博弈、亚瘫痪状态与村庄公共治理》,《管理世界》2004 年第 10 期。

③ 马华等:《南农实验:农民的民主能力建设》,中国社会科学出版社 2011 年版,第 120 页。

和价值取向，强调参与者对民主参与目标、制度和行为的高度认同与积极支持。参与型政治文化越深入人心，农民的理性参与程度、参与热情与积极性越高。

在现实中，农民决策参与意识与态度呈现出新旧并存、稻稗混杂的特征。一方面，农民主体意识与公民意识逐渐觉醒，农民决策参与意识与能力不断提高，以民主恳谈会、共识会议、协商小组、合作意向交流、地方性共识等为代表的参与机制得到了发展并提高了参与效能；另一方面，农民参与型政治文化尚未建立，公民权意识薄弱，臣民意识浓厚，对决策参与依旧态度冷漠，存有"事不关己"的心理与参与功利化趋向①，典型表现为："吃自己的饭，做自己的事，何必管别人的事"、"多一事不如少一事"、"事不关己少插手"的心态；"忽视甚至反对公共利益，有利就干，无利不干"的行为。相关学者的实证研究亦侧面反映了农村公共服务决策中个体能力建设仍存在意识淡薄与态度冷漠问题，如66.7%的村民对修路等公益事业并不积极响应，66.7%的村民对村庄建设不太热心，33.3%的村民对村庄建设很不关心②。农民决策参与意识淡薄与态度冷漠，会强化农民在农村公共服务决策中的边缘地位，成为农村公共服务决策中的"永远的少数"；会引致其缺乏争取机会以改变既存的对自身不公正的程序、规则的内在动力，往往只能被动接受更多体现强势群体利益的决策平台，使规则、程序上的公开排斥导致结果意义上的政治不包容现象。

这一状况是由农民政治参与文化具有"过渡"与"二元"等结构性特点所致，即传统政治文化与现代政治文化、主流政治文化与非主流政治文化并存的结构特点。当前中国农村尚处于多重转型期，参与型政治文化尚未完全建立，农民在扮演主动政治角色的同时，依旧保留了传统的"臣民和地域

---

① 翟军亮、吴春梅、高韧：《村民参与公共服务供给中的民主激励与效率激励分析——基于对河南省南坪村和陕西省钟家村的调查》，《中国农村观察》2012年第3期。

② 李世敏：《改革开放以来中国农村社区认同的变迁》，华中师范大学2010年毕业论文，第51页。

民角色"①。正如阿尔蒙德所说,"臣民和地域民角色被附加于参与者角色。这意味着主动的公民保留了他的传统的、非政治性的联系,和他的更被动的臣民政治角色"②。

第三,农民合作能力缺失易导致决策困境。

从集体行动视角看,农村公共服务决策是多元主体就公共服务供给采取集体行动,实现合作治理的过程,它以多元主体间的合作能力为支撑。公共服务"影子价格"引致公共服务个体效用值不同,引致多元主体难以就决策及其执行达成一致。以"成本—收益"理性计算为基础的个体行为亦会引致非理性的集体困境。因此,多元主体间的合作能力高低对决策能否取得良好效能具有决定性影响。

然而,农村公共服务决策中农民的合作能力却不容乐观。曹锦清在《黄河边的中国》一书中认为"农民善分不善合",贺雪峰亦认为"农民善分不善合"的观点越来越适合于中国大部分农村的实际③。相关学者的调查结果显示:农忙时节的帮工情况中,"偶尔相互帮忙"的比例高达 83.3%,"经常相互帮忙"的比例仅为 16.7%;同村人盖房时的帮工情况中,"挣工钱"的比例高达 66.7%,"义务帮忙"的仅为 33.3%;当遇到不幸或者需要帮助时,同村其他人的多数反映是"嘴上说帮忙,实际不做"的比例为 88.3%,"热心帮助"的比例仅为 16.7%④。这些事实都从侧面反映出农村公共服务决策中农民合作能力状况堪忧。现实中,随着农村现代化的推进以及农村社会流动的加剧,农村村庄共同体逐渐瓦解,农村公共服务决策中农民的合作能力急剧衰退,"不仅很少看到以平等协商建立起来的契约组织的合作,

---

① 参见[美]加布里埃尔·阿尔蒙德、西德尼·维巴:《公民文化:五国的政治态度和民主》,马殿君等译,浙江人民出版社 1989 年版。

② 参见[美]加布里埃尔·阿尔蒙德、西德尼·维巴:《公民文化:五国的政治态度和民主》,马殿君等译,浙江人民出版社 1989 年版。

③ 贺雪峰:《市场经济下农民合作能力的探讨——兼答蒋国河先生》,《探索与争鸣》2004 年第 9 期。

④ 李世敏:《改革开放以来中国农村社区认同的变迁》,华中师范大学 2010 年毕业论文,第 50 页。

而且传统的合作大都解体了"①。农民合作能力偏低直接导致农村公共服务决策困境,具体表现为:外部嵌入的公共服务供给因缺乏合作内生基础而不能够持续发展;内生的公共服务供给合作需求因缺乏合作的启动力量而不能转变为合作实践;初步成长的公共服务供给合作行为因缺乏合作制度保障以及主体行为失范而导致合作破裂。

农村公共服务决策中农民合作能力偏低与乡村社会转型引致的行为理性转型、社会关联弱化、信任缺失有关。市场经济与现代传媒的渗入使得农民之间的关系渐趋理性化,"其结果是传统的以宗族和信仰为基础的人际联系解体,现代的以契约为基础的人际联系又未能建立起来"②,进而引致农民呈现出"原子化"状态,彼此之间的互助与合作能力降低。此外,信任缺失也引致农民合作能力偏低。有研究显示,干群之间、农民之间的信任半径降低,以血缘、地缘结构为基础的传统信任网络瓦解,契约信任、合作信任等现代型信任网络尚未形成,造成信任缺失和合作能力低下。③

农村公共服务决策中个体能力建设效能的偏低引致农民参与陷入恶性循环:个体能力建设效能偏低→农民参与能力低下→农村公共服务决策中的公开排斥和政治不包容④→农村公共服务供需结构失衡、效率低下→农民参与效能低下→农民政治冷漠→农民被边缘化→农民个体能力降低。

2.组织能力面临平台支持不力问题

第一,人力资源培训的方式和内容有待优化,设施保障水平有待提高。

这主要体现在以下几个方面:首先,培训方式。主要依赖教育培训,而现有的教育培训机制、制度尚未形成较为完善的体系,呈现出临时性、非正

---

① 参见贺雪峰:《新乡土中国:转型期乡村社会调查笔记》,广西师范大学出版社 2003 年版。

② 参见贺雪峰:《新乡土中国:转型期乡村社会调查笔记》,广西师范大学出版社 2003 年版。

③ 马华等:《南农实验:农民的民主能力建设》,中国社会科学出版社 2011 年版,第 119 页。

④ [美]詹姆斯·博曼:《协商民主与有效社会自由:能力、资源和机会》,载陈家刚:《协商民主》,上海三联书店 2004 年版,第 153 页。

规化与非系统化的态势；现代传媒的优势尚未在农村人力资源培训尤其是参与能力培训中显现出来。其次，培训内容。现有教育培训内容具有单一性，侧重于生产技术与技能等职业技术教育培训，政治、法律等素养的教育培训稍显不足。现有教育培训内容具有非均衡性，侧重于与意识形态相关内容的普及，忽视参与技能培训，培训内容与需求之间有差距，如"十二五"规划更多强调加强公共就业服务、岗位技能培训和创业培训，加强职业技能培训能力建设和健全职业培训制度等，较少涉及政治、法律等素养与技能方面的培训。最后，设施保障水平。一方面，新农村建设等一系列政策虽然在一定程度上缓解了农村教育培训设施短缺局面，但仍然是"杯水车薪"。以农村社区建设的财政保障为例，农村社区建设虽以同级政府财政投入作为社区建设资金来源，但其"大都用于农村社区的基础设施建设"①，旨在促进农民等个体参与能力发展的人力资源培训亦没有步入制度化轨道。个案深度访谈结果也证实了这一事实，"硬件和软件都有较大改观，但不能满足群众需求"，"硬件标准不高、不适用"②。另一方面，既有设施因利用率较低而难以发挥其应有作用。实地调查中发现，农村书屋的利用率很低，基本上处于闲置状态；远程教育也面临着相似的困境，基本上处于无人用的状态。

第二，决策程序管理水平有待提高。

决策程序管理主要体现在有关公共服务决策数据的搜集与信息交流、参与式决策支持系统两个方面。

公共服务决策数据的搜集与信息交流有待强化。对于农村公共服务决策参与者而言，获得有关公共服务决策的有效、可靠信息是至关重要的，有助于降低决策过程中各主体间的信息不对称程度。但是在现实中，公共服务决策信息搜集与沟通交流的制度化与规范化有待进一步完善，突出体现在以下几个方面：政府并没有建立完善的信息搜集与交流平台；信息搜集与沟通的政府主导性，即信息沟通的程度、内容、时间和地点均由政府掌握；官

---

① 徐珊：《农村社区建设：政府角色与行为研究》，《中共福建省委党校学报》2010年第10期。

② 参见《湖北岗村所属镇的党委书记的访谈记录》。

僚体系的"信息黑洞效应"使得公共服务供需信息纵向传递效果受限,制度化的横向信息沟通机制尚未建立;信息的非标准化引致不同机构之间、不同决策主体之间信息的非共享性,在一定程度上降低了信息的有用性;现行的数据搜集与信息交流方法主要为调研等传统方式,共识会议、民主恳谈会、民意测验、听证会、现代信息技术等方法虽有采用但效果不甚明显。

公共服务决策参与式决策支持系统有待优化。首先,利益相关者识别方法方面,尚缺乏建立一套规范化、标准化、制度化、公平的方法以识别农村公共服务决策中的利益相关者。在实践中典型地体现为政府主导着参与主体,如政府主导决策过程中的农民等个体参与不足,农民等个体有限参与中的代表性不足,决策参与者不能很好地包容受决策影响的弱势群体,参与者由领导指定和优势群体强参与等问题。其次,决策程序与方法方面,突出表现为政府主导决策程序,农民等个体参与公共服务决策的政府意志主导性、非制度化,且多集中于决策方案征求意见阶段而非决策的全过程。吴春梅、翟军亮认为,在当前的农村公共服务决策中,自上而下的决策程序在核心资源分配等领域仍占据控制地位,采取政府主导与一定范围内征求意见相结合的决策方法,从横向上看,公共产品决策的形成先由政府根据自身偏好以及相关调研结果制定预备方案,在政府系统内部或者社会范围内征求意见之后确定为最终方案,并公布实施;从纵向上看,公共产品决策往往采取上下级政府间层层分解、逐级下派的办法①。再次,参与方法方面,突出表现为现有的公共服务决策参与方法因自身局限性引致参与效能偏低。"一事一议"在确立农村公共服务决策机制与程序的同时,亦提供了相应的公共服务决策参与方法。但其在现实运行过程中因制度刚性、组织成本高、资金约束、理性无知、激励机制欠缺、可操作性差等因素使其运行效力存在一定的局限性②。如孟昭智通过调查认为,河南省有 95% 的农村没有或者基本

---

① 吴春梅、翟军亮:《转型中的农村公共产品供给决策机制》,《求实》2010 年第 12 期。

② 参见黄辉祥:《"一事一议":民主化的村庄公共产品供给机制》,华中师范大学 2003 年毕业论文;许莉、邱长溶、李大垒:《村级公共产品供给的"一事一议"制度困境与重构》,《现代经济探讨》2009 年第 11 期;常伟、苏振华:《"一事一议"为何效果不佳:基于机制设计视角》,《兰州学刊》2010 年第 5 期。

没有施行过"一事一议"政策①。"参与式预算"与"民主恳谈"等通过将民主理念、民主机制以及民主方法和技术引入农村公共服务决策中,为促进农村公共服务决策的民主化与科学化提供了新的路径,但亦存在政府主导与公民主体的内在张力、主体的理性不足和政治能力贫困、机制创新的空间有限、自身定位等问题②。最后,决策项目与过程评估方面,突出体现为公共服务决策评估的制度、标准、途径与方法的不完善。制度的不完善使得其难以对公共服务决策效能进行科学的评估,难以为决策改进提供科学可靠依据;标准的不完善使评估较多地注重其对经济增长与社会发展的量化指标的评估,忽视其对公共参与能力、社区发展能力等的影响的评估;途径的不完善使得评估多局限于系统内部评估,社会主体等系统外评估稍显不足;方法的不完善使得评估限于前后对比、自主评估、专家评估等方法,忽视公民等社会主体在评估中的作用。

第三,支持性组织文化有待形塑。

"建立、支持和促进公民参与的地方政府文化必须解决社区和地方政府之间缺乏信任的难题"③。一方面,信任对于能力建设极其重要。信任能够解释为什么开展的众多的新计划和措施失败的原因,信任的缺失会引致能力建设的效果削弱,引致多元主体间相互尊重与对需求的长期承诺机制的失灵;另一方面,农村公共服务供给逐步由垄断供给走向合作供给,权力结构逐步实现了由等级权力向共享权力的转变。共享权力的实现要求政府与公民、社区等多元主体间建立互信。"信任的缺失可能是实现真实公民参与发展过程中的最大障碍之一"④。

地方政府与农民等的不信任关系的由来可以追溯到20世纪90年代的压力型行政体制。虽然"乡政村治"的治理结构使得地方政府职能与工作

---

① 孟昭智:《对农村"一事一议"制度的反思》,《中州学刊》2007年第3期。

② 吴兴智:《协商民主与中国乡村治理》,《湖北社会科学》2010年第10期。

③ Cuthill, M., and Fien, J., Capacity Building:Facilitating Citizen Participation in Local Governance, *Australian Journal of Public Administration*, 2005, Vol. 64, No. 4, pp. 63–80.

④ Yang, Kaifeng., Public Administrators' Trust in Citizens:A Missing Link in Citizen Involvement Efforts, *Public Administration Review*, 2005, Vol. 65, No. 3, pp. 273–285.

方式发生了相应的变化,但压力型行政体制使得处于行政体制金字塔最底层的地方政府面临着"权小责大"的窘迫局面,上级政府的行政命令与刚性任务使得其不得不将基层自治组织"准行政化",最终引致"行政消解自治"[①]现象的产生,引致农民等主体对乡镇基层政府抵触情绪增大,信任度降低。在实践中典型地表现为"中央的政策都是好的,都被基层把经给唱'歪'了"的观点的盛行。闫金山[②]通过对凉州区建设村的实证调查,认为村社区的村民之间特殊信任衰退、普遍信任下滑、制度信任模糊,村民对村委会、乡镇政府以及国家有关规定、政策等方面的制度信任处于"说不清"状态,农村社区中的信任程度确实出现了一定程度的下滑(数据显示64.6%的村民认为村里的信任状况不如以前)。

此外,农村村委会等自治组织的"趋行政化"也在一定程度上削弱了农民等通过村民委员会参与公共服务决策的能力。依据《村民委员会组织法》,村民委员会是村民自我管理、自我教育、自我服务的基层群众性自治组织,乡镇政府对村民委员会的工作给予指导、支持和帮助,乡镇政府与村民委员会的关系是指导与被指导的关系。这种关系通过重新划分国家权力与社会权力的关系赋予村民委员会在乡村治理中的独立地位。农民等个体通过"一事一议"、村务公开、民主监督、民主协商等制度、机制与途径,提高了其自身的民主观念与能力、在一定程度上提高了农民等个体的民主技巧与能力。但是,村民委员会在实际运作过程中呈现出"趋行政化"态势,在一定程度上削弱了农民等通过村民委员会参与公共服务决策的能力。项继权通过考察南街、向高和方家泉三村社区各种组织的发展历程与运转状况,认为现存村社区的组织系统的设置、结构与运作在相当程度上均是基于国家目标及宏观组织体制,并不是由社区自主决定,国家意志和制度仍在相当

---

① 赵晓峰:《"行政消解自治":理解税改前后乡村治理性危机的一个视角》,《长白学刊》2011年第1期。

② 闫金山:《农村社区中的信任状况研究——基于对凉州区建设村问卷调查的分析》,《四川理工学院学报》(社会科学版)2009年第1期。

程度上主导着村社区组织的基本设置和运作①。村民自治组织的"趋行政化"引致村民自治流于形式,进而引致乡村治理异化,村民在公共服务决策中的主体地位的弱化,不能真正履行法律所赋予的权利。项继权通过考察南街、向高和方家泉三村的公共决策,认为村民参与决策机会不多,参与范围和影响程度非常有限,村民代表大会和村民委员会并没有独立的和实质性的决策权力②。"还不是上面说了算","商量一下","通过一下","上面定调子、下面划圈子"③等村民话语亦真实地反映了农民等个体在公共服务决策中的弱势地位。

3.环境能力面临保障性不强问题

环境能力的保障性作用可以分为正式制度和非正式制度的保障作用。非正式制度在农村场域多体现为社会资本。当前,乡村社会转型等多重因素导致了正式制度与社会资本保障性作用的弱化。

第一,制度实际运行与文本规定之间存在差距导致制度的保障性作用偏差。

在制度环境方面,《村民委员会组织法》、"十二五"规划等为农村公共服务决策中的能力建设创造了较好的制度环境。《村民委员会组织法》等相关法律通过确立村民委员会以独立自主的自治地位,通过将村民自治纳入国家治理体系,实现村民自治从体制边缘到制度中心的空间拓展,为农民等个体拓展参与公共服务决策能力提供了一定的社会和政治空间以及一定程度的制度保障与组织渠道。"十二五"规划强调通过加强基层群众自治制度,来推进社会主义政治制度自我完善和发展,以及加强社区公共服务能力建设,亦为加强农村公共服务决策中的能力建设提供一定的体制内资源。

尽管各种制度在一定程度上为能力建设提供了良好的制度环境,但在

---

① 项继权:《集体经济背景下的乡村治理研究》,华中师范大学出版社 2002 年版,第 223 页。

② 项继权:《集体经济背景下的乡村治理研究》,华中师范大学出版社 2002 年版,第 268 页。

③ 项继权:《集体经济背景下的乡村治理研究》,华中师范大学出版社 2002 年版,第 301 页。

实际运行过程中因受各种因素的影响而不能发挥其应有的作用。一方面，政策配套措施体系化程度偏低。访谈中，一位涉农企业经理表示："惠农政策、行政服务、合作社有利于促进农业产业化，但独立的惠农政策并不能弥补无农业产业化的弊端"。另一方面，政策执行偏差。项继权通过实证研究认为，"上述一切法律规定和制度规范仅仅是为村民公共参与提供制度保障和组织渠道。实际上，在现实生活中，有一些民主制度在实践中并没有真正地落实，有一些制度也存在不完善之处，还有一些则因社会条件的变化而丧失其效能"①。访谈中有村民反映，"高层政策可好，下面弄歪"②；"高层中央政策好得很，（下面）没办到位"③。例如，村民自治组织的趋行政化等现象的存在，在一定程度上削弱了农民等个体与组织的能力。"一个妇女说，人家牛灿的本事还大着呢，一时也不一定弄得下。你看今年的选举，本来牛永志得票最多，当选了，可是乡上说不算，章也没有给他。说是让村会计代理，其实还是牛灿在背地里说了算。"④

第二，社会资本作用弱化导致其保障性作用偏差。

信任度偏低弱化了参与能力。一方面，信任是对社会秩序、规则、系统的信息，是"对一个人或一个系统之可依赖性所持有的信心，在一系列给定的后果或事件中，这种信心表达了对诚实或他人的爱的信念，或者，对抽象原则（技术性知识）之正确性的信念"⑤；另一方面，信任是"关于期望他人行为的信念"⑥，"是在一个社团之中，成员对彼此常态、诚实、合作行为的期待，基础是社团成员共同拥有的规范，以及个体隶属于那个社团的角色。这

---

① 项继权：《集体经济背景下的乡村治理研究》，华中师范大学出版社 2002 年版，第 299 页。

② 参见《湖北湖村访谈——村民》。

③ 参见《湖北湖村访谈——村民》。

④ 李世敏：《改革开放以来中国农村社区认同的变迁》，华中师范大学 2010 年毕业论文，第 41 页。

⑤ ［英］安东尼·吉登斯：《现代性的后果》，田禾译，译林出版社 2011 年版，第 30 页。

⑥ ［美］马克·沃伦：《民主与信任》，吴辉译，华夏出版社 2004 年版，第 44 页。

里所指的规范可能是深层的'价值观'……,也可能包含世俗的规范"①。村庄信任主要是指"在村庄共同体框架下,村庄里的每一个个体通过一定的与当地文化紧密相联系的社会规范与社区规则嵌入到村庄系统中而相互之间产生对于彼此的积极预期的一种社区秩序。很显然,这是一种具有自组织性质的民间秩序,是一种通过非正式制度的作用而形成的秩序"②。但是,在现实的乡村治理中,干群之间信任、农民之间的信任度偏低③,以血缘、地缘结构而成的传统信任网络瓦解,契约信任、合作信任等现代型信任网络尚未形成④。此外,制度信任的缺失将会导致村民对乡村基层政权丧失信任⑤。干群之间、农民之间、农民与基层政府之间信任度偏低直接削弱了他们之间合作的能力。因为,信任关系是沟通网络的价值基础,是"稳定社会关系的基本因素"⑥,强信任关系在村庄治理中有助于合作、奉献等行为的发生与维系⑦。

社会关联度偏低导致村民对公共事务不热心。随着市场经济在农村的深入发展,传统村庄共同体的凝聚力逐步瓦解,传统权威在维持村庄秩序中的作用也渐趋弱化,村民与村社的关联度也逐步降低。例如,李世敏的实证

---

① [美]弗兰西斯·福山:《信任:社会道德与繁荣的创造》,李宛容译,远方出版社 1998 年版,第 35 页。

② 胡必亮:《村庄信任与标会》,《经济研究》2004 年第 10 期。

③ 杨善华:《关于中国乡村干部和农民之间信任缺失的思考》,《探索与争鸣》2003 年第 10 期;赵树凯:《乡村关系:在控制中脱节——10 省(区)20 乡镇调查》,《华中师范大学学报》(人文社会科学版)2005 年第 5 期;贺雪峰、苏明华:《乡村关系研究的视角与进路》,《社会科学研究》2006 年第 1 期;马华等:《南农实验:农民的民主能力建设》,中国社会科学出版社 2011 年版,第 119 页。

④ 马华等:《南农实验:农民的民主能力建设》,中国社会科学出版社 2011 年版,第 119 页。

⑤ 杨善华:《关于中国乡村干部和农民之间信任缺失的思考》,《探索与争鸣》2003 年第 10 期。

⑥ [美]彼得·M.布劳:《社会生活中的交换与权力》,李国武译,商务印书馆 2008 年版,第 99 页。

⑦ 吴春梅、邱豪:《乡村沟通网络与村庄治理绩效研究》,《南京师大学报》(社会科学版)2012 年第 2 期。

调查结果显示,66.7%的村民认为村庄的事情跟自己没有什么关联,①认为有密切关联的仅为 16.7%;33.3%的村民对自己所在的村庄没有什么特别的亲切感,33.3%的村民很反感自己所在的村庄,16.7%的村民对自己所在的村庄有一点亲切感,有强烈亲切感的村民仅占 16.7%。社会关联度偏低直接导致了村民对公共事务不热心。

村规民约的社会整合功能有待进一步提高。有效的村规民约有利于规制个体行为,促进成员之间的合作,增进农民之间、干群之间的认同,提高村庄社区治理绩效②。但是,随着现代化在农村政治、经济、文化、社会方面的日趋深入,村规民约的社会整合功能日趋弱化。

第三节　农村公共服务决策的全面优化和系统优化

以公共服务决策演进趋势为依据,对照农村公共服务决策现状,深入推进农村公共服务决策转型,缓解农村公共服务困境,必须深入推进农村公共服务决策全面优化和系统优化。

第一,推进农村公共服务决策全面优化。

公共服务决策的演进趋势实质上是公共服务决策的科学化、民主化和高效化。首先,公共服务决策供需导向转型的实质在于推进公共服务决策科学化。公共服务决策由供给主导型向需求主导型转型的核心是,通过科学的决策程序使公共服务供给方案得到更充分、更科学的论证,使社会主体的需求偏好在公共服务供给方案中得到充分体现,从而实现由需求决定公共服务供给方案、所供与所需的无缝对接。而农村公共服务决策的科学化是指多元决策主体在科学理论的指导下,以科学的公共服务供给资料为依

---

① 李世敏:《改革开放以来中国农村社区认同的变迁》,华中师范大学 2010 年毕业论文,第 51 页。

② 钱海梅:《村规民约与制度性社会资本——以一个城郊村村级治理的个案研究为例》,《中国农村观察》2009 年第 2 期。

据,遵循科学决策原则,运用科学合理的决策程序和方法,在决策支持系统的支持下,对公共服务供给问题进行决策并达到最优化。由此可见,两者虽然由于话语场域的不同而在形式上有所区别,但在本质上却是一致的。其次,公共服务决策方式转型的实质在于推进公共服务决策民主化。如前所述,公共服务决策方式将逐步由政府自主式决策向协商式决策进而向公共决策转型。这一转型的实质在于逐步改变公共服务中的政府与公民之间的"中心—边缘"格局,促进公民的有效实质参与,增加公民对公共服务决策方案的影响力。民主化的要义在于公民的有效实质参与,正如卡尔·科恩所认为的,民主是一种社会管理体制,在该体制中社会成员大体上能直接或间接地参与,或可以参与影响全体成员的决策,其核心是公共参与、对话与互动①。由此可见,两者虽然由于话语场域的不同而在形式上有所区别,但在本质上却是一致的。最后,公共服务决策价值取向转型的实质在于通过科学化和民主化的有机结合来促进高效化。单从科学化和民主化视角对农村公共服务决策优化进行探索,难以避免既有研究中就问题谈问题研究思路的局限性,难以勾连起由科学化和民主化程度提高所引起的多元价值结构优化和系统效应提升,因而也难以从实质上推进农村公共服务决策优化。因此,从科学化、民主化和高效化的视角进行研究有助于从整体上全面把握公共服务决策优化问题。

农村公共服务决策局部面临显性的科学化、民主化和高效化问题,整体上面临科学化、民主化、高效化三者之间关系链条断裂问题。因此,要推进农村公共服务决策优化,不仅要从局部解决农村公共服务决策所面临的科学化、民主化和高效化问题,更要从整体上修复三者之间的衔接链条,优化三者之间的传导机制,增强三者之间的正向影响效应,即推进农村公共服务决策全面优化。

因此,要推进农村公共服务决策全面优化,就必须以多目标融合为研究范式,构建以科学化、民主化、高效化为维度的农村公共服务决策全面优化

---

① 　[美]卡尔·科恩:《论民主》,聂崇信、朱秀贤译,商务印书馆 1988 年版,第 26 页。

的发生机理模型并进行实证检验，避免已有研究碎片化的局限，通过分析三者之间的相互作用来揭示三者之间的内在逻辑关系，分析其中的发生机理和规律。

第二，推进农村公共服务决策系统优化。

农村公共服务决策系统优化是指从系统视角来审视并推进农村公共服务决策优化。系统是"由相互作用和相互依赖的若干组成部分结合成的具有特定功能的有机整体"①，是相互作用着的若干要素的复合体②。从系统视角来审视并推进农村公共服务决策优化，有助于从有机整体的视角来系统考察各要素之间的作用机理，克服既往研究"碎片化"缺陷。

农村公共服务决策优化问题的产生，从决策问题本身看多源于自上而下的政府垄断决策或行政嵌入式决策；但从决策系统看可深入追溯到保障条件和路径的缺失，引致了多元主体之间实质性参与决策程度的显著差异，尤其是政府与农民在决策中的"中心—边缘"格局：首先，社会学习平台或公共协商机制的缺失，使现有的农村公共服务决策难以借助社会学习路径来实现知识分享，并促使多元主体之间形成以共同理解、共识、信任与合作关系为基础的集体决策与行动。其次，能力建设的滞后与多元主体决策能力的不均衡，使政府以外的多元主体在农村公共服务决策中的影响力有限，这不仅会影响决策的科学化、民主化、高效化水平，还会导致其中的政治贫困群体如普通农民在决策中容易成为"永远的少数"。最后，政府难以保障农民的有效参与，使现有的农村公共服务决策难以与农民的公共偏好有机结合，因为在农民的多元偏好需求中探寻公共偏好是一个复杂的对话过程。因此，农村公共服务决策优化依赖于社会学习和能力建设，即从路径上保障多元决策主体通过知识分享来实现自主决策与有效决策，从条件上保障多元决策主体通过能力均衡来实现决策的实质平等，以期实现农村公共服务决策优化的理想目标；依赖于能力建设、社会学习和农村公共服务决策优化

---

① 钱学森：《论系统工程》，湖南科学技术出版社1982年版，第10页。
② ［美］L.贝塔兰菲：《一般系统论》，秋同、袁嘉新译，社会科学文献出版社1987年版，第51页。

三者之间结构优化基础上的系统效应提升,即在加强能力建设和社会学习效果的基础上,修复能力建设、社会学习和农村公共服务决策优化三者之间的传导机制,增强三者之间的影响效应。

因此,要推进农村公共服务决策的系统优化,可以在"保障条件—路径—目标"研究范式下,构建以能力建设、社会学习、农村公共服务决策优化为维度的农村公共服务决策系统优化的作用机理模型并进行实证检验,分析能力建设、社会学习、农村公共服务决策优化等概念之间的内在逻辑关系,分析其中的作用机理和规律,避免已有研究碎片化的局限,从路径上保障多元决策主体通过知识分享来实现公共决策,从条件上保障多元决策主体通过能力均衡来实现决策的实质平等,以期实现农村公共服务决策优化的理想目标。

第四章　能力建设、社会学习与农村公共服务决策优化的理论分析框架

深入推进农村公共服务决策转型，缓解农村公共服务困境，必须深入推进农村公共服务决策全面优化和系统优化。为了深入分析农村公共服务决策全面优化的发生机理与系统优化的作用机理，本章构建了能力建设、社会学习与农村公共服务决策优化的理论分析框架，阐释了构成要素，从理论上分析了构成要素之间的关系并提出了研究假设。

第一节　理论分析框架的构建

公共服务决策转型引致了能力建设、社会学习、农村公共服务决策优化之间内在逻辑关系的不断加强。新农村建设推动了农村公共服务由传统的政府垄断决策或行政嵌入式决策向政府主导下的协商式决策进而向政府责任履行下的公共决策的根本性转型。这种转型是建立在政府、企业、民间组织、农民等多元供给主体之间多层次、网络化、动态化合作实现的基础之上，并在合作实现中呈现出能力建设、社会学习与农村公共服务决策优化之间的内在逻辑关系不断加强的态势，同时三者关系断裂的后果不断显现。与此相适应，要分析能力建设条件下社会学习对农村公共服务决策优化影响这一科学问题的缘起，就需要在系统梳理公共服务理论变迁的基础上，尤其要借鉴公共价值管理理论中的相关创新性成果的基础上，契合中国农村公

共服务建设实践的场域性特征,并通过农村公共服务决策中科学化、民主化、高效化的有机结合来部分回应约翰·克莱顿·托马斯提出的"公共参与的难题"[①],即公共管理者在多大程度上与公众分享影响力,如何决定谁参加公共决策、参与形式以及如何管理公共参与等。

　　农村公共服务决策系统的优化,应以能力建设为保障条件,以社会学习为路径,以科学化、民主化、高效化为目标。它是农村场域性特征、公共服务演变规律和公共服务决策演变规律的有机结合体。在以多元参与、平等合作、权力分享为基础的治理场域,社会学习对农村公共服务决策优化具有促进作用,涉及个体、组织、环境三个层面的能力建设,可以强化社会学习对农村公共服务决策优化的促进作用,以利于最终实现农村公共服务决策的科学化、民主化、高效化。要深入揭示能力建设、社会学习与农村公共服务决策优化之间以及农村公共服务决策的科学化、民主化、高效化之间的内在逻辑关系,就需要在中国农村公共服务决策转型的现实背景下,借鉴公共价值管理理论、社会学习理论、能力建设理论中的相关理论成果,以多目标融合作为农村公共服务决策全面优化的研究范式,以"保障条件—路径—目标"作为农村公共服务决策系统优化的研究范式,避免碎片化研究的局限。

　　根据本研究的理论基础、研究目标以及理论逻辑,建立的分析框架如图4-1。为了便于绘图和做表,本研究在分析框架以及下文的图和表中将农村公共服务决策优化简称为"决策优化",将农村公共服务决策的科学化、民主化、高效化分别简称为"科学化"、"民主化"、"高效化"。该分析框架主要由三部分组成:

　　第一部分为农村公共服务决策全面优化的发生机理模型(见方框①所标示的变量关系图),主要分析科学化、民主化、高效化能否作为农村公共服务决策优化目标以及三者之间存在的传导机制与作用机理。

---

　　① ［美］约翰·克莱顿·托马斯:《公共决策中的公民参与:公共管理者的新技能与新策略》,孙柏瑛等译,中国人民大学出版社 2005 年版,第 10 页。

第二部分为农村公共服务决策系统优化的作用机理模型(见箭头②所标示的变量关系图),主要从整体上分析能力建设、社会学习与农村公共服务决策优化三者之间的作用机理与影响效应。

第三部分为能力建设对社会学习与农村公共服务决策优化关系的调节效应模型(见箭头③所标示的变量关系图),主要分析个体能力建设、组织能力建设和环境能力建设对社会学习与农村公共服务决策优化关系的调节效应。

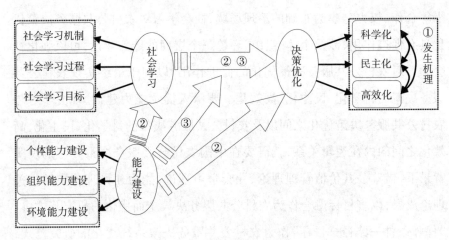

图 4-1　本研究的分析框架

第二节　农村公共服务决策全面优化的发生机理模型

公共服务本质上是一个决策问题,涉及谁来决策、如何决策和就哪些方面作出决策[1]。公共服务管理过程是一个不断决策和实施决策的过程,涉及科学化、民主化、高效化的公共服务决策优化问题伴随着公共服务管理全过程。

公共服务决策的科学化研究源于公共事务管理中的工具理性传统,具

①　马珺:《公共物品问题:文献述评》,《中华女子学院学报》2012 年第 1 期。

有悠久的历史传承,其局限性随着政治经济社会发展而不断显现。理性思想发端于启蒙运动,但"启蒙运动思想家们排除了理性的价值成分,使理性沦为一种工具理性,而不再关注人自身生存的意义和目的"①。近代科学的数值化、规范化、精确化不仅作为一种方法论原则被广泛接受,也作为一种理性精神贯穿于社会生活的一切方面,成为一种理性的社会模式②。理性精神融入公共服务决策,使得以决策程序、方法和体制科学化为核心内容的公共服务决策的科学化成为不可逆转的趋势。此后,随着数学和现代科学技术在决策中的应用,公共服务决策的数学化和模型化③成为主导趋势,决策变成了纯技术性行为④,决策的价值目标被冷落,通过追求决策的科学性来实现效率成了唯一目标。事实上,当现代科学技术的工具理性主导公共服务决策而忽视民主等价值目标时,公共服务效率提升的难度增大,传统公共行政时期的"效率悖论"即是例证。

公共服务决策的高效化继承了公共服务决策科学化的本质内涵,推动了公共服务效率内涵的不断拓展。20 世纪初至 20 世纪 70 年代末 80 年代初新公共管理运动兴起前,经济学中的公共产品理论均旨在通过经济理论模型构建与求解来促进公共服务效率至上理念的实现,如鲍恩模型、萨缪尔森条件、林达尔均衡模型、庇古模型等均旨在通过确定效率产量来实现公共产品的最优供给;管理学中的传统公共行政理论以实现公共服务效率至上为目标,并试图通过技术管理过程来实现效率至上目标。新公共管理运动兴起后,效率优先取代了效率至上,效率价值泛化,效能、回应性、质量、公民满意度、信任与协作关系等内容逐步进入公共服务效率研究视野,学者们开

---

① 王元骧:《新理性精神之我见》,《东南学术》2002 年第 2 期。
② 张康之:《公共行政:超越工具理性》,《浙江社会科学》2002 年第 4 期。
③ 公共服务决策数学化是指应用现代数学方法来解决决策问题;公共服务决策模型化是指在决策数学化的基础上,建立决策模型,通过分析决策变量之间、决策变量与决策目标之间的数学关系以及求解决策模型来得出最优的公共服务方案。
④ [美]阿维纳什·K.迪克西特:《经济政策的制定:交易成本政治学的视角》,刘元春译,中国人民大学出版社 2004 年版,第 7 页。

始通过量化研究来探讨公共服务绩效测量框架①、顾客满意度及其与绩效的关系②等。新公共管理运动通过引入市场竞争显著提升了公共服务效率,但对民主等价值的增益度不大,也不能完全解决如何提升政府管理公私伙伴关系的能力③、网络治理能力④以及跨部门合作能力⑤等问题。因此,单纯追求高效化并不是促进公共服务决策优化的长久之计,增进公共服务决策的民主性愈发重要。

公共服务决策的民主化研究始于公共选择学派对公共产品决策的经济学研究,并随公共产品研究向多学科视野的转换而渐受关注。公共选择理论对决策行为、偏好显示与加总的研究回应了如何增进公共产品决策民主性的诉求。20世纪60年代末70年代初兴起的新公共行政理论基于社会公平原则提出了"民主行政"模式,它将公众需求置于公共服务的核心位置,它认为公共服务应以公众需求为导向,公共管理者应该积极回应公众需求。但是,由于新公共行政理论单纯追求民主等价值目标而忽视科学化、效率等价值目标以及难以解决当时社会所面临的公共服务低效问题,它并未产生持久的社会影响。此后兴起的新公共管理运动并未从实质上促进诸如

---

① [美]安瓦·沙:《公共服务提供》,孟华译,清华大学出版社2009年版;Meyer, M.M., *Rethinking Performance Measurement: Beyond the Balanced Scorecard*, Cambridge University Press, Cambridge, 2002; Norman, R., Recovering from a Tidal Wave: New Directions for Performance Management in New Zealand's Public Sector, *Public Finance and Management*, 2004, Vol. 4, No. 3, pp. 429-447.

② Galan, J.-Ph., and Sabadie, W., *Construction of a Measurement Tool to Evaluate the Satisfaction of Public Service Web Sites Users*, 7th International Research Seminar in Service Management Proceedings, La Londe Les Maures, 2002; Page, S, and Prescott, T.L., *Performance Management and Customer Satisfaction: Constructing a Conceptual Model for Enquiry*, Proceedings of the 4th European Conference on Research Methods in Business and Management Studies, Universite Paris-Dauphine, Paris, France, 2000, pp. 21-22.

③ [美]唐纳德·凯特尔:《权力共享:公共治理与私人市场》,孙迎春译,北京大学出版社2009年版,第14—159页。

④ [美]斯蒂芬·戈德史密斯、威廉·埃格斯:《网络化治理:公共部门的新形态》,孙迎春译,北京大学出版社2008年版,第8—22页。

⑤ [美]尤金·巴达赫:《跨部门合作》,周志忍等译,北京大学出版社2011年版,第235页。

参与、公平与代表等民主价值目标的实现①,公共服务决策的民主化进程也随之进入了低潮期。事实上,政府不应仅仅关注公众的消费者②身份,而应关注公众作为与国家相对的权利与合法地位的拥有者的作用③;政府不应该仅仅将公共服务决策视为纯粹的技术过程,而应该也将其视为价值构建过程④。

21 世纪后,公共服务研究成果更多集中于民主化与高效化的结合。与新公共管理运动的主张不同,新公共服务理论认为:民主是目的,效率是工具⑤;公共服务是公民权的延伸,公民应"越来越多地借助于各种非营利组织,进入公共政策制定、执行以及社区公共事务的管理过程,以此表达自身利益倾向,影响公共政策导向,并作为政府的合作伙伴,承担一部分共同产出公共服务的责任"⑥;应将效率等价值置于民主和公共利益这一更广泛的框架体系中,以实现效率价值基础上的民主价值复位⑦。公共价值管理理论认为民主与效率是伙伴关系⑧,两者统一于公共价值创造过程中。公共偏好在公共服务中居于核心地位,公共服务范围、种类和数量应当通过涵盖

---

① Terry, L., Administrative Leadership, Neo-Managerialism and the Public Management Movement, *Public Administration Review*, 1998, No. 3, pp. 194-200.

② 新公共管理理论将公共服务的受益者以及更大范围内的公众称为"消费者"或"顾客"。这种称呼降低了公众的身份。也可以说,"消费者"是公众诸多身份的一种。不同的理论对公众的身份有不同的称呼或界定。在新公共管理理论中,政府或国家是公共服务的"提供者",公众是公共服务的"消费者",而公共服务的"生产者"可能是政府组织,也可能是市场组织、志愿组织等。

③ 〔美〕B.盖伊·彼得斯:《政府治理的未来模式》,中国人民大学出版社 2001 年版,第51 页。

④ 陈振明、李德国:《公共服务质量持续改进的亚洲实践》,《东南学术》2012 年第 1 期。

⑤ 〔美〕罗伯特·B.登哈特:《公共组织理论》,扶松茂、丁力译,中国人民大学出版社 2003 年版,第73 页。

⑥ 〔美〕约翰·克莱顿·托马斯:《公共决策中的公民参与:公共管理者的新技能与新策略》,孙柏瑛等译,中国人民大学出版社 2005 年版,第 2 页。

⑦ Denhardt, R. B., and Denhardt, J. V., The New Public Service, Serving Rather than Steering, *Public Administration Review*, 2000, Vol. 60, No. 6, pp. 549-559.

⑧ Stoker, G., *Public Value Management:A New Resolution of the Democracy/Efficiency Trade-off*, Institute for Political and Economic Governance, University of Manchester, UK, 2005, p. 12.

各个利益相关者的协商来确定①。在实践中,公共价值管理理论倡导政府应以寻求和创造公共价值为核心目标,以公共价值追求过程中的协商网络和服务递送网络②为路径来促进民主与效率的结合。需要指出的是,公共价值管理理论所强调的效率并非仅仅是指投入产出比,即公共服务所获得的结果是否值得所投入的成本③,更是指结果,即公共服务是否产生了良好的经济社会效益。这一观点可以从诸多公共价值管理理论研究学者的表述中得到证明。例如,Alford & O'Flynn④,O'Flynn⑤均认为公共价值不仅包括产出,更包括结果;Stoker 和 Gains 等认为,"提供服务已经不再是政府干预的理由了……需要回答的问题是,这些服务是否产生了有价值的社会或经济结果?"⑥。课题组前期个案量化研究发现,在中国村庄治理场域,"民主与效率整体上是相互协调的伙伴关系"⑦。中国治理实践也证明,民主与效

---

① Alford,J. and Hughes,O.,Public Value Pragmatism as the Next Phase of Public Management,*The American Review of Public Administration*,2008,Vol. 38,No. 2,pp. 549–559; Stoker,G.,Public Value Management:A New Narrative for Networked Governance,*The American Review of Public Administration*,2006,Vol. 36,No. 1,pp. 41–57.

② Stoker,G.,Public Value Management:A New Narrative for Networked Governance,*The American Review of Public Administration*,2006,Vol. 36,No. 1,pp. 41–57.

③ Moore,M.,*Creating public value*. Cambridge,MA:Harvard University Press,1995,pp. 57, 29.

④ 参见 Alford,J. and O'Flynn,J.,Making Sense of Public Value:Concepts,Critiques and Emergent Meanings,*International Journal of Public Administration*,2009,Vol. 32,No. 3 – 4,pp. 175–176. Alford,J. and J. O'Flynn.,*Public Value:A Stocktake of a Concept*,Paper Presented at the Twelfth Annual Conference of the International Research Society for Public Management,Buenos Aires,2008。

⑤ O'Flynn,J.,From New Public Management to Public Value:Paradigmatic Change and Managerial Implications,*The Australian Journal of Public Administration*,2007,Vol. 66,No. 3,pp. 353–366.

⑥ Stoker,G.,Public Value Management:A New Narrative for Networked Governance,*The American Review of Public Administration*,2006,Vol. 36,No. 1,pp. 41–57; Gains,F.,and Stoker,G.,Delivering "Public Value":Implications for Accountability and Legitimacy,*Parliamentary Affairs*,2009,Vol. 62 No. 3,pp. 438–455.

⑦ 吴春梅、石绍成:《民主与效率:冲突抑或协调——基于湘西乾村村庄治理实践的实证分析》,《中国农村观察》2011 年第 3 期。

率具有同样的价值目的,是完全可以统一的①,没有民主的效率和没有效率的民主都是不可持续的政治发展目标②。这表明人类在工具理性不断扩张和价值理性不断萎缩、两者断裂风险持续显现而进入吉登斯所描述的"风险社会"之时,民主等价值的回归并与效率有机结合已成为历史必然。

综上所述,公共服务决策优化的研究主题开始由独立的科学化、民主化、高效化研究向民主化与高效化相结合的研究拓展,初现科学化、民主化、高效化有机结合的系统研究趋势。公共服务决策优化的逻辑主线是不断优化政府、社会、市场和科技四种力量在公共服务场域中的关系状态,使之形成均衡与良性互动状态,因此,有必要深入探讨科学化、民主化、高效化三者之间的作用机理与影响效应。

现阶段的中国农村公共服务决策场域中,科学化、民主化、高效化问题多重交织,修复三者之间的衔接链条,优化三者之间的传导机制,增强三者之间的正向影响效应已成为促进农村公共服务决策优化的现实需求:一方面,科学化和民主化程度偏低引致高效化难以实现。其典型体现为,自上而下的政府垄断决策机制引致农民参与"路径闭锁"问题,它能满足决策者的"政绩"和"利益"需要,但会引致农民难以表达需求偏好和丧失话语权以及供需结构失衡和效率低下等问题③。另一方面,科学化与民主化之间关系链条的断裂引致高效化难以实现。其典型体现为,决策主体及其权责分配的模糊性、偏好显示机制的缺失与形式化、决策程序与方法的科学化程度偏低、决策信息沟通机制的非制度化与非科学化、决策监督与反馈机制的不健

---

① 包心鉴:《民主化的制度与制度的民主化改革——纪念邓小平"党和国家领导制度的改革"发表 30 周年》,《江汉论坛》2010 年第 10 期。

② 施雪华、曹胜、汤静容:《新中国政治发展的主要教训与未来走向》,《社会科学研究》2012 年第 1 期。

③ 叶兴庆:《论农村公共产品供给体制的改革》,《经济研究》1997 年第 6 期;马晓河、方松海:《我国农村公共品的供给现状、问题与对策》,《农业经济问题》2005 年第 4 期;邱聪江:《创新农村公共产品供给的决策机制——以浙江省慈溪市的调研为例》,《国家行政学院学报》2010 年第 4 期;项继权、袁方成、吕雁归:《农民要的与政府给的差距有多大?——对我国农村社区居民公共需求的调查与分析》,《理论与改革》2010 年第 1 期。

全①;决策主体的多元参与有限和能力实质平等有待推进、决策程序包容性不足、信息交流与偏好转换的非理性倾向②,这些问题会引致决策的科学化程度难以提升,引致农村公共服务陷入效率低下、供需结构失衡等困境。

基于上述分析,本研究提出如下假设:

H1:科学化、民主化、高效化是农村公共服务决策优化目标系统的关键构成因素。

H2:在农村公共服务决策优化目标系统中,科学化、民主化、高效化三者之间是有机统一体,任何两者之间关系链条的断裂都会对目标实现产生负面影响。

根据上述分析和研究假设,本研究构建了农村公共服务决策全面优化的发生机理模型(见图4-2)。

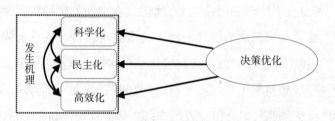

图4-2 农村公共服务决策全面优化的发生机理模型

第三节 农村公共服务决策系统优化的作用机理模型

一、社会学习对农村公共服务决策优化的作用

(一)作为集体决策的社会学习框架

社会学习是指在公共事务治理过程中,多元主体以社会学习平台为基

---

① 吴春梅、翟军亮:《转型中的农村公共产品供给决策机制》,《求实》2010年第12期。

② 吴春梅、翟军亮:《协商民主与农村公共服务供给决策民主化》,《理论与改革》2011年第4期。

础,以公共协商为主要机制,通过持续的理性交流、分享不同观点和经验、就
所面临问题形成共同理解、就集体行动达成共识、建立共同愿景和良好的信
任与合作关系,以实现公共事务集体决策与行动等目标的动态学习过程。
社会学习旨在通过设计一个动态决策制定过程,为"集体决策和行动提供
一个有价值的框架"①,以提升人类社会通过集体决策和行动合作治理公共
事务的能力,解决"囚徒困境"和"公地悲剧"所引致的合作失败问题。以社
会学习理论为依据,同时借鉴相关学者的研究成果,本研究所建构的作为集
体决策的社会学习框架(见图4-3)由公共协商机制、保障条件、社会学习
和社会学习目标四部分构成。

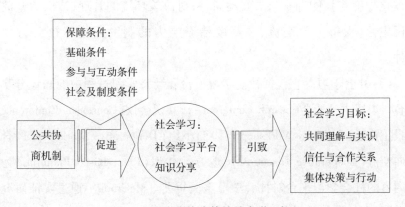

图4-3　作为集体决策的社会学习框架

(1)公共协商机制。公共协商是指交换理性的对话性过程,目的是解
决只有通过人际间的合作才能解决的问题,它不仅是一种对话与辩论的形
式,更是一种共同的合作性活动②。公共协商机制使公共协商成为可能并
促进其规范化与制度化。公共协商机制在社会学习过程中具有基础性意
义,它能为多元决策主体的交流与互动创造公共空间,有利于多元决策主体

①　Kilvington,M.,*Social Learning as a Framework for Building Capacity to Work on Complex Environmental Management Problems*:*Online review*,2007. Retrieved 4/3/2008,from http://www.landcareresearch.co.nz/research/research_pubs.asp? Research_Content_ID=114.
②　[美]詹姆斯·博曼:《公共协商:多元主义、复杂性与民主》,黄相怀译,中央编译出版社2006年版,第25页。

深化对问题及相关事实的认识，加深相互理解，增强信任与合作，促进主体间关系转型和集体行动的达成。

（2）保障条件。Kilvington 从学习与思考、群体参与与互动、社会与制度三个层面分析了影响社会学习的因素①。Schusler 等则更为强调民主，认为社会学习需要以开放交流、多元参与、无束缚的思考、建设性冲突、民主结构、多元知识来源、扩大化参与等为条件②。本研究在借鉴相关研究成果的基础上，将社会学习保障条件界定为：信息的完备性、人际关系管理、系统思考、知识来源多元化、主体多元化等基础条件；多元参与为基础的有效沟通交流、可接近的平台、对互动过程及建设性冲突的有效管理、主体组织化程度与技能等参与与互动条件；对决策环境的管理、结构的开放性与民主性、支持开放交流、平等政治影响力的制度安排等社会与制度条件。

（3）社会学习。它包括社会学习平台和动态学习过程中的知识分享等内容。以民主恳谈会（Search Conference）、共识会议（Consensus Conference）、愿景工作坊（Scenario Workshop）、协商小组（Deliberative Workshops）、合作意向交流（Cooperative Discourse）、地方性共识（Place-based Planning）为主要内容的社会学习平台对社会学习至关重要。McCrum 等通过实证研究分析了协商小组对社会学习的促进作用，认为协商小组为土地管理者和专家之间进行信息交流和相互学习提供了机会，是促进社会学习的一种重要方法③。地方性共识将地方特性整合进合作性自然资源规划，有利于促进多

---

① Kilvington, M., *Social Learning as a Framework for Building Capacity to Work on Complex Environmental Management Problems*: *Online review*, 2007. Retrieved 4/3/2008, from http://www.landcareresearch.co.nz/research/research_pubs.asp? Research_Content_ID=114.

② Schusler, T. M., Decker, D. J., and Pfeffer, M. J., Social Learning for Collaborative Natural Resource Management, *Society & Natural Resources*: *An International Journal*, 2003, Vol. 16, No. 4, pp. 309-326.

③ McCrum G, *et al.* Adapting to Climate Change in Land Management: the Role of Deliberative Workshops in Enhancing Social Learning, *Environmental Policy and Governance*, 2009, Vol. 19, Issue 6, pp. 413-426.

元主体间的社会学习与合作，进而促进新方案的产生，与问题导向途径相得益彰①。社会学习强调知识分享是达成目标的基础，强调对话与协商过程中的理性与经验性知识的分享、观点交流与分享，目的在于"建立共同理解框架和共同行动基础"②。

（4）社会学习目标。从集体决策过程优化视角看，社会学习目标是促进共同理解与共识的形成、信任与合作关系的建立以及集体决策与行动的实现。目标实现途径主要有：通过社会学习平台，增加多元主体间协商与互动的机会和实践，增强彼此间的信任与理解，以利于形成对对抗性观点的包容性态度和改变对异议的态度，促成"既有协作关系的深入发展，改变对抗性的关系和建立新的关系"③；通过知识分享，使多元主体在认知与态度上朝更有利于集体利益实现的观点转变，从根本上提高"复杂性、不确定性、冲突和矛盾等复杂背景下决策质量和智慧"④；通过对社会学习过程的管理，增进协调基础上的共识，以利于实现集体决策与行动的可持续性，社会学习所"关注的不仅仅是就不同观点达成一致，更关注如何管理对话过程以使其有利于集体观念与行动"⑤。

---

① Cheng, A. S., Mattor, K. M., Place-Based Planning as a Platform for Social Learning: Insights from a National Forest Landscape Assessment Process in Western Colorado, *Society & Natural Resources*, 2010, Vol. 23, Issue 5, pp. 385-400.

② Schusler, T. M., Decker, D. J., and Pfeffer, M. J., Social Learning for Collaborative Natural Resource Management, *Society & Natural Resources: An International Journal*, 2003, Vol. 16, No. 4, pp. 309-326.

③ Schusler, T. M., Decker, D. J., and Pfeffer, M. J., Social Learning for Collaborative Natural Resource Management, *Society & Natural Resources: An International Journal*, 2003, Vol. 16, No. 4, pp. 309-326.

④ Röling, N. G., and Wagemakers, M. A. E., *Facilitating Sustainable Agriculture: Participatory Learning and Adaptive Management in Times of Environmental Uncertainty*, Cambridge, UK: Cambridge University Press, 1998, p. 54.

⑤ Kilvington, M., *Social Learning as a Framework for Building Capacity to Work on Complex Environmental Management Problems: Online review*, 2007. Retrieved 4/3/2008, from http://www. landcareresearch.co.nz/research/research_pubs.asp? Research_Content_ID=114.

（二）社会学习框架下公共服务决策模型的构建

决策是"一个非常复杂的分析和政治的过程"①,是人们为达到一定目的而做出决定、采取行动的有目的导向的活动过程。社会学习框架下的公共服务决策模型(见图4-4),是一个动态循环过程,其实质是推动注入民主因素的决策转型和优化。它以公共协商机制为基础,以基础条件、政府能力和公民能力等决策主体建设为保障条件,依托社会学习以达成民主基础上的集体决策优化为主要目标。

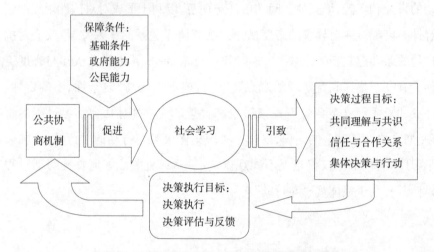

图4-4　社会学习框架下的公共服务决策模型

（1）公共协商机制建设。公共协商机制建设的重点是公共责任机制、公共协商运行机制和参与机制,旨在为多元决策主体拓展公共空间,以便就公共服务供给问题展开公共协商,为决策的制定和完善建立表演社会话语的"公共能量场"。公共服务决策中的公共责任机制建设,尤其要增强公共表达的可理解性与责任性以及完善多元决策主体间的"期待框架"②;公共协商运行机制建设旨在推进公共协商程序的优化;参与机制建设的核心是

---

① ［美］查尔斯·林德布洛姆:《决策过程》,竺乾威等译,上海译文出版社1988年版,第5页。

② ［美］詹姆斯·博曼:《公共协商:多元主义、复杂性与民主》,黄相怀译,中央编译出版社2006年版,第49页。

参与的组织化、制度化、程序化以及参与方式的多元化。

（2）多元决策主体视角下的保障条件。考虑领域性特征，与决策主体建设相连的保障条件主要包括：公共服务供需及决策信息的完备性与来源多元化、领域的开放性与决策主体的多元化、决策主体间沟通网络的建立、对公共服务决策的系统思考等基础条件；可接近的和制度化的公共服务决策平台、对公共服务决策环境以及公共制度与文化的有效管理、支持平等交流和公民在公共服务决策中具有政治影响力的制度安排等政府能力；公民参与公共服务决策所应具备的知识、技能、信息、渠道、组织化程度等公民能力。

（3）公共空间拓展中的社会学习。构建诸如"民主恳谈会"、"互联网公共论坛"等现实与虚拟的公共互动平台，可以为多元决策主体间的协商与互动提供基础性支持，提高彼此间互动的感知能力，促进多元主体间的信任与合作。通过交流与互动，可以分享与公共服务决策相关的供需信息、地方知识、经验知识、理性知识与技术知识，分享"主体间的意图"，"发现其与其他主体共有的潜在公共价值观，并形成新的价值观"[1]，为公共服务决策积累社会资本，为公共服务供给集体决策与行动的实现提供公共精神的支持。

（4）动态循环过程中的社会学习目标。公共服务决策模型中的社会学习目标，涵盖了决策过程目标和决策执行目标。目标实现的途径主要有：通过公共协商机制以及公共空间内的自由、平等、理性和反思性的交流与协商，实现"可控性关怀"向"政治关怀"的转向[2]，在公共服务需求偏好充分表达的基础上合理建构公共服务供给问题，分享知识，挖掘共识，促进集体决策中的逻辑与经验、理性与合理性的有机衔接，为提升公共服务决策的效率和执行力提供制度和条件保障；通过多元主体的主动参与和互动，促使决策主体从狭隘的个人空间与情境中解放出来，识别与其他主体在观点、态度

---

① Reich, R. B., Public Administration and Public Deliberation: An Interpretive Essay, *Yale Law J.*, 1985, Vol. 94, No. 7, pp. 1617-1641.

② ［美］谢里尔·西姆拉尔·金、卡米拉·斯蒂福斯：《民有政府：反政府时代的公共管理》，李学译，中央编译出版社 2010 年版，第 45—48 页。

和价值观上的差别与联系,增进共同理解、信任与合作,提高公共服务决策中的社会资本水平,为提升公共服务决策的效率和执行力奠定社会和公民基础。

随着公民民主意识与参与能力的不断提高,中国公共服务决策亦将遵循世界范围内决策变迁的一般规律,逐步实现由政府自主式决策向协商式决策进而向公共决策的实质性转变,亦将面临"公共参与的难题"。社会学习框架下的公共服务决策模型,通过集体决策对多元需求偏好的整合和效率的民主嵌入,在理论上提高了其解决中国转型期不确定、不均衡、多元异质等复杂背景下实现决策的民主化和科学化难题的可能性与可行性,在实践上融合了中外探索中的诸如民主恳谈会、共识会议、协商小组等可供借鉴的经验。

(三)社会学习对农村公共服务决策优化的影响

依据社会学习框架下的公共服务决策模型,社会学习对农村公共服务决策优化的影响主要体现在以下两个方面:

第一,社会学习有利于促进农村公共服务决策对多元需求偏好的整合。

社会学习框架下的公共服务决策模型中决策主体与程序的包容性,能推进决策的公开性,使决策建立在更多相关观点、利益和信息的基础之上,使决策得到更充分的论证和符合更多公民的需求偏好。决策主体的包容性意味着决策主体由传统的政治代表、专家和其他精英可以扩展到整个社会和公民,体现了决策的需求导向和民主导向。程序的包容性使决策主体"可以合理地期望其能够以前所未有的方式影响未来的结果"①,彰显实质性民主和公平公正的预期。农村公共服务决策对多元需求偏好的整合,客观上可以起到提高决策的适用性和执行效能的作用。

决策主体视角下的保障条件有利于促进决策符合真实需求偏好。领域的开放性、支持平等交流和公民政治影响力的制度安排,均有利于缓解多元

---

① [美]詹姆斯·博曼:《公共协商:多元主义、复杂性与民主》,黄相怀译,中央编译出版社 2006 年版,第 87 页。

决策主体在权力和资源分配上的不平等对平等协商的消极影响,促进他们之间能以同等机会就公共服务供给进行自由、公开、理性的交流与偏好表达,确保协商过程是在"自由、平等、公开基础上的讨论和对话,是最好观点的力量而不是权力、资源等方面的不对称在主导协商的过程"①。公民参与决策能力的提高,有利于缓解决策中因对专业性知识客观性的强调而引致的决策主体在权力和地位方面的结构性失衡,提升公民及经验性知识对决策的影响力,促进专业性知识与经验性知识的有机衔接,促进基于真实需求的知识与决策判断的有机结合,为集体决策的制定奠定真实需求偏好基础。

第二,社会学习有利于促进农村公共服务决策中民主与效率的整合。

社会学习可以通过限定个人效用函数来促进一致行动基础上的集体决策效率提高。它通过构建公共空间与互动平台,促进多元主体间的公共协商、持续的交流与互动,增强多元主体对公共服务供给的共同理解与共识,培育多元主体的公共精神,促使多元主体从公共背景与集体角度界定效用函数以形成集体决策,以避免集体行动困境。决策效率问题本质上是多元主体间采取集体行动的难易问题,即促进多元主体的合作与降低交易成本的难易程度。公共服务"影子价格"的存在引致公共服务个体效用值不同,多元主体往往难以就公共服务决策及其执行达成一致,以"成本—收益"理性计算为基础的个体行为亦将引致非理性的集体困境。

社会学习通过在效率追求中嵌入民主,推进了民主与效率的有机整合。效率的提高依赖于公民参与广度的提升与深度的推进,因为集体决策效率依赖于公共协商中多元主体的民主对话与信息交流,依赖于多元偏好探讨基础上共识的达成,而这些正是民主的实质性要求。正如 Stoker 所说,"公共管理者面临的一个重要挑战就是使公众参与到关于他们偏好的探讨过程之中,并且在一定程度上对选择进行商议。……因为探寻公共偏好是一个复杂的对话过程,所以配置效率和民主是合作伙伴的关系,而不是被平衡的对象。更为重要的是,技术效率不能依靠转交给官僚们或管理者们来实现。

---

① 韩冬梅:《西方协商民主理论研究》,中国社会科学出版社 2008 年版,第 30 页。

其关键在于学习交流,共同寻找解决问题的办法。并且,找到最好的做事方法也包含着民主过程"①。

基于上述分析,本研究提出如下研究假设:

H3:社会学习对农村公共服务决策优化具有显著的正向影响。

二、能力建设对农村公共服务决策优化的作用

前文研究表明,社会学习以公共协商为机制,以公民能力和政府能力为条件。但是,诸多研究也表明,公共协商不仅强调多元参与主体之间的形式平等等简单的平等观念,更强调多元参与主体之间的实质平等。实质平等的实现,需要通过宪政赋予多元主体政治平等的权利,需要多元参与主体能力平等的支持。因此,为了更好的考察社会学习,回答"社会学习需要怎样的协商与交流程序"、"协商在何种条件下可以促进社会学习"等问题;为了更好地探讨促进农村公共服务决策优化的保障条件问题,有必要将公民能力建设和政府能力建设扩展至以公民个体能力建设、组织能力建设和环境能力建设为主要内容的能力建设。

(一)农村公共服务决策中的能力建设

前期研究表明②,农村公共服务决策的优化,以农民参与意识与参与能力不断提升、参与领域不断拓展和参与深度不断加深为条件,以理性与合理性、专业知识与经验知识、基于真实需求的知识与决策判断的有机衔接为途径。条件与途径的割裂将引致农民决策参与困境,即农民的决策参与行为并不能促进决策的优化。问题的关键在于,如何"有效地将公共服务的技术与专业知识与公民的有效参与整合在一起。这需要在公民与公共管理者

---

① Stoker, G., *Public Value Management（PVM）: A New Resolution of the Democracy/Efficiency Trade-Off*, Institute for Political and Economic Governance, University of Manchester, UK, 2005, p.13.

② 吴春梅、翟军亮:《转型中的农村公共产品供给决策机制》,《求实》2010 年第 12 期。吴春梅、翟军亮:《协商民主与农村公共服务供给决策民主化》,《理论与改革》2011 年第 4 期。翟军亮、吴春梅:《论社会学习框架下公共服务集体决策的优化——兼论公共参与难题的破解》,《理论与改革》2012 年第 2 期。

之间形成更为合作的关系和伙伴关系。这种伙伴关系强调公共问题的解决和公共能力的培养"①。

对农村公共服务决策中公共能力培养的研究可以借鉴能力建设理论。能力建设的哲学基础形成于可持续发展与民主治理议题之上②,强调与"政府回应"在本质内涵上相区别的"合作治理"的哲学理念。它认为"具有参与动机与能力的公民及社团应该更好地参与地方可持续发展诸问题的规划与管理,以及后续的有关合作活动"③,主张通过发展与参与活动相关的技能、知识等能力来促进公民有效参与,通过发展人力资本与社会资本致力于实现公共利益的合作行动奠定坚实基础,通过恰当的政策和法律框架为合作治理的实现创造有利环境。可以看出,能力建设与农村公共服务决策中公共能力培养的哲学理念在本质上是一致的,且具有较强的系统性、针对性和可操作性,能力建设为促进农村公共服务决策优化提供了新的路径选择。

"应该根据具体的环境、国家或地区以及其所适用的本土化要求,赋予能力建设以恰当的含义,以便取得更为有效的结果"④。依循能力建设理论,农村公共服务决策中的能力建设,可以提升农民的参与知识与参与技能,优化农民的参与行为,重塑决策过程,从而使作为整体的农民、政府、市场主体和社会组织能够随着时间推移、环境更迭,不断地释放、维持、增强决策能力,推进农村公共服务决策优化。

农村公共服务决策中的能力建设主要包括个体能力建设、组织能力建设和环境能力建设。首先,农村公共服务决策中的个体能力建设是指旨在增强农民决策参与意愿和能力的活动及其过程。个体能力主要是指农民运

---

① ［美］谢里尔·西姆拉尔·金、卡米拉·斯蒂福斯:《民有政府:反政府时代的公共管理》,李学译,中央编译出版社 2010 年版,第 193 页。

② Cuthill,M.,and Fien,J.,Capacity Building:Facilitating Citizen Participation in Local Governance,*Australian Journal of Public Administration*,2005,Vol. 64,No. 4,pp. 63–80.

③ Lyons,C. S.,and Stephens,A.,Participation,Empowerment and Sustainability,*Urban Studies*,2001,Vol. 38,No. 8,pp. 1233–1251.

④ Jabeen,N.,and Jadoon,M. Z. I.,Gender and Local Governance in Pakistan:Promoting Participation through Capacity Building,*International NGO Journal*,2009,Vol. 4,No. 5,pp. 264–276.

用自身所掌握的知识和技能有效参与决策的意愿和能力,主要由农村公共服务决策参与知识与能力、参与意识与态度等要素组成。其次,农村公共服务决策中的组织能力建设是指优化影响组织效能的因素,促进组织在农村公共服务决策过程中效能的最大化。农村公共服务决策中的组织能力主要是指影响组织在农村公共服务决策中所起作用的因素,它主要包括政府等组织的物力资源、智力资源、影响资源利用的组织结构和组织文化等因素。具体而言,它主要包括:组织进行人力资源培训的方式、内容和设施;组织为促进决策优化而建立的决策程序管理与组织文化;政府等组织之间的协同能力等。最后,农村公共服务决策中的环境能力建设是指优化影响组织效能和个体效能的因素,促进组织和个体在农村公共服务决策中效能最大化。农村公共服务决策中的环境能力主要是指影响组织和个体在农村公共服务决策中所起作用的因素,它主要包括制度政策环境、社会资本等。

农村公共服务决策中的个体能力建设、组织能力建设和环境能力建设共同构成了涵盖微观、中观和宏观层次的农村公共服务决策能力建设体系。首先,农村公共服务决策中的个体能力建设在农村公共服务决策能力建设体系中处于基础地位。它可以巩固农民在决策中的基础与主体地位,增强农民的参与效能,解决农民参与不力等问题。只有当个体能力不断提升时,组织能力建设和环境能力建设才具有发挥其应有功效的基础。否则,组织能力建设和环境能力建设便成为了"空中楼阁"。正如以制度整合农村的"水月实验"、以组织整合农村的"岳东实验"、以能力整合农村的"南农实验"所证明的,农民的参与知识与能力、参与意识与态度以及合作能力是决定实验能否成功的关键因素①。其次,农村公共服务决策中的组织能力建设在农村公共服务决策能力建设体系中起着承上启下的作用。它可以为决策提供平台支持,解决农民参与依托虚化、决策过程管理水平偏低、决策支持系统不完善、支持性组织文化尚未建立等问题,承上衔接环境能力建设,

① 马华等:《南农实验:农民的民主能力建设》,中国社会科学出版社 2011 年版,第103—138 页。

启下衔接个体能力建设。最后，农村公共服务决策中的环境能力建设在农村公共服务决策能力建设体系中起着保障作用。它可以为个体能力建设和组织能力建设提供保障，解决决策优化的持续动力缺乏等问题，强化农村公共服务决策能力建设的系统效果。

（二）能力建设对农村公共服务决策优化的直接影响关系

能力平等是农民等决策参与主体平等、理性地与其他主体进行协商讨论的基础，决策参与主体之间能力平等能够促进农村公共服务决策的包容性、信息交流与偏好表达的理性化[1]，能力不平等极易引致协商讨论过程和结果的不公正[2]。正如詹姆斯·博曼[3]所认为的，能力平等体现着协商民主这种决策模式的根本特征，能力不平等易引致决策中的公共排斥和政治包容。因此，加强农村公共服务决策中的个体能力建设进而促进能力平等，可以提升多元主体参与农村公共服务决策的效能[4]，促进决策符合真实需求偏好[5]。然而，现实中的公共参与极易对管理绩效产生消极影响和对决策质量产生威胁[6]，农民的公民权意识薄弱、臣民意识浓厚[7]，这必然要求发挥政府能力建设的正能量。正如 Cuthill[8]、Cuthill & Fien[9] 所认为的，政

---

① 吴春梅、翟军亮：《协商民主与农村公共服务供给决策民主化》，《理论与改革》2011年第4期。

② 吴春梅、翟军亮：《可行能力匮乏与协商民主中的政治贫困》，《前沿》2010年第19期。

③ ［美］詹姆斯·博曼：《协商民主与有效社会自由》，载［美］詹姆斯·博曼、威廉·雷吉编：《协商民主：理性与政治》，陈家刚等译，中央编译出版社2006年版，第240—246页。

④ 吴春梅、翟军亮：《协商民主与农村公共服务供给决策民主化》，《理论与改革》2011年第4期。

⑤ 翟军亮、吴春梅：《论社会学习框架下公共服务集体决策的优化——兼论公共参与难题的破解》，《理论与改革》2012年第2期。

⑥ ［美］约翰·克莱顿·托马斯：《公共决策中的公民参与：公共管理者的新技能与新策略》，孙柏瑛等译，中国人民大学出版社2005年版，第24—25页。

⑦ 翟军亮、吴春梅、高韧：《村民参与公共服务供给中的民主激励与效率激励分析——基于对河南省南坪村和陕西省钟家村的调查》，《中国农村观察》2012年第3期。

⑧ Cuthill, M., Developing Local Government Policy and Processes for Community Consultation and Participation, *Urban Policy and Research*, 2001, Vol. 19, No. 2, pp. 183-202.

⑨ Cuthill, M., and Fien, J., Capacity Building: Facilitating Citizen Participation in Local Governance, *Australian Journal of Public Administration*, 2005, Vol. 64, No. 4, pp. 63-80.

府应该收集和提供相关经验数据以强化决策的信息基础，建立公平、负责、透明的参与式决策过程以促进参与式治理理念的实现，发展支持性组织文化以提升多元主体之间的信任水平。此外，制度和环境的优化，可以为决策参与主体，尤其是农民能力的提升注入初始动力和条件支持。访谈时，岗村的大学生村官认为，"'三农'政策提高了农业生产受益，好处很多，村民参与农村公共服务决策的机会增加了"①。

因此，本研究提出以下假设：

H4：能力建设对农村公共服务决策优化有直接的显著正向影响。

（三）能力建设对农村公共服务决策优化的间接影响关系

能力建设从不同层面影响社会学习。社会学习是用于分析和促进合作的有效路径②，是多元主体以共同管理为目的的共同学习③，需要个体、组织、环境能力的合力支持，以跨越多元主体的组织边界并弥合分歧。社会学习中，多元主体之间通过协商讨论、互动交流来促进信息交流、知识分享、观点的明晰与改变，必然要求参与者具备对行为、价值观等所潜藏的假设进行质疑的能力④，以及从更广的文化价值观及其所蕴含的政治与文化涵义的背景中对既定问题进行界定的能力⑤。但是，良好的个体能力并不能完全保证社会学习效果的提升，制度化协商机制与平台会影响信息交流与偏好转换⑥，

---

① 参见《岗村村官张某的访谈记录》。

② 参见 Mostert，E.，et al.，Social Learning：the Key to Integrated Water Resources Management，*Water International*，2008，Vol. 33，Issue3，pp. 293–304。

③ 参见 Ridder，D.，Mostert，E. and Wolters，H. A.，*Learning Together to Manage Together*：*Improving Participation in Water Management*，University of Osnabrück，Osnabrück，Germany，2005。

④ Garmendia，E.，and Stagl，S.，Public Participation for Sustainability and Social Learning：Concepts and Lessons from Three Case Studies in Europe，*Ecological Economics*，2010，Vol. 69，Issue 8，pp. 1712–1722.

⑤ 参见 Stirling，A.，*On "Science" and "Precaution" in the Management of Technological Risk*，report to the EU Forward Studies Unit，IPTS，Sevilla，1999 EUR19056 available at：ftp：//ftp.jrc.es/pub/EURdoc/eur19056en.pdf。

⑥ 吴春梅、翟军亮：《协商民主与农村公共服务供给决策民主化》，《理论与改革》2011年第4期。

协商研讨会的设计状况会影响社会学习的深度与广度①,进而影响着社会学习效果。良好的社会学习效果依赖于以成员的多元化,成员的组织化程度、技能和能力,平台在时间、空间、结构和运作方面的可接近性,合理的制度安排为主要内容的平台规划②。此外,社会学习发生于一定的环境中,政治与制度、资源的充足程度等环境能力建设对社会学习效果有重要影响③。因此,本研究提出如下假设:

H5:农村公共服务决策中的能力建设对社会学习有直接的显著正向影响。

能力建设旨在提升农民等决策参与主体的参与效能,解决"多元主体是否有能力参与"这一关键问题。社会学习旨在促进需求偏好与决策判断的有机结合并为决策执行奠定良好基础,解决"公共参与通过何种路径来促进农村公共服务决策优化"这一关键问题。从三者之间的逻辑关系看,能力建设能够经由社会学习来促进农村公共服务决策优化。个体能力建设有利于缓解农民等决策参与主体在社会权威等级、制度分割中的弱势地位和资源占有劣势对偏好表达和协商讨论的消极影响,政府能力建设有利于缓解权力和资源分配上的不平等对平等协商的消极影响,促进决策参与主体之间能以同等机会就公共服务问题进行自由、公开、理性的交流讨论,最终有利于农村公共服务决策优化的实现。此外,法律规定和制度规范能够为公共参与提供制度保障和组织渠道④,社会资本积累有利于促进合作、信任关系的形成,这表明加强环境能力建设有利于促进社会学习

①　Garmendia, E., and Stagl, S., Public Participation for Sustainability and Social Learning: Concepts and Lessons from Three Case Studies in Europe, *Ecological Economics*, 2010, Vol. 69, Issue 8, pp. 1712-1722.

②　Maarleveld, M., Dangbégnon, C., Managing Natural Resources: A Social Learning Perspective, *Agriculture and Human Values*, 1999, Vol. 16, Issue 3, pp. 267-280.

③　Mostert, E., Pahl-Wostl, C., Rees, Y., Searle, B., Tàbara, D., and Tippett, J., Social Learning in European River-Basin Management: Barriers and Fostering Mechanisms from 10 River Basins, *Ecology and Society*, 2007, Vol. 12, No. 1, p. 19.

④　项继权:《集体经济背景下的乡村治理研究》,华中师范大学出版社2002年版,第299页。

目标的达成,进而促进农村公共服务决策效率的提高。因此,本研究提出如下假设:

H6:能力建设经由社会学习对农村公共服务决策优化有间接的显著正向影响。

根据上述分析,本研究提出了农村公共服务决策系统优化作用机理模型的整体关系模型(见图4-5)。图4-5中,能力建设为外因潜变量,用符号 ξ_1 表示;社会学习和农村公共服务决策优化为内因潜变量,分别用 η_1 和 η_2 表示。

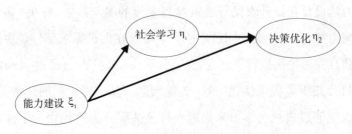

图4-5 农村公共服务决策系统优化作用机理模型

第四节 能力建设对社会学习与农村公共服务决策优化关系的调节效应模型

前文研究表明,社会学习以能力建设为保障条件,能力是否平等深刻影响着社会学习能否有利于促进农村公共服务决策对多元需求偏好和多元价值的整合。诸多研究也表明,能力不平等容易导致公开排斥和政治包容现象,即能力偏低的参与者"无法避免公开排斥,他们不能够成功地开展联合的公共协商活动;另一方面,它们也无法避免政治包容,因为他们是协商一致的合法接受者,他们对这种一致缺乏真正的控制和影响。因为他们无法促进协商,其沉默就被无视其存在的更强大的决策者视为同意。通过不断地将政治负担转移到弱者身上,非对称的排斥和同化就取得了成功,这些弱者缺乏资源、能力以及社会认可以挑战支配制度化协商的条件"①。这一结论对本研究的启示意义在于:在不同的能力水平下,社会学习对农村公共服务决策优化的影响有可能是不同的。因此,作为社会学习保障条件的能力建设在对社会学习有影响效应的前提下,是否还能够对社会学习与农村公共服务决策优化之间的关系产生调节效应呢? 这一问题值得探究。下文将对此展开探讨。

农村公共服务决策中的个体能力是指农民等个体参与农村公共服务决策的意愿和能力。在农村公共服务决策过程中,良好的个体能力是农民等参与主体平等、理性地与其他主体进行协商讨论与互动交流的基础,它能增进农村公共服务决策的包容性,提高社会学习过程中信息交流和需求偏好表达的理性化水平②。反之,个体能力偏低容易引致协商讨论过程和结果的不公正③,因而也难以促进多元主体之间进行良性互动交流以及建立共同理解与行动基础,更难以促进农村公共服务决策优化。可见,个体能力强弱会对社会学习与农村公共服务决策优化之间的关系产生影响。进一步地,当个体能力较高时,农民有能力与其他人进行有效协商讨论,其社会学习效能往往处于较高水平,也有能力影响农村公共服务决策,使决策更有利于体现自身需求偏好。相反,当个体能力水平较低时,农民缺乏获得良好的社会学习效能的能力,往往难以发挥出社会学习对决策优化的促进作用,个体能力建设成为强化社会学习对农村公共服务决策优化影响的主要途径,个体能力建设水平越高,越有利于促进农村公共服务决策优化。基于此,本研究提出如下假设:

H7:个体能力建设调节社会学习与农村公共服务决策优化之间的关系,即社会学习对农村公共服务决策优化的影响,在个体能力建设水平较低

① [美]詹姆斯·博曼:《协商民主与有效社会自由:能力、资源和机会》,载陈家刚编:《协商民主》,上海三联书店2004年版,第153页。

② 吴春梅、翟军亮:《协商民主与农村公共服务供给决策民主化》,《理论与改革》2011年第4期。

③ 吴春梅、翟军亮:《可行能力匮乏与协商民主中的政治贫困》,《前沿》2010年第19期。

的情境中比在个体能力建设水平较高的情景中更强烈。

在强国家弱社会的宏观背景下,"自上而下"的决策机制依旧在农村公共服务决策中占据主导地位,再加上农民公民权意识薄弱、臣民意识浓厚等因素的影响,农民能否有效参与农村公共服务决策仍具有较强的政府主导性,即政府对农民参与的态度直接决定了农民能否参与及参与效能高低。首先,政府对农民能否参与农村公共服务决策有着至关重要的影响。即使是政府认识到农民参与的必要性时,选择谁参与、以何种方式、在什么时间、在何种程度上引入农民参与仍是由政府说了算,这可以从村民的话语中得到印证:"通知你去,你就去"、"他们没有通知我,我为什么要去,我不晓得开什么会,他们不叫我去,我晓得?"、"没有通知你去,你就不能去,你去的话小组长会板着脸"、"小组长喜欢谁去,谁就去,关系好的让去,关系不好的不让去"。其次,政府能力直接影响农民能否在参与过程中与其他主体进行理性、有效的协商讨论与互动交流,建立共同理解与行动基础,进而促进农村公共服务决策方案的形成与实施。例如,发展公民能力建设项目,有利于增强农民等主体的参与能力,提升他们的社会学习效果;建立完善的决策参与主体识别方法,有利于增强决策参与主体的包容性,使决策参与主体能够真实代表农民的实际需求与偏好;可接近的协商讨论平台能够为农民等主体的参与提供平台支持;完善的支持平等交流和平等影响力的制度安排,有利于促进决策主体之间的信息交流、偏好表达与转换。可见,政府能力会对社会学习和农村公共服务决策优化之间的关系产生影响。进一步地,当既有的政府能力水平较高时,政府的培训能力、参与式决策支持系统、评估能力、协作能力等往往处于较高水平,为社会学习促进农村公共服务决策优化提供了良好条件,因而农村公共服务决策优化程度也往往处于高水平状态。相反,当既有的政府能力水平较低时,往往使社会学习缺乏条件支撑而难以发挥其对决策优化的促进作用。此时,政府能力建设小幅度的提升往往能够大幅度的改善社会学习所面临的条件支撑不足状况,社会学习也因此能够对农村公共服务决策优化有巨大促进作用。基于此,本研究提出如下假设:

H8：政府能力建设调节社会学习与农村公共服务决策优化之间的关系，即社会学习对农村公共服务决策优化的影响，在政府能力建设水平较低的情境中比在政府能力建设水平较高的情景中更强烈。

此外，法律法规能够为公共参与提供制度保障，社会资本积累有利于形成高水准的合作、信任、互惠、公民参与和集体福利①，促进社会学习目标的达成，进而促进农村公共服务决策效率的提高。这表明，环境能力建设会对社会学习和农村公共服务决策优化之间的关系产生影响。进一步地，当既有的环境能力建设水平较高时，宏观政策环境和微观制度环境往往能够为发挥社会学习对农村公共服务决策优化的促进作用提供良好环境。相反，当既有的环境能力建设水平较低时，社会学习对农村公共服务决策优化的促进作用将会因环境干扰而降低，此时，环境的小幅度改善往往能够为发挥社会学习对农村公共服务决策优化的促进作用注入初始动力和提供条件支持。基于此，本研究提出如下假设：

H9：环境能力建设调节社会学习与农村公共服务决策优化之间的关系，即社会学习对农村公共服务决策优化的影响，在环境能力建设水平较低的情境中比在环境能力建设水平较高的情景中更强烈。

根据上述分析，本研究提出了能力建设对社会学习与农村公共服务决策优化之间关系的调节效应模型（见图4-6）。

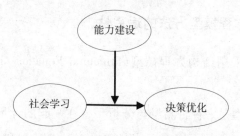

图4-6　能力建设对社会学习与农村公共服务决策优化之间关系的调节效应模型

---

①　［美］罗伯特 D.帕特南：《使民主运转起来》，王列、赖海榕译，江西人民出版社 2006 年版，第 208 页。

第五章 能力建设、社会学习与农村公共
服务决策优化的实证研究设计

有效的实证分析结果依赖于良好的实证设计。依据前文所构建的理论分析框架,本章主要阐释了本研究的主要实证研究方法,对理论分析框架中的核心变量进行了操作化定义,并运用效度检验和信度检验方法对量表品质进行了检验。此外,鉴于本研究所用实证研究方法对数据正态性的要求,本章亦对样本数据进行了正态性检验。

第一节 实证研究方法

一、结构方程模型方法的适用性

本研究主要采用结构方程模型(Structural Equation Modeling,SEM)分析方法。

结构方程模型是一种将测量与分析整合在一起的计量分析方法,它整合了传统统计方法中的因素分析(Factor Analysis)和路径分析(Path Analysis)两种统计方法,能够同时分析多个观测变量(Observed Variables)、潜变量(Latent Variables)、干扰或误差变量(Disturbance Variables/Error Variables)间的复杂关系,进而得出自变量对因变量的直接效应、间接效应和总

效应,并通过考察理论模型和实证数据的适配度①(Fitness)来评价模型和验证假设②。由于结构方程模型能够较好的弥补传统统计方法的不足,自20世纪80年代以来,开始成为多元分析的重要工具。

结构方程模型由测量模型(Measured Model)与结构模型(Structural Model)两个基本模型组成。其中,

测量方程为:

$$X = \Lambda_X \xi + \delta \tag{1}$$

$$Y = \Lambda_Y \eta + \varepsilon \tag{2}$$

结构方程为:

$$\eta = B\eta + \Gamma\xi + \zeta \tag{3}$$

(1)是外因潜变量的测量方程,X 是由 q 个外生指标组成的 $q \times 1$ 向量,ξ 是由 n 个外因潜变量(因子)组成的 $n \times 1$ 向量,Λ_X 是 gdgb10 在 ξ 上的 $q \times n$ 因子负荷矩阵,δ 是 q 个测量误差组成的 $q \times 1$ 向量。

(2)是内因潜变量的测量方程,Y 是由 p 个内生指标组成的 $p \times 1$ 向量,η 是由 m 个内因潜变量(因子)组成的 $m \times 1$ 向量,Λ_Y 是 Y 在 η 上的 $p \times m$ 因子负荷矩阵,ε 是 p 个测量误差组成的 $p \times 1$ 向量;

在结构方程(3)中,B 是 $m \times m$ 系数矩阵,描述了内因潜变量 η 之间的彼此影响;Γ 是 $m \times n$ 系数矩阵,描述了外因潜变量 ξ 对内因潜变量 η 的影响;ζ 是 $m \times 1$ 残差向量。

本研究采用结构方程模型作为主要分析方法的主要原因有:

(1)潜变量的存在。本研究中,能力建设、社会学习和农村公共服务决策优化等变量都是潜变量,难以对其进行准确、直接的测量,只能用一些观测变量去间接测量,并用测量所得数据去代替潜变量。因此便产生了如下问题:测量指标是否有效? 如何有效处理这些潜变量、观测变量以及潜变量和观测变量之间的关系? 传统的分析方法难以有效解决这些问题,而结构

---

① 又有学者将其翻译或称之为"拟合度"。

② 吴明隆:《问卷统计分析实务》,重庆大学出版社2010年版,第1—2页。

方程模型则能够有效解决这些问题。

(2)潜变量之间的复杂关系。本研究需要对多个潜变量之间的复杂关系进行探讨。传统的多元统计技术在这方面有其局限性,难以同时对多个潜变量之间的复杂关系进行探讨。而结构方程模型整合了多种不同的统计技术,可以同时精确地探讨多个变量之间的复杂关系。

(3)结构方程模型能够评估测量质量及潜变量之间的关系,能够使研究者以真实的理论架构来反映真实情况。

(4)模型比较的需要。本研究为了探讨农村公共服务决策科学化、民主化和高效化三者之间的作用机理,需要构建数个假设模型,并用实证数据来检验并选取较好的模型。

二、结构方程模型适配度评估指标选取

结构方程模型分析的核心概念是协方差,需要评估理论模型所导出的协方差与实际数据的协方差之间的接近程度。因而在进行参数估计后,需要对模型的适配度进行评估。所谓适配度是指假设的理论模型与实际数据的一致性程度,这种一致性程度的评估需要通过适配度指标(Goodness-of-Fit Indices)来进行。因而选择恰当的适配度指标显得尤为重要。

本研究从模型基本适配度、整体模型适配度和模型内在结构适配度三个方面对 SEM 进行评估[1]。需要说明的是,模型适配度指标仅反映分析技术上的适配程度,而非理论上的证据,它们并没有一个强有力的理论基础来支撑数字背后的意义与使用原则,完美的适配模型反映的仅仅是一种技术上的最佳化[2]。因此,研究者最好根据理论建构和假设模型挑选几项最有

---

[1] 吴明隆:《结构方程模型:AMOS 的操作与应用》,重庆大学出版社 2010 年版,第 39—59 页;Bagozzi, R. P., Yi, Y., On the Evaluation of Structural Equation Models, *Journal of the Academy of Marketing Science*, 1988, Vol. 16, No. 1, pp. 74–94.

[2] 吴明隆:《结构方程模型:AMOS 的操作与应用》,重庆大学出版社 2010 年版,第 53 页;McDonald, R. P., and Ho, M. R., Principles and Practice in Reporting Structural Equation Analyses, *Psychological Methods*, 2002, Vol. 7, No. 1, pp. 64–82;邱皓政、林碧芳:《结构方程模型的原理与运用》,中国轻工业出版社 2009 年版,第 89—90 页。

关联的指标,并辅以测量模型和结构模型适配度的评估,来诠释检验假设模型与观察数据是否契合,如此结构方程模型才会具备理论建构的基础,而不会陷入以数据为导引的技术分析迷局中①。

在检验统计量(或适配度指标)选取方面,卡方值容易受到样本数大小的影响,当样本数较大时,即使隐含的协方差矩阵与样本协方差矩阵差异很小,卡方值也会变大,显著性概率值 p 会变小,容易造成假设模型被拒绝的情况。因此,在大样本的情况下,判断假设模型与样本数据是否适配,卡方值并不是唯一的判断标准,其他的适配度指标也是重要的判断标准。本研究有效样本数为 1025 份,属于大样本情况,因此,在选取整体模型适配度检验统计量时,主要选取除卡方值以外的其他适配度检验统计量作为标准,具体见表 5-1。

表 5-1　SEM 整体模型适配度的评价指标及其标准

适配度评价指标	适配标准
绝对适配度指标	
GFI 值	>0.90
AGFI 值	>0.90
RMR 值	<0.05
RMSEA 值	<0.05(良好);<0.08(合理)
增值适配度指标	
NFI 值	>0.90
RFI 值	>0.90
CFI 值	>0.90
TLI 值	>0.90
简约适配度指标	
χ^2/df 值	$1<\chi^2/df$ 值<3,良好;$3<\chi^2/df$ 值<5,可以接受;$5<\chi^2/df$ 值,不佳
PNFI 值	>0.50
PGFI 值	>0.50

注:评价标准参考了吴明隆②的研究成果。

---

① 转引自吴明隆:《结构方程模型:AMOS 的操作与应用》,重庆大学出版社 2010 年版,第 58 页。

② 吴明隆:《结构方程模型:AMOS 的操作与应用》,重庆大学出版社 2010 年版。

第二节　变量的操作化

一、能力建设

本研究从个体能力建设、组织能力建设和环境能力建设三个方面设计测量题项。

个体能力建设。公共服务决策中的个体能力主要包括个体的知识、技能、价值观、态度、健康、意识等①。协商民主理论认为，公共协商与讨论过程中的能力主要包括决策参与主体在决策过程中表达真实偏好的能力，有效利用文化资源的能力和基本的认知能力②。因此，个体能力建设主要从公共服务决策知识与能力提升（如偏好表达能力、认知能力等）、参与意愿提升两个方面来设计测量题项，形成十题项量表。具体见表5-2。

组织能力建设。杰克·奈特和詹姆斯·约翰森认为，民主协商的合法性依赖于个体的有效参与，有效参与则反过来根据这些个体的认知能力而定，因此，与培育认知能力相关的规范政策建议至少包括政府对教育的支持，尤其是为贫穷或物质匮乏的公民提供经济保证，民主协商过程有效参与需要的认知能力培育要求政府财政保证有效参与的社会经济条件③。

---

① 参见 Matachi, A., *Capacity Building Framework*: *UNESCO-IICBA*, United Nations Economic Commission for Africa, Addis Ababa, Ethiopia, 2006; Charles, L., Anderson, G., and Murphy, E., *Institutional Assessment—A Framework for Strengthening Organizational Capacity for IDRC's Research Partners*, Ottawa: IDRC, 1995; Task Force on Aid Approaches., *Capacity Development Handbook for JICA Staff*, JICA, March 2004。

② ［美］杰克·奈特、詹姆斯·约翰森：《协商民主要求怎样的政治平等》，载詹姆斯·博曼、威廉·雷吉编：《协商民主：理性与政治》，陈家刚等译，中央编译出版社2006年版，第227—228页。

③ ［美］杰克·奈特、詹姆斯·约翰森：《协商民主要求怎样的政治平等》，载詹姆斯·博曼、威廉·雷吉编：《协商民主：理性与政治》，陈家刚等译，中央编译出版社2006年版，第233—234页。

表 5-2　个体能力建设变量的操作化定义表

潜变量及代码	观测变量代码	观测变量（根据个体能力建设的文献设定）	主要相关文献作者
个体参与能力建设（CYNL）	cynl1	自己经常通过多种方式来提高自己对公共服务决策的认识,获取知识	Matachi, 2006；Charles, 1995；JICA, 2004；杰克·奈特、詹姆斯·约翰森, 2006
	cynl2	自己经常通过多种方式来提高自己争取参与公共服务决策机会的能力	
	cynl3	自己经常通过多种方式来提高自己有效利用自身资源的能力	
	cynl4	自己经常通过多种方式来提高自己表达看法的能力	
	cynl5	自己经常通过多种方式来提高自己准确理解他人观点和意图的能力	
	cynl6	自己经常通过多种方式的学习来提高自己言说和沟通能力	
	cynl7	自己经常通过多种方式的学习来提高自己界定问题的能力	
参与意愿和意识（CYYS）	cyys1	村民参与公共服务的积极性越来越高	Matachi, 2006；Charles, 1995；JICA, 2004
	cyys2	各参与者都很乐意与其他人合作	
	cyys3	遇到一个人不能解决的问题时,村民常常相互帮助	

Cuthill[1]、Cuthill & Fien[2] 认为政府制度能力建设包含搜集和提供有关地方社区的经验数据,建立公平、负责和透明的参与式政策过程,发展支持性组织文化三个方面。在网络治理背景下,政府等组织的构思网络、集成网络、管理网络和跨网络协作的能力显得尤为重要,因为网络治理背景下的公共服务供给效率在很大程度上取决于政府管理供给网络的能力[3]。因此,综合杰克·

---

[1] Cuthill, M., Developing Local Government Policy and Processes for Community Consultation and Participation, *Urban Policy and Research*, 2001, Vol. 19, No. 2, pp. 183-202.

[2] Cuthill, M., and Fien, J., Capacity Building: Facilitating Citizen Participation in Local Governance, *Australian Journal of Public Administration*, 2005, Vol. 64, No. 4, pp. 63-80.

[3] 吴春梅、翟军亮:《公共价值管理理论中的政府职能创新与启示》,《行政论坛》2014年第 1 期。

奈特和詹姆斯·约翰森、Cuthill & Fien、Matachi①、Charles②、JICA③ 等学者和机构的研究成果,本研究选取政府等公共组织对个体参与能力的培训方式、培训设施、参与式决策支持系统、评估能力、合作性组织文化、政府组织协同能力等方面来测量组织能力,形成 24 题项量表。具体见表 5-3。

表 5-3 组织能力建设变量的操作化定义表

潜变量及代码	观测变量代码	观测变量(根据组织能力建设的文献设定)	主要相关文献作者
培训方式(*PXFS*)	*pxfs*1	镇里通过广播开会宣传培训等方式来提高各参与者对公共服务决策的认识	Matachi,2006;Charles,1995;JICA,2004;杰克·奈特、詹姆斯·约翰森,2006
	*pxfs*2	镇里通过广播开会宣传培训等方式对村民进行参与和权利意识教育	
	*pxfs*3	镇里通过培训学习等方式来提高村民等参与者的参与能力	
培训设施(*PXSS*)	*pxss*1	镇村的培训设施和场地如电脑教室等能较好地满足需求	
	*pxss*2	镇村经常拨款购买相关设备来保证村民能够有效参与	
	*pxss*3	镇村的教育与培训已初步形成较为完善的体系	
	*pxss*4	政治法律素养等方面的教育与培训能够满足村民的需求	
	*pxss*5	参与能力方面的教育和培训在不断加强	
参与式决策支持系统(*JCXT*)	*jcxt*1	在选择谁参加协商方面有具体的制度规定	
	*jcxt*2	在选择谁参加协商方面有公平的操作方法	
	*jcxt*3	在决策程序方面镇村都有相应的规定都是有章可循的	
	*jcxt*4	在实践中有关决策程序的规定得到了较好的执行	

---

① 参见 Matachi,A.,*Capacity Building Framework*:*UNESCO-IICBA*,United Nations Economic Commission for Africa,Addis Ababa,Ethiopia,2006。

② 参见 Charles,L.,Anderson,G.,and Murphy,E.,*Institutional Assessment— A Framework for Strengthening Organizational Capacity for IDRC's Research Partners*,Ottawa:IDRC,1995。

③ Task Force on Aid Approaches:*Capacity Development Handbook for JICA Staff*,JICA,March 2004.

续表

潜变量 及代码	观测变 量代码	观测变量（根据组织能力建设的文献设定）	主要相关 文献作者
评估能力 （PGNL）	pgnl1	公共服务项目评估更多考虑项目对经济增长与社会发展的贡献程度	Cuthill & Fien，2005；Cuthill，2001
	pgnl2	镇村制订了较为详细的评估标准和指标体系	
	pgnl3	公共服务项目评估多通过内部评估与外部评估相结合来进行	
	pgnl4	公共服务项目评估并不主要通过前后对比等方法来进行	
合作性 组织文化 （HZWH）	hzwh1	各参与者可以共享资源知识信息	
	hzwh2	各参与者基于公共利益的集体活动越来越多	
	hzwh3	各参与者间具有较好的团队意识	
政府组织 协同能力 （ZZXT）	zzxt1	政府能够整合村民企业和政府的资源来提供公共服务	Matachi，2006；Charles，1995；JICA，2004；吴春梅、翟军亮，2014
	zzxt2	政府能够有效管理政府各部门企业和村民在合作过程中产生的关系	
	zzxt3	政府与市场村民进行合作的能力有很大提高	
	zzxt4	政府能够对村民的公共服务需求做出回应	
	zzxt5	村委会或社区等组织能够较好地代表村民的切身利益	

环境能力建设。环境能力建设主要包括正式制度、非正式制度、社会关系等[①]。以此为基础，本研究主要选取正式制度、"三农"政策、社会资本三个方面对环境能力建设进行测量，形成 8 题项量表。具体见表 5-4。

---

① 参见 Matachi，A.，*Capacity Building Framework*：*UNESCO-IICBA*，United Nations Economic Commission for Africa，Addis Ababa，Ethiopia，2006；Charles，L.，Anderson，G.，and Murphy，E.，*Institutional Assessment—A Framework for Strengthening Organizational Capacity for IDRC's Research Partners*，Ottawa：IDRC，1995；Task Force on Aid Approaches：*Capacity Development Handbook for JICA Staff*，JICA，March 2004。

表 5-4　环境能力建设变量的操作化定义表

潜变量及代码	观测变量代码	观测变量(根据环境能力建设的文献设定)	主要相关文献作者
制度与政策(ZDZC)	zdzc1	三农政策为优化农村公共服务决策提供了较好的政策环境	Matachi,2006;Charles,1995;JICA,2004
	zdzc2	村民委员会组织法等法律为优化农村公共服务决策提供了较好的制度环境	
	zdzc3	三农政策在本地区得到了较好的执行	
	zdzc4	基层群众自治制度在本地区得到了较好的执行	
	zdzc5	村民村委会乡镇政府间都相互信任	
社会资本(SHZB)	shzb1	村规民约能够得到较好的遵守	
	shzb2	村里的整体社会风尚较好	
	shzb3	自己与村里镇里乡里企业等负责人建立了较好的关系	

二、社会学习

本研究从社会学习机制、过程和目标三个方面来设立测量题项。

社会学习机制。社会学习机制主要由参与过程中的公共协商、讨论、交流与互动组成①,具体包括民主结构、多元主体参与、主体之间的平等性、多

---

① Maarleveld,M.,Dangbégnon,C.,Managing Natural Resources:A Social Learning Perspective,*Agriculture and Human Values*,Vol. 16,Issue 3,pp. 267-280,1999; Pahl-Wostl,C.,& Hare,M.,Processes of Social Learning in Integrated Resources Management,*Journal of Community and Applied Social Psychology*,2004,Vol. 14,Issue 3,pp. 193-206; Muro,M. and Jeffrey,P.,Social Learning-a Useful Concept for Participatory Decision-Making Process? Path (Participatory Approaches in Science & Technology) Conference,2010-02-28,http://www.macaulay.ac.uk/pathconference/outputs/PATH_abstract_3. 1. 3.pdf; Schusler,T. M.,Decker,D. J.,and Pfeffer,M. J.,Social Learning for Collaborative Natural Resource Management,*Society & Natural Resources:An International Journal*,2003,Vol. 16,No. 4,pp. 309-326; Cundill,G. & Rodela,R.,A Review of Assertions about the Processes and Outcomes of Social Learning in Natural Resource Management,*Journal of Environmental Management*,2012,Vol. 113,pp. 7-14.

元知识来源、开放的交流、影响过程的机会等①。此外,协商民主理论认为,协商与交流过程应该具有包容性、理性、政治平等性(如能力平等、机会平等)特征②,这些特征对推进农村公共服务决策优化具有重要价值③。以上述研究为基础,本研究选取决策参与主体包容性、主体间的平等性(融入了政治平等性)、影响过程的机会、开放交流及其理性化以及公共协商与讨论的制度化与规范化来对社会学习机制进行测量,形成 28 题项量表(见表 5-5)。

表 5-5　社会学习之社会学习机制变量的操作化定义表

潜变量及代码	观测变量代码	观测变量(根据社会学习机制文献设定)	主要相关文献作者
决策参与主体包容性(*ZTBR*)	*ztbr*1	决策参与者中有村民代表	
	*ztbr*2	决策参与者包括不同收入水平人员	
	*ztbr*3	决策参与者包括不同年龄段人员	
	*ztbr*4	决策参与者能代表村里不同群众的观点与利益	

① Schusler, T. M., Decker, D. J., and Pfeffer, M. J., Social Learning for Collaborative Natural Resource Management, *Society & Natural Resources: An International Journal*, 2003, Vol. 16, No. 4, pp. 309-326; Muro, M. and Jeffrey, P., Social Learning-a Useful Concept for Participatory Decision-Making Process? Path (Participatory Approaches in Science & Technology) Conference, 2010-02-28, http://www.macaulay.ac.uk/pathconference/outputs/PATH_abstract_3.1.3.pdf.

② [美]詹姆斯·博曼:《公共协商:多元主义、复杂性与民主》,黄相怀译,中央编译出版社 2006 年版,第 15—16 页;亨利·S.理查德森:《民主的目的》,载詹姆斯·博曼、威廉·雷吉编:《协商民主:论理性与政治》,陈家刚等译,中央编译出版社 2006 年版,第 266 页;[英]戴维·米勒:《协商民主不利于弱势群体》,载[南非]毛利西奥·帕瑟林·登特里维斯:《作为公共协商的民主:新的视角》,王英津等译,中央编译出版社 2006 年版,第 140 页;Hendriks, C., *The Ambiguous Role of Civil Society in Deliberative Democracy*, Refereed Paper Presented to the Jubilee Conference of the Australasian Political Studies Association, Canberra: Australian National University, October, 2002;[南非]毛里西奥·帕瑟林·登特里维斯:《政治合法性与民主协商》,载[南非]毛里西奥·帕瑟林·登特里维斯编:《作为公共协商的民主:新的视角》,王英津等译,中央编译出版社 2006 年版,第 10—11 页;[美]杰克·奈特、詹姆斯·约翰森:《协商民主要求怎样的政治平等》,载詹姆斯·博曼、威廉·雷吉编:《协商民主:理性与政治》,陈家刚等译,中央编译出版社 2006 年版,第 227—228 页。

③ 吴春梅、翟军亮:《协商民主与农村公共服务供给决策民主化》,《理论与改革》2011 年第 4 期。

潜变量及代码	观测变量代码	观测变量(根据社会学习机制文献设定)	主要相关文献作者
理性化交流 (*LXJL*)	*lxjl*1	参与者根据事实来判断观点是否合理	
	*lxjl*2	参与者并不根据观点提出者的背景身份来判断观点是否合理	
能力平等 (*NLPD*)	*nlpd*1	各参与者都能与他人进行沟通与辩论且不会处于下风	
	*nlpd*2	各参与者都能利用自身资源来参与公共服务决策	
	*nlpd*3	各参与者都能准确理解他人的观点与意图	Maarleveld & Dangbégnon, 1999; Pahl-Wostl & Hare, 2004; Muro & Jeffrey, 2010; Schusler et al., 2003; Cundill & Rodela, 2012; Schusler et al., 2003; Muro & Jeffrey, 2010; 詹姆斯·博曼, 2006; 亨利·S.理查德森, 2006; 戴维·米勒, 2006; Hendriks, 2002; 毛里西奥·帕瑟林·登特里维斯, 2006; 杰克·奈特、詹姆斯·约翰森, 2006
	*nlpd*4	各参与者都能利用现有机会参与公共服务决策	
机会平等 (*JHPD*)	*jhpd*1	每个人都能争取到机会来参与公共服务决策	
	*jhpd*2	每个参与者都可提出建议及理由	
	*jhpd*3	每个参与者在协商讨论中都拥有平等的发言机会	
	*jhpd*4	不同身份地位的人参与协商讨论的机会是大致相当的	
	*jhpd*5	不同身份地位的参与者在协商讨论中发言机会是大致相当的	
	*jhpd*6	不同贫富的人参与协商讨论的机会是大致相当的	
	*jhpd*7	不同贫富的参与者在协商讨论中的发言机会是大致相当的	
平等的影响力(机会) (*PDYX*)	*pdyx*1	没人能利用权力或金钱来使其他参与者违背自己的真实意愿来投票或表态	
	*pdyx*2	每个参与者受到其他参与者影响的可能性是大致相同的	
	*pdyx*3	没有人会因为身份地位和贫富的影响而不能参与协商过程	
	*pdyx*4	协商讨论过程中没有出现部分人的利益得不到尊重的现象	
协商讨论制度化 (*XSZDH*)	*xszdh*1	何时开会怎么开会讨论有谁参加按照什么程序都有规定	
	*xszdh*2	镇里或村里建立了相应机构或指定专人负责开会协商事务	

续表

潜变量及代码	观测变量代码	观测变量（根据社会学习机制文献设定）	主要相关文献作者
协商讨论制度化（*XSZDH*）	*xszdh*3	偏好需求与观点表达以及信息交流不是闹着玩的	
	*xszdh*4	开会协商讨论公共服务事务已经成为一种惯例	
	*xszdh*5	镇里或村里制订了一系列有关参与的规章制度	
	*xszdh*6	有关参与的规章制度得到了较好的落实	
	*xszdh*7	镇里或村里定期召开正式的经验交流会	

社会学习过程。社会学习过程主要由平台的可接近性[1]、信息交流[2]、知识分享[3]、公共问题界定、各自观点与目标的认识、相互依赖性与复杂性的理解、潜在价值观的明晰化、知识的共同创造[4]以及态度、信念、技能、能力、行动的改变[5]等组成。以上述研究为基础,从信息交流(融入社会学习平台)、价值观与观点的明晰与改变两个方面对社会学习过程进行测量,形成20题项量表(见表5-6)。

---

[1]　Maarleveld,M.,Dangbégnon,C.,Managing Natural Resources:A Social Learning Perspective,*Agriculture and Human Values*,1999,Vol. 16,Issue 3,pp. 267-280.

[2]　McCrum G,*et al.* Adapting to Climate Change in Land Management:the Role of Deliberative Workshops in Enhancing Social Learning,*Environmental Policy and Governance*,2009,Vol. 19,Issue 6,pp. 413-426.

[3]　Cundill,G. & Rodela,R.,A Review of Assertions about the Processes and Outcomes of Social Learning in Natural Resource Management, *Journal of Environmental Management*, 2012,Vol. 113,pp. 7-14.

[4]　Muro,M. and Jeffrey,P.,Social Learning-a Useful Concept for Participatory Decision-Making Process? Path (Participatory Approaches in Science & Technology) Conference,2010-02-28,http://www.macaulay.ac.uk/pathconference/outputs/PATH_abstract_3. 1. 3.pdf; Mostert,E.,Pahl-Wostl,C.,Rees,Y.,Searle,B.,Tàbara,D.,and Tippett,J.,Social Learning in European River-Basin Management:Barriers and Fostering Mechanisms from 10 River Basins,*Ecology and Society*,2007,Vol. 12,No. 1,p. 19; Mostert,E.,et al.:Social Learning:the Key to Integrated Water Resources Management,*Water International*,2008,Vol. 33,Issue3,pp. 293-304.

[5]　Garmendia,E.,and Stagl,S.,Public Participation for Sustainability and Social Learning:Concepts and Lessons from Three Case Studies in Europe,*Ecological Economics*,2010,Vol. 69,Issue 8,pp. 1712-1722.

表 5-6　社会学习之社会学习过程变量的操作化定义表

潜变量及代码	观测变量代码	观测变量（根据社会学习过程文献设定）	主要相关文献作者
信息交流（XXJL）	xxjl1	协商讨论促进了参与者之间的信息交流与信息汇聚	McCrum et al, 2009；Cundill & Rodela, 2012
	xxjl2	通过协商讨论获得了更多真实民声和信息	
	xxjl3	经验知识或民间知识在协商讨论中得到了交流	
	xxjl4	专家的讲解有助于更好的理解问题	
	xxjl5	相关公民的讲解有助于自己更好的理解问题	
	xxjl6	实地考察有助于自己更好的理解问题	
	xxjl7	村民的知识和经验对决策很有帮助	
	xxjl8	其他地方的经验教训在协调讨论中得到了介绍	
观点的明晰与改变（GDGB）	gdgb1	通过协商讨论大家都认识到了彼此的观点与看法	Muro & Jeffrey, 2010；Mostert et al., 2007；Mostert et al., 2008；Garmendia & Stagl, 2010
	gdgb2	通过协商讨论大家都认识到了彼此的意图	
	gdgb3	通过协商讨论各参与者潜在的想法更加明晰具体	
	gdgb4	通过协商讨论各参与者认识到了彼此的潜在价值追求	
	gdgb5	通过协商讨论各参与者形成了新的价值观与观点	
	gdgb6	通过协商讨论各参与者认识到彼此之间是相互依赖的	
	gdgb7	通过协商讨论各参与者认识到了自己的优点与缺点	
	gdgb8	通过协商讨论各参与者对问题形成了新的观点和看法	
	gdgb9	通过协商讨论各参与者的观点得到不断完善	
	gdgb9	协商讨论增进了各参与间相互了解为日后合作奠定基础	
	gdgb10	通过协商讨论大家缩小了分歧形成了比较一致的观点	
	gdgb11	通过协商讨论对方案有异议的人数大为下降	

社会学习目标。社会学习目标是指多元主体将学习过程中的所得应用

于公共事务问题的解决实践中①,是为了共同管理而共同学习②。具体包括确认问题与寻找解决方案③,形成共同理解、多方协定、信任与协作关系、集体行动④,决策与规划执行⑤等。以上述研究为基础,本研究选取主体间合作关系、集体决策与行动两个方面对社会学习目标进行测量,形成6题项量表(见表5-7)。

表5-7　社会学习之社会学习目标变量的操作化定义表

潜变量及代码	观测变量代码	观测变量(根据社会学习目标文献设定)	主要相关文献作者
主体之间合作关系(*ZTHZ*)	*zthz*1	通过协商讨论各参与者进一步巩固了已有的合作关系	Muro & Jeffrey, 2010; Schusler et al., 2003; Garmendia &Stagl, 2010; Mostert et al., 2007; Mostert et al., 2008
	*zthz*2	通过协商讨论参与者之间形成了新的合作关系	
	*zthz*3	通过协商讨论参与者间的敌对关系得到了改善	
	*zthz*4	通过协商讨论不同身份参与者之间实现了相互包容和理解	
集体决策与行动(*JTJC*)	*jtjc*1	事先经过开会讨论的项目更容易得到百姓的支持执行起来更顺利	
	*jtjc*2	事先经过开会讨论的项目执行结果能更多满足各方的需求备受好评	

---

① Pahl-Wostl,C.,and Hare,M.,Processes of Social Learning in Integrated Resources Management,*Journal of Community and Applied Social Psychology*,2004,Vol.14,Issue 3,pp.193-206.

② 参见 Craps,M.,*Social Learning in River Basin Management*,HarmoniCOP WP2 reference document,2003;Ridder,D.,Mostert,E. and Wolters,H.A.,*Learning Together to Manage Together:Improving Participation in Water Management*,University of Osnabrück,Osnabrück,Germany,2005。

③ Frost,P.,Campbell,B.,Medina,G.,Usongo,L.,Landscape-Scale Approaches for Integrated Natural Resource Management in Tropical Forest Landscapes,*Ecology and Society*,2006,Vol.11,No.2,p.30.

④ Schusler,T.M.,Decker,D.J.,and Pfeffer,M.J.,Social Learning for Collaborative Natural Resource Management,*Society & Natural Resources:An International Journal*,2003,Vol.16,No.4,pp.309-326;Garmendia,E.,and Stagl,S.,Public Participation for Sustainability and Social Learning:Concepts and Lessons from Three Case Studies in Europe,*Ecological Economics*,2010,Vol.69,Issue 8,pp.1712-1722.

⑤ Mostert,E.,Pahl-Wostl,C.,Rees,Y.,Searle,B.,Tàbara,D.,and Tippett,J.,Social Learning in European River-Basin Management:Barriers and Fostering Mechanisms from 10 River Basins,*Ecology and Society*,2007,Vol.12,No.1,p.19;Mostert,E.,et al.,Social Learning:the Key to Integrated Water Resources Management,*Water International*,2008,Vol.33,Issue3,pp.293-304

三、农村公共服务决策优化

本研究中,农村公共服务决策优化主要是指农村公共服务决策的科学化、民主化、高效化。因此,本研究从科学化、高效化和民主化三个方面进行题项设计。

农村公共服务决策的科学化。农村公共服务决策的科学化是指决策主体以农村公共服务需求信息为依据,以决策支持系统为支撑,遵循科学决策原则,运用科学的决策程序、方法和技术,对方案进行周密论证,使决策与公共服务需求相符并具有适宜性。农村公共服务决策的科学化关键在于决策过程和决策结果的科学化,前者指决策方案是否得到了科学论证,后者指决策方案的适宜性。因此,本研究从决策方案论证和方案适宜性两个方面来测量农村公共服务决策的科学化,形成4题项量表(见表5-8)。

表5-8　农村公共服务决策科学化变量的操作化定义表

潜变量及代码	观测变量代码	观测变量 (根据农村公共服务决策科学化文献设定)	主要相关文献作者
科学化 (*KXH*)	*kxh*1	近3年来,村里的公共服务决策方案得到了充分的论证	
	*kxh*2	村里的公共服务决策方案更加符合本村的实际情况	
	*kxh*3	村里的公共服务决策体现了大多数人的需求	
	*kxh*4	村里的公共服务决策体现了各参与主体的智慧,提升了公共服务的适用性和效益	

农村公共服务决策的民主化。农村公共服务决策的民主化是将民主理念、机制、方法和技术引入农村公共服务决策中,以促进农村公共服务供需结构平衡,增进决策的民主性[①]。民主化是民主的具体实现过程,因此,对农村公共服务决策民主化的测量可以借鉴民主测量的相关研究成果。民主

[①] 吴春梅、翟军亮:《协商民主与农村公共服务供给决策民主化》,《理论与改革》2011年第4期。

可以从广度、深度、范围以及强度四个方面去测量。民主的广度是由社会成员是否普遍参与来确定的,民主的深度是由参与主体参与时是否充分与参与性质来确定①。民主的范围指确实由社会成员掌握的权力②,由两个因素来确定,一是全社会实际参与决定的问题有多少,有多大重要性;二是社会成员如果愿意的话,通过间接控制的正常体制在影响或改变决定方面能起多大作用③。民主的实质在于公共参与,对公共参与的测量也具有重要借鉴意义。塞缪尔·亨廷顿和琼·纳尔逊认为,参与强度是指该种参与活动影响政治系统的程度和持续性,以及它对政治系统的重要性④。因此,本研究选取民主的广度、深度、范围、强度来测量农村公共服务决策的民主化,形成8题项量表(见表5-9)。

表5-9　农村公共服务决策民主化变量的操作化定义表

潜变量及代码	观测变量代码	观测变量 (根据农村公共服务决策民主化文献设定)	主要相关文献作者
民主化 (*MZH*)	*mzh*1	村里公共服务决策的参与主体范围较之前有了很大的扩大	吴春梅、翟军亮,2011;卡尔·科恩,1988;塞缪尔·亨廷顿、琼·纳尔逊,1989
	*mzh*2	参与主体参与公共服务决策的范围较之前有了较大扩大	
	*mzh*3	参与主体对公共服务的知情权有了进一步的提升与扩大	
	*mzh*4	参与主体参与公共服务决策的积极性与主动性有较大提高	
	*mzh*5	参与主体的决策参与权利有了进一步的实现	
	*mzh*6	通过协商讨论,村里的公共服务方案由村民集体决定,村民能当家做主	
	*mzh*7	通过协商讨论,公共服务方案质量有了很大提高	
	*mzh*8	通过协商讨论,公共服务活动一般都会让百姓感到满意	

①　[美]卡尔·科恩:《论民主》,聂崇信、朱秀贤译,商务印书馆1988年版,第21页。
②　[美]卡尔·科恩:《论民主》,聂崇信、朱秀贤译,商务印书馆1988年版,第26页。
③　[美]卡尔·科恩:《论民主》,聂崇信、朱秀贤译,商务印书馆1988年版,第27页。
④　[美]塞缪尔·亨廷顿、琼·纳尔逊:《难以抉择:发展中国家的政治参与》,汪晓寿等泽,华夏出版社1989年版,第12—13页。

农村公共服务决策高效化。农村公共服务决策高效化是指农村公共服务决策不仅要追求效率,亦要追求效益。效率不仅体现在投入产出比方面(周志忍,2000)[1],也体现在经济效益、环境效益、社会效益等方面[2]。首先,效率涉及时效问题。时效主要包括反应时间(参与主体的提议进入议程的时间)、处理时间(决策时间、项目工期、个案处理时间)的长度及其平均值等[3]。其次,效率涉及投入与产出的关系,主要包括成本与效益比值,除此之外,单位成本、产出量、个案处理数目、完成的工作量与计划的差异等都是重要的指标[4]。再次,效率涉及效益问题。效益涉及产出与效果之间的关系,指政府部门产出达到所期望的效果或影响的程度,其中包括公民或顾客满意度[5],其所指涉的是目标的实现程度[6],可以从改变现状的程度和行为改变的幅度两个方面来加以衡量[7]。此外,公共服务供给过程中的信任与协作关系等内容已进入公共服务效率研究视野。因此,本研究选取时效、投入与产出关系、效益、多元主体间合作水平、公共服务改善程度来测量农村公共服务决策高效化,形成7题项量表(见表5-10)。

表5-10 农村公共服务决策高效化变量的操作化定义表

潜变量及代码	观测变量代码	观测变量(根据农村公共服务决策高效化文献设定)	主要相关文献作者
高效化(GXH)	gxh1	协商讨论后,花费在公共服务决策执行上的时间大大减少	
	gxh2	由于获得了各方的理解与支持,政策执行功效较之前有了很大提升	

[1] 周志忍:《公共性与行政效率研究》,《中国行政管理》2000年第4期。
[2] 黄达强:《行政学》,中国人民大学出版社1988年版,第365—366页;夏书章:《行政效率研究》,中山大学出版社1996年版,第3页。
[3] 张国庆:《行政管理学概论》,北京大学出版社2000年版,第369—370页。
[4] 周志忍:《行政效率研究的三个发展趋势》,《中国行政管理》2000年第1期。
[5] 张国庆:《行政管理学概论》,北京大学出版社2007年版,第322页。
[6] Koontz, H., and Weihrich, H., *Management* (9th edition), New York: McGraw-Hill Inc., 1988, p. 58.
[7] 陈振明:《公共管理学:一种不同于传统行政学的研究途径》,中国人民大学出版社2003年版,第291页。

续表

潜变量及代码	观测变量代码	观测变量 （根据农村公共服务决策高效化文献设定）	主要相关文献作者
高效化 （GXH）	gxh3	协商讨论使参与者找到更好的问题解决方案，减少了资源浪费	周志忍，2000；黄达强，1988；夏书章，1996；张国庆，2000；Koontz、Weihrich，1988；陈振明，2003
	gxh4	讨论中形成的共识，提高了参与者之间的合作水平和办事效率	
	gxh5	近3年来，村里的公共服务决策质量和村民满意度提升了	
	gxh6	近3年来，村里的决策执行状况越来越好	
	gxh7	近3年来，村里的公共服务质量有了很大提升	

第三节　数据收集

一、问卷的编制

由于本研究研究变量均为无法直接测量的潜变量，且部分变量尚未发现有可借鉴的成熟观测变量，所以本研究问卷根据学术界通行做法，即根据各变量的定义、内容来自行开发观测变量[①]，并针对性地为每个潜变量设置了多个观测变量以提高对潜变量的测量精度。本研究调查问卷的形成历时一年（2011年6月—2012年7月），经历了设计初步调查问卷、征求意见、形成预试问卷、修正并形成正式问卷等阶段。具体如下：

第一阶段：对本研究所涉及到的潜变量，如能力建设、社会学习、农村公共服务决策优化等的相关研究成果进行深入的文献研究，同时根据前期调研结果和前期研究成果，初步设计出观测变量；

第二阶段：通过座谈会、邮件等方式征求长期从事农村问题研究的学者和一线工作人员的意见；

---

① 本研究中，观测变量和测量题项具有相同的内涵。

第三阶段：根据上一阶段所征求的意见，对观测变量进行修正和通俗化处理，形成预试问卷，并进行了预调查；

第四阶段：对预调查结果进行分析，并据此对观测变量进行二次修正，形成正式调查问卷。

二、数据采集与样本特征

本研究数据来自于课题组 2012 年 7 月至 2013 年 5 月对湖北省 4 个村庄和河南省 1 个村庄的驻村调查。

第一，样本村的选取。

依据前文所述的样本村选取标准，本研究运用判断抽样法选取了 5 个村庄①作为样本村，这 5 个样本村分别为湖北省随州市广水市下辖的应山办事处湖村和郝店镇岗村、黄冈市下辖的黄梅县孔垄镇新村和张村、河南省许昌市下辖的鄢陵县大马乡任村②。选择这 5 个村作为样本村的原因在于：这 5 个样本村均位于中部农业主产区内，村庄人均收入水平处于全国中等水平及以上，具有一定的公共服务能力，近三年有一批已建或在建的公共服务项目。这 5 个样本村中，岗村和张村为新农村建设示范村。各村的具体情况如下：

第一，湖村。

湖村全村共 2886 人，507 户，2012 年村庄人均收入为 8600 元。截止2012 年，该村实现了通电通水，安装了有线电视，相继完成了主干道硬化、路灯装修等项目，兴建了文化活动广场、书报阅览室、文化活动室和村庄文化活动广场，实现了"村村通"，开通了公交线路，开展公共文化活动（如文艺演出）累计 8 场次，进行了大棚蔬菜种植培训。2012 年，全村参加新型农村合作医疗人数为 2866 人，参加"新农保"人数为 781 人，全村低保人数为123 人，五保人数为 2 人。

---

① 本研究的村庄是指行政村。
② 依照学术惯例，本研究对村庄和乡镇名称做了技术处理。

第二,岗村。

岗村地处鄂北丘陵地区,全村土地面积 3870 亩,其中耕地 1870 亩,总人口 1484 人,下辖 11 个小组,15 个自然湾。2009 年,该村被确立为"湖北省新农村建设示范村",新农村建设取得了明显的建设成效。岗村先后荣获广水市"2007 年度新农村建设示范村"、广水市"2008 年度新农村建设先进村"、广水市"2010 年度特色农业先进村"、广水市"2010 年度全市消防工作先进单位"、2011 年广水市"村庄整治先进单位"、2012 年广水市"全市村庄整治先进单位"、郝镇"2004 年度社会治安综合治理先进单位"、郝镇"2008 年度综合治理先进单位"。在政策有力支持和村民积极参与下,岗村正在逐步迈向经济繁荣、设施完善、环境优美、文明和谐的社会主义新农村。

农业产业化初具规模。2006 年至 2010 年招商引资共四个农业企业落户:新光畜牧集团投资,3000 万元,主要经营年出栏 2.5 万头生猪的养猪场,500 亩精养鱼池和花山 8000 亩天然养殖水面。信达农业发展有限公司,投资 2000 万元,主要经营年出栏生猪 2 万头的养猪场,150 亩苗木基地培养各种树苗和奇花异木。瑞龙蜈蚣养殖公司,投资 400 万元,已初见成效。凤舞农业发展有限公司投资 1000 万元,集 10 万蛋鸡养殖和 5 万只蛋鸭养殖及娱乐、餐饮、休闲于一体。

新农村建设规划实施效果良好。自 2008 年起,该村建设新村集并点 48 户,落住、房屋结构统一,庭院独立,形成近 200 户共 800 余人的集中居住小区。投资 250 余万元进行了区间道硬化、环境绿化、休闲娱乐场地建设,架设路灯、控建了下水道、修建公厕及垃圾池,通讯、网络、数字电视实现了全覆盖,初步形成居住舒适、空气新鲜、环境优美、出行方便的亮化、美化人居环境。2009 年岗村被纳入省级新农村示范村管理,2011 年被评为省级宜居村庄。

农业生产发展条件良好。2010 年全村进行了耕地优化平整,初步形成了耕地规划、道路纵横、沟渠畅通的生产环境。岗村村级主干道路化 11.5 公里,硬化率 95%,沟渠硬化近 3 万米,硬化率 95%以上。全村大小塘堰 56 口,清洁塘硬化 7 口。2009 年岗村被纳入湖北省"111"共建工程,并与华中农业大学结对共建,政策和技术的输入加之龙头企业的带动,先后发展畜牧养殖大户 10 户,水面养殖大户两户,村民收入由 2006 年的 4800 元跃进到 2011 年的 7500 元。

此外,2012 年,1228 人参加了新型农村合作医疗,1100 人参加了"新农保",45 人参加了低保,11 人参加了五保。

第三,新村。

新村毗邻 105 国道,新村全村土地面积 430 亩,其中耕地 230 亩,全村共 1958 人,465 户,下辖 7 个村民小组。村党组织下辖 7 个党小组,共有党员 66 名,其中女党员 3 名,35 岁以下党员 6 名,预备党员 2 名。

近几年来,新村充分发挥区位优势和传统种植优势,搞活商贸经济和"菜篮子"经济。例如,新村以"政府搭台,服务农户"的原则,以"合作社+基地+农户"为运作模式,成立了新村蔬菜种植农民专业合作社,充分利用专业合作社的优势,合作社成员统一学习培训、统一规划种植、统一育苗、统一采购生产资料、统一销售,实现规范种植,做到抱团经营,经济效果得到明显提高。新村充分利用湖北省委、省政府启动的"万名干部进万村惠万民"活动契机,与华中农业大学建立帮扶关系,充分利用该校的农业技术优势,积极优化农业种植结构,发展新型大棚果蔬基地,改良传统的蔬菜种植结构,发展以西红柿、西瓜、黄瓜、苦瓜、泡椒、豇豆等早春和秋冬反季节果蔬,2014 年,新村投资 30 万元新建大棚蔬菜基地 110 亩,农户每亩纯收入可达 2.5 万元,每年为村集体增收 200 余万元。在此基础上,为了促进该村果蔬销售,增加村民和村集体收入,新村自 2013 年起,陆续投入 100 万元,改造升级位于镇区站前商业街和西厢大道之间的农贸市场,并以公开招租方式盘活商铺。

村庄经济的发展为村庄建设奠定了良好基础。近几年来,新村以生态立村、发展活村为目标,按照省级生态文明示范村的定位,高标准、高起点规划建设生态美好、人民富裕的宜居新村。新村先后投入 260 多万元对全村的中心港进行了清淤、拓宽、硬化和绿化,并接引东港的长江之水,实现了中心港水质清澈、四季长流;对村庄民居进行规划,依港而筑,成排成行;对村庄主干道进行水泥硬化。2012 年和 2013 年分别荣获"湖北省 2012 年省级生态村"和"湖北省 2013 年省级文明村"的荣誉称号。

与村庄经济发展和村庄建设相伴随,新村在公共服务供给方面也取得了显著成效。截止 2012 年,该村实现了通电通水,安装了有线电视,360 户接通了互联网,相继实施了道路硬化、池塘(中心港)整修、干支水沟清淤改造、不定期的农业技术培训、农田灌溉沟渠硬化、大棚蔬菜种植、农贸市场开发、村医务室建设等项目;兴建了村级办公场所和便民服务大厅,实现了服务村民的"一站式"便民服务,做到了党务、村务、事务、商务及协调事务的"五务"合一;兴建了书报阅览室、阅报栏、广播站、文化活动室(活动中心)和村庄文化活动广场;组建文艺演出剧团 1 个、文艺演出队伍 7 支;开展公共文化活动 5 场次、民间艺术活动、民俗表演、文艺演出等 8 场次。2012 年,1890 人参加了新型农村合作医疗,632 人参加了"新农保",65 人参加了低保,2 人参加了五保。

第四,张村。

张村是典型的人多地少村。村庄土地面积 235 亩,其中耕地 118 亩,水田 117 亩,现有村民 443 户,人口 1891 人,其中外出务工 120 人,占总人口的 6.3%。辖 4 个村民小组,村干部 4 名,党员 51 名。

在 20 世纪 80 年代以前,张村是一片青砖青瓦青石板,无工无商半农半副业的贫困村,曾是全省有名的"上访村"。改革开放后,历经 20 世纪 80年代一棉拆迁、20 世纪 90 年代创建大别山杯、2005 年以来的新农村建设三大发展阶段,现已成为经济繁荣、设施完善、环境优美、文明和谐的社会主义新农村。

张村的经济结构以工商业为主,以农业为辅。农业以蔬菜为主导产品,有菜地 100 亩(其中蔬菜大棚 10 个,共 6 亩),苗圃 38 亩(其中 28 亩改种植棉花、油菜)。近几年,在华中农业大学专家的指导下,发展反季节蔬菜,亩产值由过去的 5000—6000 元提高到 10000—12000 元,大棚蔬菜基地被省妇联命名为"双学双比示范基地",被华中农业大学列入"服务新农村建设基地"。

张村的新农村建设成效显著。2005年,该村被列入湖北省新农村建设"百镇千村"示范村,在政策有力支持和村民积极参与下,取得了明显的建设成效:经济方面,2010年,全村工农业总产值突破了7000万元,集体年收入32万元;村民年人均纯收入达到了7180元,个人资产超过10万元的村民占60%。2012年村庄人均收入为8180元,2012年张村村两委收入总额41万元。

张村在公共服务供给方面取得了显著成效。截止2012年,相继实施了池塘(臭水沟、中心港)整修与改造、环境整治(污水处理管网、生活垃圾处理、生活污水净化等)、排污沟明沟暗化、道路硬化、村中心生态广场建设、清洁能源普及、农田水利设施、大棚蔬菜和无公害蔬菜基地建设、农业技术推广①、农超对接、农贸市场开发、村医务室建设等一系列公共服务项目,兴建了书报阅览室、阅报栏、文化活动室(活动中心)、村庄文化活动广场、医务室、老年活动中心和儿童乐园,开展了农业技术培训,组建了腰鼓队、莲厢队、太极剑队、女子健身队等队伍,取得了显著成效,荣获"湖北省新农村建设示范村"、"湖北省文明村"、"湖北省卫生村"、"湖北省宜居村庄"、"黄冈市十大秀美乡村"等荣誉称号。例如:2011年投入64万元,生活污水管网改造共计4800米,实行污水管网全覆盖,输出封闭化,通过生物净化处理,用于农业灌溉,降低了农业成本;2008年张村在华中农业大学农业专家的指导下,建设大棚蔬菜基地一个,倡导施用农家有机肥,发展无公害蔬菜120亩,改善农业生产环境,大幅提升了有机农产品的比例,提高了生产效益,截至2012年,全村主要农产品中无公害农产品种植面积达到155亩,占主要农产品种植面积的比重达到63%;通过"农超对接"项目,将本地特色农产品通过超市进入流通渠道。

第五,任村。

任村全村土地面积1860亩,其中耕地1600亩,全村共809人,240户。

---

① 例如,与华中农业大学结成合作关系,邀请相关农业技术专家指导有机农产品的生产、销售等。

村共有党员 18 名,村干部 7 人。隶属于被称为全国最大的花木生产乡镇和销售基地的鄢陵县大马乡,该乡毗邻 311 国道和 107 国道、距京广铁路和京珠高速公路 28 公里,交通便利。与该乡的经济结构相似,任村以农业和林业为主要产业,尤其以花木产销最为著名。任村 2012 年村庄人均收入为 9000 元左右,相继实施了街道硬化、环境绿化、卫生保洁、垃圾收储点及下水道建设、图书室与阅览室建设、文化广场建设、路灯装修、无塔供水系统建设、花卉苗木技术培训等项目,组建了秧歌队、锣鼓队等文艺表演队伍,荣获"省级生态示范村"、"2011 年度市级林业生态示范村"等称号。

第二,调查的组织与实施。

课题组主要采取了以下措施以保障问卷调查的有效性:首先,主要选取有相关学科背景的教师、研究生、本科生参与调查。参与调查的教师和研究生长期从事农村公共服务、乡村政治与治理等方面的理论与实证研究,参与调查的本科生均为公共管理专业的学生,且均为农村籍,对农村比较熟悉。其次,在问卷调查准备阶段对调查人员进行了培训,对调查背景、内容与注意事项(如严禁调查人员用带有明显倾向性话语进行调查)进行了详细讲解。最后,为了最小化社会称许性偏差和提高所获得数据的真实性,课题组采取了在调查问卷首页醒目处用黑体字注明"科学研究调查问卷"、"根据实际情况和您所了解的相关事实"、"答案无对错之分"、"对您所提供的情况予以保密"字样以及由调查人员进行解释等措施。

在调查过程中,对于受教育程度较高的调查对象,问卷调查采取调查人员针对性解释与调查对象自主填写问卷相结合的方式展开;对于受教育程度较低的调查对象,问卷调查则采取调查人员针对性解释、询问与交流后代填问卷的方式展开。

深度访谈对象包括体制内精英(例如乡镇干部或驻村干部、村党支部和村委会成员)、体制外精英(例如以宗族头面人物为代表的宗族精英、以乡村教师为代表的知识精英、以私营企业主为代表的经济精英)和在公共服务参与方面有代表性且愿意深入交流的农民,共深度访谈 28 人。例如,在岗村调查中,课题组对该村所属镇的党委书记与办公室主任、村党支部书记、村委会主任、村内涉农企业总经理和村民①代表分别进行了深度访谈,形成了七份访谈报告,了解了村庄的公共服务状况、公共服务决策程序与机制、公共服务中的村民参与情况等。对五个村庄的访谈材料显示,样本村主要依循"五议三公开"②程序进行公共服务决策;在公共服务决策方案制定阶段,多限于村民代表和村民小组组长参与,村民的参与有限;在公共服务决策执行阶段,村民参与形式多样(例如提意见、出工、"土专家"直接参与管理、质量监督等);在公共服务决策评估阶段,专项资金支持的项目由上级主管部门负责评估验收,村自建项目由验收组或"专班"③负责并协同非"专班"成员的村民代表、没有参加施工的"内行人"等主体评估验收。

问卷调查对象包括乡镇干部、村组干部、农村中小学教师、在家务农的农民和暂时返乡的外出务工人员、个体私营企业主等。问卷调查采用随机抽样方法按照村庄农户数量80%的比例在样本村抽取农户样本,在农户样本中选取年龄在18周岁以上且有能力代表农户意志的一个家庭成员作为调查对象,同时剔除调查期间无人在家的农户和不愿接受调查或没有能力接受调查的农户。五个村的问卷调查情况具体见表5-11。

表5-11　问卷发放情况

村庄名称	发放调查问卷数量	回收调查问卷数量	有效问卷数量	有效率(%)
湖村	246	246	243	98.8
岗村	264	264	242	91.7

---

①　本研究在应然层面用"农民"这一术语,在实然层面用"村民"这一术语。

②　"五议三公开"中的"五议"是指村民小组组长提议,党小组(村党支部下设党小组)组长和村民小组组长商议,村、组合议,党小组会议审议,群众代表会议或群众会议决议;"三公开"是指决议公开、实施过程公开、实施结果公开。由于各村的具体情况不同,各村的有关表述略有不同,但内容基本一致。例如,张村的"五议三公开"中"五议"为村党支部提议、村两委商议、驻村勤廉督导员参议、党员大会审议、村民代表会议或户代表会议表决;"三公开"为决定公开、过程公开、结果公开。

③　"专班"是指村自建公共服务项目的专门管理班子,成员主要由村民推荐的人选组成,通常包括老党员、老干部、老代表、土专家、村干部、村民代表等。例如,张村的"专班"一般由老党员、老干部、老代表、土专家和村干部五类人中各选一人组成。其中,老代表是指村庄中长期担任村民代表的村民。

村庄名称	发放调查问卷数量	回收调查问卷数量	有效问卷数量	有效率(%)
新村	286	286	255	89.2
张村	221	221	205	92.8
任村	198	198	180	90.9

第三,调查结果与有效样本基本情况。

调查最终回收问卷 1215 份,其中有效问卷 1125 份(湖村 243 份、岗村 242 份、新村 255 份、张村 205 份、任村 180 份),有效问卷率约为 92.6%。有效样本的基本情况见表 5-12。从表 5-12 可以看出,调查对象的性别结构较为合理,年龄多介于 26 岁至 50 岁之间,职业具有多元化特征,受教育程度以初中及以下为主,政治面貌以普通群众为主且兼顾中共党员、民主党

表 5-12　有效样本基本情况

类型	选项	样本数(个)	比例(%)	类型	选项	样本数(个)	比例(%)
性别	男	599	53.2	受教育程度	小学及以下	376	33.4
	女	526	46.8		初中	419	37.3
年龄	25 岁以下	155	13.8		中专或高中	212	18.8
	26—40 岁	268	23.8		大专及以上	118	10.5
	41—50 岁	328	29.2	人均纯收入	3000 元以下	186	16.5
	51—60 岁	212	18.8		3001—6000 元	251	22.3
	61 岁以上	162	14.4		6001—10000 元	289	25.8
职业	在家务农	562	50.0		10000—20000 元	258	22.9
	乡镇和村组干部	93	8.3		20001 元以上	141	12.5
	农村中小学老师	78	6.9	政治面貌	中共党员	165	14.7
	在外打工	185	16.4		民主党派成员	3	0.3
	个体私营企业主	95	8.4		普通群众	880	78.2
	其他	112	10.0		共青团员	77	6.8

派成员和共青团员,农户人均纯收入多介于3001元至20000元之间。这些情况与农村实际情况相符,样本具有较好的代表性。

第四节 量表品质检验

为了保证后续分析的有效性和可靠性,本研究首先对量表进行信度和效度分析。

一、效度检验

(一)效度检验内涵与程序

效度(Validity),即有效性,是指量表能够准确测出所需测量心理或行为特质的程度[1],主要包括内容效度(Content Validity)和建构效度(Construct Validity)。

内容效度是指量表内容反映或代表研究者所要测量的潜变量的程度[2]。如果对一个潜变量的测量涵盖了它的所有层面及意义,则所使用的量表具有良好的内容效度[3]。本研究中,问卷量表的形成具有较强的理论基础,涵盖了每个概念的主要组成部分,且在形成阶段经过了一线学者专家检视,满足内容效度的要求。

建构效度是指能够测量出理论概念的特质的程度,也就是说,实际的测验分数能解释多少某一理论概念。建构效度以一定的理论分析为基础,同时又需要通过实证数据资料来检验理论,因而是一种严谨的效度检验方法。

---

① 吴明隆:《问卷统计分析实务》,重庆大学出版社2010年版,第194页。

② Haynes, S. N., Richard, D. C., and Kubany, E. S., Content Validity in Psychological Assessment: A Functional Approach to Concepts and Methods, *Psychological Assessment*, 1995, Vol. 7, No. 3, pp. 238-247.

③ 陈晓萍、徐淑英、樊景立:《组织与管理研究的实证方法》,北京大学出版社2012年版,第335页。

在统计学中,检验建构效度较为严谨的方法是采用探索性因子分析(Exploratory Factor Analysis,EFA)和验证性因子分析(Confirmatory Factor Analysis,CFA)相结合的方法。EFA 的目标在于通过确立量表的因子结构来建立量表的建构效度,CFA 的目标在于检验 EFA 所建立的建构效度的适切性与真实性①。如果通过探索性因子分析所抽取的共同因子与理论架构的特质较为接近,则可以判定量表具有良好的建构效度。如果通过验证性因子分析表明,量表的因子结构与实际数据相契合,观测变量可以有效作为因子构建的测量变量,则建构效度具有较好的适切性与真实性。

在对量表进行探索性因子分析之前,需要进行因子分析适宜性检验,它主要通过两个指标值进行检验:取样适切性量数 KMO 值(Kaiser-Meyer-Olkin Measure of Sampling Adequacy,KMO)和 Bartlett's 球形检验结果。KMO统计量的原理是依据变量间的净相关(Partial Correlations)系数值而得,当变量之间具有相关关系时,变量间的净相关系数值会较小,若变量间的净相关系数值越小(或越接近于 0),表示变量间越具有共同因子;若变量间的净相关系数越大,表示变量间的共同因子越少,此时,不适合进行探索性因子分析②。KMO 指标值的判断准则如表 5-13。Bartlett's 球形检验主要通过检验净相关矩阵是否为单元矩阵来判断是否适合进行因子分析。所谓单元矩阵是指净相关矩阵中的非对角线数值(净相关系数)均为 0。若 Bartlett's球形检验未达到 0.05 显著性水平,则应接受虚无假设,表示净相关矩阵系数矩阵不是单元矩阵。若净相关系数矩阵是单元矩阵则表示变量间的净相关系数均为 0,变量数据适合进行探索性因子分析。

表 5-13 KMO 指标值的判断准则

KMO 统计量值	判别说明	因素分析适宜性
0.90 以上	极适合进行因子分析(marvelous)	极佳的(perfect)

---

① 吴明隆:《结构方程模型:AMOS 的操作与应用》,重庆大学出版社 2010 年版,第 212页。

② 吴明隆:《问卷统计分析实务》,重庆大学出版社 2010 年版,第 208 页。

KMO 统计量值	判别说明	因素分析适宜性
0.80 以上	适合进行因子分析(meritorious)	良好的(meritorious)
0.70 以上	尚可进行因子分析(middling)	适中的(middling)
0.60 以上	勉强可进行因子分析(mediocre)	普通的(mediocre)
0.50 以上	不适合进行因子分析(miserable)	欠佳的(miserable)
0.50 以下	非常不适合进行因子分析(unacceptable)	无法接受的(unacceptable)

注:表中的因子分析是指探索性因子分析。

根据学术界的通行做法,本研究采用探索性因子分析与验证性因子分析相结合的方法来检验量表的效度。在计量软件选取方面,本研究运用 SPSS17.0 软件进行探索性因子分析,运用 Amos6.0 软件进行验证性因子分析。

(二)能力建设量表效度检验

1.变量探索性因子分析

对能力建设量表进行因子分析适宜性检验,结果见表 5-14。从表 5-14 可以看出,取样适切性量数 KMO 值分别为 0.955,大于 0.9;Bartlett's 球形检验统计值的显著性水平均为 $p=0.000<0.05$,这表明,变量数据适宜做因子分析。

表 5-14 能力建设量表因子分析适宜性检验结果

Kaiser-Meyer-Olkin Measure of Sampling Adequacy.		0.955
Bartlett's Test of Sphericity	Approx. Chi-Square	26199.066
	df	861
	Sig.	0.000

本研究利用 SPSS17.0 软件,采用主成分分析法抽取因子,然后利用最大变异法(Varimax)进行旋转,根据特征值大于 1 的原则,能力建设量表可

以抽取 9 个因子,结果见表 5-15 和表 5-16。从表 5-15 可以看出,这 9 个因子对总方差的累积解释量为 65.254%。表 5-16 中,观测变量 *cynl*1、*cynl*2、*cynl*3、*cynl*4、*cynl*5、*cynl*6、*cynl*7 在因子 1 上具有较高的载荷值,由于这些观测变量主要反映了个体能力建设中的个体参与能力建设状况,因此,可以将因子 1 命名为个体参与能力建设因子;观测变量 *zzxt*1、*zzxt*2、*zzxt*3、*zzxt*4、*zzxt*5、*zdzc*1、*zdzc*2、*zdzc*3、*zdzc*4、*zdzc*5 在因子 2 上具有较高的载荷值,由于这些观测变量主要反映了政府组织协同能力和制度政策建设状况,因此,可以将因子 2 命名为组织与制度系统能力因子[①];观测变量 *pxss*1、*pxss*2、*pxss*3、*pxss*4、*pxss*5 在因子 3 上具有较高的载荷值,由于这些观测变量主要反映了组织能力建设中得到培训设施状况,因此,可以将因子 3 命名为培训设施因子;观测变量 *jcxt*1、*jcxt*2、*jcxt*3、*jcxt*4 在因子 4 上具有较高的载荷值,由于这些观测变量主要反映了组织能力建设中的参与式决策支持系统建设状况,因此,可以将因子 4 命名为参与式决策支持系统因子;观测变量 *pgnl*1、*pgnl*2、*pgnl*3、*pgnl*4 在因子 5 上具有较高的载荷值,由于这些观测变量主要反映了组织能力建设中的评估能力建设状况,因此,可以将因子 5 命名为评估能力因子;观测变量 *pxfs*1、*pxfs*2、*pxfs*3 在因子 6 具有较高的载荷值,由于这些观测变量主要反映了组织能力建设中的培训方式状况,因此,可以将因子 6 命名为培训方式因子;观测变量 *hzwh*1、*hzwh*2、*hzwh*3 在因子 7 上具有较高的载荷值,由于这些变量主要反映了组织能力建设中的合作性组织文化状况,因此,可以将因子 7 命名为合作性组织文化因子;观测变量 *cyys*1、*cyys*2、*cyys*3 在因子 8 上具有较高的载荷值,由于这些观测变量主要反映了个体能力建设中的个体参与意愿与意识状况,因此,可以将因子 8 命名为个体参与意识因子;观测变量 *shzb*1、*shzb*2、*shzb*3 在因子 9 上具有较高的载荷值,由于这些观测变量主要反映了环境能力建设中的社会资本状况,因此,可以将因子 9 命名为社会资本因子。

---

① 代码为 *ZZZD*。

表 5-15　能力建设量表所抽取的因子解释的总变异量

因子	初始特征值			平方和负荷量萃取			转轴平方和负荷量		
	总和	方差的%	累积%	总和	方差的%	累积%	总和	方差的%	累积%
1	14.843	35.341	35.341	14.843	35.341	35.341	4.908	11.686	11.686
2	3.324	7.915	43.257	3.324	7.915	43.257	4.901	11.669	23.355
3	1.984	4.723	47.980	1.984	4.723	47.980	4.119	9.808	33.163
4	1.596	3.799	51.779	1.596	3.799	51.779	2.807	6.683	39.846
5	1.385	3.298	55.077	1.385	3.298	55.077	2.313	5.508	45.355
6	1.170	2.785	57.863	1.170	2.785	57.863	2.244	5.344	50.699
7	1.062	2.529	60.391	1.062	2.529	60.391	2.211	5.264	55.963
8	1.037	2.470	62.861	1.037	2.470	62.861	2.052	4.885	60.848
9	1.005	2.393	65.254	1.005	2.393	65.254	1.851	4.406	65.254

表 5-16　旋转后的能力建设量表因子分析成分矩阵

观测变量代码	因子								
	1	2	3	4	5	6	7	8	9
$cynl1$	0.679	0.107	0.065	0.084	0.072	0.016	0.215	0.166	0.157
$cynl2$	0.725	0.088	0.175	0.079	0.124	-0.132	0.197	0.129	0.101
$cynl3$	0.683	0.074	0.109	-0.044	0.242	-0.157	0.291	0.018	0.094
$cynl4$	0.765	0.199	0.056	0.046	0.044	0.075	-0.017	0.166	-0.015
$cynl5$	0.776	0.158	0.057	0.074	0.091	0.144	0.038	0.114	0.006
$cynl6$	0.755	0.162	0.095	0.180	0.033	0.224	-0.021	0.073	0.045
$cynl7$	0.752	0.101	0.093	0.150	0.086	0.169	0.086	0.105	0.094
$cyys1$	0.394	0.288	0.111	0.123	0.063	0.185	0.068	0.544	0.044
$cyys2$	0.292	0.121	0.167	-0.043	0.225	0.039	0.100	0.702	0.119
$cyys3$	0.239	0.158	0.014	0.120	0.152	0.009	0.177	0.684	0.105
$pxfs1$	0.080	0.269	0.295	0.132	0.181	0.706	0.144	0.118	0.086
$pxfs2$	0.129	0.224	0.396	0.187	0.180	0.718	0.087	0.033	0.032
$pxfs3$	0.162	0.171	0.476	0.169	0.167	0.597	0.143	0.026	0.113
$pxss1$	0.094	0.212	0.744	0.085	-0.042	0.228	0.121	0.103	-0.041
$pxss2$	0.091	0.219	0.782	0.160	0.068	0.181	0.126	0.059	0.056
$pxss3$	0.113	0.176	0.821	0.178	0.131	0.072	0.052	0.039	0.071
$pxss4$	0.150	0.236	0.750	0.194	0.129	0.077	0.015	0.068	0.059

续表

观测变量代码	因子								
	1	2	3	4	5	6	7	8	9
pxss5	0.100	0.264	0.560	0.322	0.078	0.196	0.104	0.019	0.126
jcxt1	0.154	0.182	0.212	0.701	0.178	0.166	0.150	0.031	0.117
jcxt2	0.096	0.273	0.280	0.724	0.068	0.027	0.196	0.017	0.054
jcxt3	0.126	0.310	0.254	0.606	0.213	0.165	0.116	0.117	0.048
jcxt4	0.220	0.285	0.298	0.474	0.241	0.168	0.076	0.129	0.092
pgnl1	0.224	0.238	0.100	0.271	0.614	0.206	0.028	0.106	0.041
pgnl2	0.145	0.150	0.238	0.474	0.496	0.041	0.029	0.066	−0.025
pgnl3	0.131	0.139	0.065	0.116	0.775	0.040	0.089	0.143	0.094
pgnl4	0.141	0.115	0.082	0.085	0.605	0.223	0.267	0.166	0.201
hzwh1	0.311	0.208	0.103	0.176	0.030	0.333	0.502	0.245	0.171
hzwh2	0.216	0.186	0.084	0.317	0.001	0.243	0.535	0.156	0.118
hzwh3	0.135	0.099	0.112	0.110	0.229	0.144	0.625	0.318	0.167
zzxt1	0.217	0.519	0.206	0.108	0.191	−0.063	0.503	−0.063	−0.086
zzxt2	0.288	0.509	0.281	0.120	0.193	−0.050	0.461	−0.057	0.002
zzxt3	0.214	0.538	0.150	0.167	0.131	0.030	0.481	0.052	0.049
zzxt4	0.106	0.571	0.209	0.153	0.066	0.091	0.192	0.200	0.006
zzxt5	0.127	0.626	0.218	0.204	0.060	0.126	0.111	0.212	0.014
zdzc1	0.215	0.715	0.150	0.078	0.088	0.083	0.079	0.197	0.030
zdzc2	0.151	0.609	0.182	0.185	0.154	0.265	0.067	−0.026	0.136
zdzc3	0.151	0.663	0.155	0.057	0.174	0.114	0.068	0.062	0.216
zdzc4	0.103	0.687	0.167	0.194	0.066	0.137	0.016	0.055	0.262
zdzc5	0.046	0.552	0.227	0.309	0.023	0.084	0.038	0.107	0.357
shzb1	0.140	0.314	0.050	0.193	0.017	0.052	0.090	0.341	0.610
shzb2	0.124	0.159	−0.056	0.083	0.052	−0.050	0.174	0.267	0.677
shzb3	0.111	0.103	0.193	−0.029	0.215	0.184	−0.006	−0.189	0.683

可以看出，通过因子分析所抽取的这9个共同因子与理论架构的特质基本上是一致的，除政府组织协同能力和制度政策两个潜变量与理论架构的特质稍有不同之外。但是，政府组织系统能力和制度政策两个潜变量之间具有较强的内在关联性，在理论上可以合并在一起，在实践上也常常是相互联系在一起的。因此，整体上，根据探索性因子分析结果，可以初步判断，

能力建设量表具有良好的建构效度。

2.验证性因子分析

根据前述文献研究、理论研究和探索性因子分析结果,可以判定,能力建设量表具有良好的建构效度,能力建设由个体参与能力、个体参与意识、培训方式和内容、培训设施、参与式决策支持系统、评估能力、合作性组织文化、组织与制度系统能力、社会资本组成。为了进一步检验能力建设量表的建构效度的适切性与真实性,本研究在探索性因子分析基础上,采用Amos6.0软件对能力建设进行验证性因子分析以进一步检验效度。

第一,测量模型参数估计。

本研究使用极大似然法(Maximum Likelihood Estimates,MLE)进行参数估计,得到的参数估计结果如表5-17、表5-18和表5-19所示。

表5-17 能力建设各观测变量与潜变量之间的回归系数估计结果

变量间关系			非标准化回归系数	标准误	临界比	显著性 p 值	标准化回归系数
cynl7	←	CYNL	1.000				0.758
cynl6	←	CYNL	0.952	0.033	28.507	***	0.744
cynl5	←	CYNL	1.003	0.038	26.563	***	0.802
cynl4	←	CYNL	0.940	0.037	25.497	***	0.763
cynl3	←	CYNL	0.843	0.040	21.218	***	0.653
cynl2	←	CYNL	0.925	0.040	23.108	***	0.706
cynl1	←	CYNL	0.869	0.039	22.446	***	0.703
cyys3	←	CYYS	1.000				0.614
cyys2	←	CYYS	1.163	0.060	19.476	***	0.672
cyys1	←	CYYS	1.337	0.074	18.096	***	0.759
pxss5	←	PXSS	1.000				0.760
pxss4	←	PXSS	1.054	0.041	25.524	***	0.784
pxss3	←	PXSS	1.076	0.043	24.904	***	0.771
pxss2	←	PXSS	1.096	0.043	25.258	***	0.776
pxss1	←	PXSS	1.015	0.047	21.767	***	0.735

续表

变量间关系			非标准化回归系数	标准误	临界比	显著性 p 值	标准化回归系数
jcxt4	←	JCXT	1.000				0.745
jcxt3	←	JCXT	1.084	0.042	25.526	***	0.790
jcxt2	←	JCXT	1.005	0.043	23.157	***	0.722
jcxt1	←	JCXT	0.944	0.042	22.410	***	0.701
zdzc5	←	ZZZD	1.000				0.668
zdzc4	←	ZZZD	1.068	0.045	24.003	***	0.701
zdzc3	←	ZZZD	1.029	0.051	20.298	***	0.685
zdzc2	←	ZZZD	1.115	0.054	20.755	***	0.702
zdzc1	←	ZZZD	1.116	0.055	20.136	***	0.732
zzxt5	←	ZZZD	1.047	0.051	20.428	***	0.690
zzxt4	←	ZZZD	0.952	0.050	19.059	***	0.636
hzwh3	←	HZWH	1.000				0.643
hzwh2	←	HZWH	1.106	0.060	18.306	***	0.676
hzwh1	←	HZWH	1.189	0.060	19.828	***	0.759
pgnl4	←	PGNL	1.000				0.681
pgnl3	←	PGNL	0.982	0.055	17.923	***	0.639
pgnl2	←	PGNL	1.047	0.060	17.332	***	0.672
pgnl1	←	PGNL	1.119	0.057	19.757	***	0.729
zzxt3	←	ZZXT	1.013	0.050	20.117	***	0.678
zzxt2	←	ZZXT	1.021	0.052	19.673	***	0.661
zzxt1	←	ZZXT	0.917	0.050	18.181	***	0.606
pxfs1	←	PXFS	1.000				0.848
pxfs2	←	PXFS	1.081	0.029	37.201	***	0.906
pxfs3	←	PXFS	0.883	0.029	30.851	***	0.784
shzb3	←	SHZB	1.000				0.391
shzb2	←	SHZB	1.237	0.113	10.908	***	0.640
shzb1	←	SHZB	1.759	0.157	11.226	***	0.790

注：$^{*}p<0.05$；$^{**}p<0.01$；$^{***}p<0.001$；符号"←"表示变量之间的作用方向。

表 5-18　能力建设协方差估计结果

变量间关系			参数估计值	标准误	临界比	显著性 p 值
CYNL	↔	CYYS	0.310	0.023	13.285	***
CYNL	↔	PXSS	0.245	0.024	10.193	***
CYNL	↔	JCXT	0.272	0.023	11.732	***
CYNL	↔	PGNL	0.255	0.022	11.801	***
CYNL	↔	HZWH	0.256	0.020	12.767	***
CYNL	↔	ZZZD	0.267	0.022	12.337	***
CYNL	↔	PXFS	0.297	0.028	10.600	***
CYNL	↔	SHZB	0.138	0.017	8.287	***
CYYS	↔	PXSS	0.212	0.021	9.879	***
CYYS	↔	JCXT	0.239	0.021	11.278	***
CYYS	↔	PGNL	0.224	0.020	11.337	***
CYYS	↔	HZWH	0.230	0.019	12.222	***
CYYS	↔	ZZZD	0.247	0.020	12.079	***
CYYS	↔	SHZB	0.151	0.017	8.835	***
CYYS	↔	PXFS	0.267	0.025	10.505	***
PXSS	↔	JCXT	0.471	0.031	15.116	***
PXSS	↔	PGNL	0.295	0.025	11.924	***
PXSS	↔	HZWH	0.254	0.022	11.771	***
PXSS	↔	ZZZD	0.390	0.028	14.102	***
PXSS	↔	SHZB	0.120	0.017	7.199	***
PXSS	↔	PXFS	0.626	0.039	16.014	***
JCXT	↔	PGNL	0.367	0.026	14.089	***
JCXT	↔	HZWH	0.283	0.022	13.127	***
JCXT	↔	ZZZD	0.394	0.027	14.702	***
JCXT	↔	SHZB	0.154	0.018	8.531	***
JCXT	↔	PXFS	0.515	0.034	15.023	***
HZWH	↔	PGNL	0.235	0.020	11.645	***
ZZZD	↔	PGNL	0.284	0.022	12.810	***
PGNL	↔	PXFS	0.399	0.030	13.289	***
PGNL	↔	SHZB	0.132	0.016	8.268	***
ZZZD	↔	HZWH	0.269	0.020	13.212	***

续表

变量间关系			参数估计值	标准误	临界比	显著性 p 值
HZWH	↔	PXFS	0.336	0.026	12.911	***
ZZZD	↔	SHZB	0.171	0.019	9.105	***
ZZZD	↔	PXFS	0.422	0.030	13.906	***
PXFS	↔	SHZB	0.159	0.020	7.744	***
HZWH	↔	SHZB	0.138	0.016	8.858	***
e37	↔	e38	0.282	0.022	12.629	***
e1	↔	e2	0.091	0.016	5.855	***
e6	↔	e7	0.118	0.017	6.765	***
e14	↔	e15	0.137	0.022	6.101	***
e22	↔	e23	0.136	0.018	7.652	***
e22	↔	e44	0.121	0.016	7.476	***
e23	↔	e24	0.107	0.017	6.205	***
e27	↔	e28	0.143	0.019	7.503	***
e36	↔	e37	0.177	0.020	8.936	***
e36	↔	e38	0.161	0.020	8.024	***
e29	↔	e32	0.094	0.016	5.693	***
e18	↔	e19	0.127	0.020	6.397	***
e15	↔	e28	0.111	0.018	6.124	***
e13	↔	e14	0.166	0.020	8.427	***
e5	↔	e10	−0.085	0.016	−5.238	***
e15	↔	e41	0.105	0.018	5.747	***
e11	↔	e15	−0.132	0.020	−6.734	***
e5	↔	e6	0.117	0.018	6.563	***
e32	↔	e34	−0.110	0.020	−5.436	***
e22	↔	e26	−0.079	0.016	−4.935	***
e12	↔	e13	0.109	0.020	5.502	***
e5	↔	e7	0.072	0.017	4.146	***
e3	↔	e7	−0.055	0.013	−4.269	***
e8	↔	e9	0.110	0.021	5.213	***

注：* $p<0.05$；** $p<0.01$；*** $p<0.001$；符号"↔"表示变量之间的作用方向。

表 5-19　能力建设测量模型方差估计结果

参数	参数估计值	标准误	临界比	显著性 p 值
CYNL	0.547	0.038	14.299	***
CYYS	0.323	0.032	10.123	***
PXSS	0.698	0.049	14.162	***
JCXT	0.562	0.040	13.891	***
ZZZD	0.442	0.037	12.088	***
HZWH	0.298	0.027	11.096	***
PGNL	0.429	0.037	11.623	***
PXFS	10.012	0.059	17.071	***
SHZB	0.166	0.028	5.993	***
e1	0.404	0.021	19.375	***
e2	0.401	0.020	19.699	***
e3	0.307	0.017	17.986	***
e4	0.346	0.018	19.670	***
e5	0.522	0.025	21.101	***
e6	0.473	0.023	20.369	***
e7	0.424	0.022	19.321	***
e8	0.536	0.027	19.842	***
e9	0.532	0.029	18.641	***
e10	0.426	0.027	15.583	***
e11	0.512	0.028	18.608	***
e12	0.486	0.027	18.291	***
e13	0.553	0.030	18.627	***
e14	0.552	0.030	18.459	***
e15	0.612	0.033	18.480	***
e16	0.449	0.023	19.429	***
e17	0.398	0.022	17.939	***
e18	0.520	0.026	19.650	***
e19	0.519	0.026	20.065	***
e22	0.548	0.026	21.278	***
e23	0.524	0.025	21.062	***
e24	0.530	0.025	21.356	***
e25	0.567	0.027	21.207	***

续表

参数	参数估计值	标准误	临界比	显著性 p 值
$e26$	0.478	0.023	20.480	***
$e27$	0.534	0.025	21.274	***
$e28$	0.590	0.027	21.922	***
$e29$	0.423	0.021	20.203	***
$e30$	0.434	0.022	19.484	***
$e31$	0.309	0.019	16.587	***
$e32$	0.497	0.027	18.429	***
$e33$	0.600	0.029	20.528	***
$e34$	0.570	0.031	18.616	***
$e35$	0.474	0.026	18.343	***
$e36$	0.532	0.025	21.390	***
$e37$	0.592	0.027	21.577	***
$e38$	0.641	0.029	22.088	***
$e39$	0.396	0.023	16.967	***
$e40$	0.258	0.021	12.196	***
$e41$	0.494	0.025	19.705	***
$e43$	0.365	0.020	18.336	***
$e44$	0.309	0.028	11.170	***

注：$^*p<0.05$；$^{**}p<0.01$；$^{***}p<0.001$。

第二，测量模型基本适配度评估。

表 5-17 为能力建设各观测变量与潜变量之间的回归系数估计结果。由于本研究在模型设定上将"$cynl7 \leftarrow CYNL$"、"$cyys3 \leftarrow CYYS$"、"$pxss5 \leftarrow PXSS$"、"$jcxt4 \leftarrow JCXT$"、"$zdzc5 \leftarrow ZZZD$"、"$hzwh3 \leftarrow HZWH$"、"$pgnl4 \leftarrow PGNL$"、"$pxfs1 \leftarrow PXFS$"、"$shzb3 \leftarrow SHZB$"的非标准化回归系数设为固定参数,固定参数数值为 1,所以这 9 个参数不需要进行路径系数显著性检验,其标准误、临界比、显著性 p 值均空白。表 5-17 中,模型内每个估计参数都达到了 0.001 的显著性水平,它们的标准误均很小,其数值介于 0.029—0.157,这表明模型无界定错误问题;除"$gdgb9 \leftarrow gdgb10$"的标准化回归系数为 0.391 外,其他的回归系数均大于 0.5,表明观测变量能够有效反映其要

测得的构念特质,能力建设测量模型的基本适配度良好。

表 5-18 和表 5-19 分别为能力建设测量模型协方差估计结果和方差估计结果。表 5-19 中,潜变量和观测变量的测量误差值均为正数且达到 0.001 显著性水平,它们的标准误估计值均很小,介于 0.017—0.059,表示无模型界定错误问题。参数估计值中没有出现负的误差方差且标准误估计值很小,表示能力建设测量模型的基本适配度良好。

综合考量能力建设测量模型参数估计结果,可以发现:模型内每个估计参数都达到了 0.001 显著性水平,这表明模型的内在质量理想;估计参数标准误均很小,且没有出现负的误差方差,这表明假设的理论模型没有违反辨认规则[1]。因此,可以判定,能力建设测量模型的基本适配度良好。

第三,测量模型整体模型适配度评估。

表 5-20 为能力建设的验证性因子分析的整体模型适配度检验结果摘要表。从表 5-20 可以看出,在整体模型适配度方面,除 AGFI 值和 RFI 值未达标外,其余的绝对适配指标值、增值适配度指标值和简约适配度指标值均符合模型适配标准。AGFI 值和 RFI 值分别为 0.888 和 0.898,虽然未大于 0.90,但接近于 0.90。因此,整体上,可以判定,理论模型与实际数据的适配度良好。

表 5-20　能力建设的验证性因子分析的整体模型适配度检验结果

检验统计量	适配标准	检验结果数据	模型适配判断
绝对适配度指标			
GFI 值	>0.90	0.906	是
AGFI 值	>0.90	0.888	否
RMR 值	<0.05	0.043	是
RMSEA 值	<0.05(良好);<0.08(合理)	0.044	是
增值适配度指标			
NFI 值	>0.90	0.910	是

---

[1]　参见 Hair,J. F. Jr.,Anderson,R. E.,Tatham,R. L.,and Black,W. C.,*Multivariate Data Analysis with Reading* (3rd ed.),New York:Macmillan Publishing Company,1992。

续表

检验统计量	适配标准	检验结果数据	模型适配判断
RFI 值	>0.90	0.898	否
CFI 值	>0.90	0.937	是
TLI 值	>0.90	0.928	是
简约适配度指标			
χ^2/df 值	$1<\chi^2/df$ 值<3,良好;$3<\chi^2/df$ 值<5,可以接受;$5<\chi^2/df$ 值,不佳	3.138	可以接受
PNFI 值	>0.50	0.802	是
PGFI 值	>0.50	0.761	是

注:评价标准参考了吴明隆①的研究成果。

此外,能力建设的测量模型中没有发生观测变量横跨两个潜变量的情形,之前建构的不同观测变量均落在预期的因子构念上面,这表明测量模型具有良好的区别效度。

综上所述,验证性因子分析结果表明,能力建设量表的建构效度具有良好的适切性和真实性。

(三)社会学习量表效度检验

1.探索性因子分析

本研究运用 SPSS17.0 软件,对社会学习量表进行因子分析适宜性检验,结果见表 5-21。从表 5-21 可以看出,取样适切性量数 KMO 值分别为 0.960,大于 0.9;Bartlett's 球形检验统计值的显著性水平均为 $p=0.000<0.05$,这表明,变量数据适宜做因子分析。

表 5-21　社会学习量表因子分析适宜性检验结果

Kaiser-Meyer-Olkin Measure of Sampling Adequacy.		**0.960**
Bartlett's Test of Sphericity	Approx. Chi-Square	28986.666
	df	1431
	Sig.	0.000

① 吴明隆:《结构方程模型:AMOS 的操作与应用》,重庆大学出版社 2010 年版。

本研究采用主成分分析法抽取因子，然后利用最大变异法(Varimax)进行旋转，根据特征值大于 1 的原则，能力建设量表可以抽取 10 个因子，结果见表 5-22 和表 5-23。从表 5-22 可以看出，这 10 个因子对总方差的累积解释量为 59.194%。表 5-23 中，观测变量 $jhpd1$、$jhpd2$、$jhpd3$、$jhpd4$、$jhpd5$、$jhpd6$、$jhpd7$ 在因子 1 上具有较高的载荷值，由于这些观测变量主要反映了社会学习机制中多元主体之间的机会平等状况，因此，可以将因子 1 命名为机会平等因子；观测变量 $gdgb1$、$gdgb2$、$gdgb3$、$gdgb4$、$gdgb5$、$gdgb6$、$gdgb7$、$gdgb8$、$gdgb9$、$gdgb10$、$gdgb11$、$gdgb12$ 在因子 2 上具有较高的载荷值，由于这些观测变量主要反映了社会学习过程中多元主体之间的观点明晰与改变状况，因此，可以将因子 2 命名为观点的明晰与改变因子；观测变量 $xxjl1$、$xxjl2$、$xxjl3$、$xxjl4$、$xxjl5$、$xxjl6$、$xxjl7$、$xxjl8$ 在因子 3 上具有较高的载荷值，由于这些观测变量主要反映了社会学习过程中多元主体之间的信息交流状况，因此，可以将因子 3 命名为信息交流因子；观测变量 $xszdh1$、$xszdh2$、$xszdh3$、$xszdh4$、$xszdh5$、$xszdh6$、$xszdh7$ 在因子 4 上具有较高的载荷值，由于这些观测变量主要反映了社会学习过程中的协商讨论制度化状况，因此，可以将因子 4 命名为协商讨论制度化因子；观测变量 $ztbr1$、$ztbr2$、$ztbr3$、$ztbr4$ 在因子 5 上具有较高的载荷值，由于这些观测变量主要反映了社会学习机制中的决策参与主体包容性状况，因此，可以将因子 5 命名为决策参与主体包容性因子；观测变量 $zthz1$、$zthz2$、$zthz3$、$zthz4$ 在因子 6 上具有较高的载荷值，由于这些观测变量主要反映了社会学习目标中多元主体之间的合作关系状况，因此，可以将因子 6 命名为主体之间合作关系因子；观测变量 $nlpd1$、$nlpd2$、$nlpd3$、$nlpd4$ 在因子 7 上具有较高的载荷值，由于这些观测变量主要反映了社会学习机制中多元主体之间的能力平等状况，因此，可以将因子 7 命名为能力平等因子；观测变量 $pdyx1$、$pdyx2$、$pdyx3$、$pdyx4$ 在因子 8 上具有较高的载荷值，由于这些观测变量主要反映了社会学习机制中多元主体之间影响机会是否平等的状况，因此，可以将因子 8 命名为平等的影响机会因子；观测变量 $jtjc1$、$jtjc2$ 在因子 9 上具有较高的载荷值，由于这些观测变量主要反映了社会学习目标中集体决策与行动能否达成的状况，因此，可以将因子 9

命名为集体决策与行动因子；观测变量 *lxjl*1、*lxjl*2 在因子 10 上具有较高的载荷值，由于这些观测变量主要反映了社会学习机制中多元主体之间的理性化交流状况，因此，可以将因子 10 命名为理性化交流因子。

可以看出，通过因子分析所抽取的这 10 个共同因子与理论架构的特质是一致的。因此，整体上，根据探索性因子分析结果，可以初步判断，社会学习量表具有良好的建构效度。

表5-22 社会学习量表所抽取的因子解释的总变异量

因子	初始特征值			平方和负荷量萃取			转轴平方和负荷量		
	总和	方差的%	累积%	总和	方差的%	累积%	总和	方差的%	累积%
1	16.604	30.748	30.748	16.604	30.748	30.748	5.292	9.800	9.800
2	3.851	7.131	37.879	3.851	7.131	37.879	5.114	9.471	19.271
3	2.214	4.100	41.979	2.214	4.100	41.979	4.799	8.886	28.157
4	1.734	3.212	45.191	1.734	3.212	45.191	3.631	6.724	34.881
5	1.571	2.909	48.100	1.571	2.909	48.100	2.688	4.977	39.858
6	1.506	2.789	50.889	1.506	2.789	50.889	2.545	4.714	44.571
7	1.302	2.410	53.299	1.302	2.410	53.299	2.338	4.330	48.901
8	1.094	2.026	55.325	1.094	2.026	55.325	1.868	3.460	52.361
9	1.076	1.992	57.318	1.076	1.992	57.318	1.864	3.452	55.813
10	1.013	1.877	59.194	1.013	1.877	59.194	1.826	3.381	59.194

表5-23 旋转后的社会学习量表因子分析成分矩阵

观测变量代码	因子									
	1	2	3	4	5	6	7	8	9	10
*ztbr*1	0.172	0.071	0.028	0.236	0.597	0.085	0.057	0.081	0.031	0.292
*ztbr*2	0.149	0.143	0.227	0.146	0.774	0.044	0.130	0.038	0.111	0.039
*ztbr*3	0.115	0.159	0.279	0.117	0.763	0.097	0.104	-0.011	0.150	-0.010
*ztbr*4	0.196	0.148	0.103	0.201	0.656	0.066	0.103	0.118	-0.034	0.176
*lxjl*1	0.163	0.205	0.169	0.134	0.218	0.107	0.122	0.071	0.072	0.583
*lxjl*2	0.216	0.127	0.111	0.092	0.203	0.080	0.246	0.253	-0.098	0.587
*nlpd*1	0.240	0.139	0.062	0.195	-0.014	0.067	0.637	0.147	-0.007	-0.011

续表

观测变量代码	因子									
	1	2	3	4	5	6	7	8	9	10
*nlpd*2	0.153	0.150	0.102	-0.043	0.114	0.135	0.723	-0.023	0.023	0.154
*nlpd*3	0.296	0.199	0.096	0.150	0.157	0.089	0.572	0.090	-0.022	-0.028
nlpd 4	0.272	0.216	0.031	0.134	0.175	0.076	0.529	0.106	0.043	0.171
*jhpd*1	0.618	0.167	0.063	0.142	0.075	0.100	0.270	0.162	0.026	0.047
*jhpd*2	0.634	0.103	0.247	0.049	0.147	0.036	0.111	0.115	0.159	0.062
*jhpd*3	0.728	0.074	0.152	0.111	0.010	0.054	0.069	0.012	0.066	0.137
*jhpd*4	0.766	0.113	0.064	0.165	0.121	0.083	0.155	-0.011	-0.032	0.103
*jhpd*5	0.772	0.128	0.067	0.157	0.084	0.056	0.092	0.118	-0.007	0.067
*jhpd*6	0.714	0.158	0.071	0.144	0.102	0.111	0.165	0.127	-0.033	0.061
*jhpd*7	0.702	0.140	0.114	0.113	0.152	0.093	0.074	0.149	-0.006	0.001
*pdyx*1	0.403	0.055	0.046	0.253	0.126	0.038	0.058	0.611	0.111	0.162
*pdyx*2	0.362	0.173	0.045	0.226	0.043	0.140	0.135	0.529	-0.004	-0.013
*pdyx*3	0.440	0.130	0.106	0.242	0.076	0.074	0.176	0.515	0.150	0.142
*pdyx*4	0.360	0.079	0.153	0.240	0.100	0.066	0.218	0.496	0.154	0.201
*xszdh*1	0.224	0.053	0.162	0.686	0.093	-0.028	0.222	0.005	0.146	0.129
*xszdh*2	0.223	0.081	0.165	0.742	0.136	-0.036	0.166	0.040	0.109	0.059
*xszdh*4	0.146	0.098	0.191	0.598	0.189	-0.008	0.128	0.155	0.244	0.122
*xszdh*3	0.080	0.085	0.224	0.492	0.181	-0.109	0.026	0.115	0.271	0.346
*xszdh*5	0.117	0.245	0.193	0.597	0.099	0.293	-0.067	0.162	-0.093	0.048
*xszdh*6	0.257	0.227	0.135	0.569	0.152	0.291	0.021	0.235	-0.075	-0.016
*xszdh*7	0.229	0.225	0.111	0.551	0.186	0.244	-0.005	0.156	-0.053	-0.032
*xxjl*1	0.070	0.088	0.652	0.129	0.145	0.217	0.044	0.135	-0.041	0.138
*xxjl*2	0.149	0.229	0.590	0.201	0.136	0.169	-0.037	0.158	-0.030	0.204
*xxjl*3	0.141	0.279	0.647	0.121	0.061	0.108	-0.036	0.123	-0.113	0.213
*xxjl*4	0.185	0.192	0.603	0.160	0.008	0.169	0.091	0.065	0.103	-0.099
*xxjl*5	0.100	0.214	0.727	0.092	0.076	0.092	0.070	0.026	0.137	0.015
*xxjl*6	0.083	0.231	0.711	0.076	0.133	0.085	0.105	-0.046	0.180	0.027
*xxjl*7	0.088	0.170	0.679	0.088	0.135	0.057	0.065	-0.039	0.195	0.057
*xxjl*8	0.071	0.256	0.517	0.183	0.140	0.186	0.174	-0.126	0.131	0.067
*gdgb*1	0.064	0.566	0.336	0.168	0.026	0.094	0.060	0.033	0.001	0.066
*gdgb*2	0.049	0.612	0.215	0.200	0.145	0.076	0.160	0.032	-0.031	-0.052

续表

观测变量代码	因子									
	1	2	3	4	5	6	7	8	9	10
gdgb3	0.144	0.690	0.192	0.087	0.091	0.003	0.102	0.120	0.029	0.073
gdgb4	0.164	0.694	0.111	−0.007	0.089	0.040	0.228	0.098	0.100	0.087
gdgb5	0.137	0.725	0.104	0.028	0.096	0.104	0.183	0.092	0.033	−0.006
gdgb6	0.044	0.602	0.174	0.041	0.124	0.104	0.204	0.129	0.246	−0.076
gdgb7	0.206	0.475	0.227	0.092	0.001	0.217	0.097	−0.208	0.062	0.267
gdgb8	0.180	0.527	0.198	0.192	0.018	0.195	0.003	−0.274	0.152	0.264
gdgb9	0.152	0.488	0.272	0.165	0.057	0.156	−0.007	−0.159	0.178	0.371
gdgb10	0.167	0.506	0.294	0.141	0.083	0.166	−0.104	0.097	0.159	0.217
gdgb11	0.227	0.441	0.266	0.172	0.077	0.267	−0.064	0.062	0.231	0.281
gdgb12	0.193	0.409	0.233	0.181	0.164	0.211	−0.040	0.134	0.172	0.268
zthz1	0.128	0.160	0.263	0.082	0.067	0.672	0.079	0.094	0.224	0.162
zthz2	0.071	0.147	0.209	0.058	0.065	0.705	0.096	0.018	0.152	0.089
zthz3	0.148	0.154	0.219	0.058	0.049	0.654	0.241	0.060	0.074	0.033
zthz4	0.223	0.276	0.248	0.090	0.214	0.451	0.005	−0.005	0.288	−0.128
jtjc1	0.038	0.176	0.223	0.133	0.053	0.241	−0.023	0.028	0.706	0.032
jtjc2	0.008	0.212	0.130	0.110	0.118	0.224	0.037	0.111	0.709	0.039

2.验证性因子分析

根据前述文献研究、理论研究和探索性因子分析结果,可以判定,社会学习量表具有良好的建构效度,社会学习由决策参与主体包容性、理性化交流、能力平等、机会平等、平等的影响机会、协商讨论的制度化、信息交流、观点的明晰与改变、主体之间合作关系、集体决策与行动组成。为了进一步检验社会学习量表的建构效度的适切性与真实性,本研究在探索性因子分析基础上,采用 Amos6.0 软件对社会学习进行验证性因子分析以进一步检验效度。

第一,测量模型参数估计。

本研究使用极大似然法进行参数估计,得到的参数估计结果见表 5-24、表 5-25 和表 5-26。

表 5-24　社会学习各观测变量与潜变量之间的回归系数估计结果

变量间关系			非标准化回归系数	标准误	临界比	显著性 p 值	标准化回归系数
ztbr4	←	ZTBR	1.000				0.668
ztbr3	←	ZTBR	1.091	0.049	22.193	***	0.801
ztbr2	←	ZTBR	1.086	0.048	22.584	***	0.825
ztbr1	←	ZTBR	0.779	0.045	17.468	***	0.596
lxjl2	←	LXJL	1.000				0.681
lxjl1	←	LXJL	0.926	0.056	16.546	***	0.678
nlpd4	←	NLPD	1.000				0.653
nlpd3	←	NLPD	0.960	0.054	17.828	***	0.680
nlpd2	←	NLPD	0.916	0.056	16.249	***	0.600
nlpd1	←	NLPD	0.929	0.056	16.549	***	0.614
jhpd4	←	JHPD	1.000				0.767
jhpd3	←	JHPD	0.850	0.039	21.960	***	0.665
jhpd2	←	JHPD	0.797	0.039	20.303	***	0.624
jhpd1	←	JHPD	0.999	0.043	23.463	***	0.714
pdyx4	←	PDYX	1.000				0.738
pdyx3	←	PDYX	1.094	0.044	25.024	***	0.794
pdyx2	←	PDYX	0.882	0.044	20.052	***	0.634
pdyx1	←	PDYX	1.150	0.049	23.449	***	0.741
xszdh7	←	XSZDH	1.000				0.622
xszdh6	←	XSZDH	0.985	0.049	20.039	***	0.652
xszdh5	←	XSZDH	0.856	0.051	16.928	***	0.614
xszdh3	←	XSZDH	0.861	0.051	16.809	***	0.606
xxjl8	←	XXJL	1.000				0.654
xxjl7	←	XXJL	1.071	0.053	20.263	***	0.701
xxjl6	←	XXJL	1.223	0.056	21.691	***	0.763
xxjl5	←	XXJL	1.155	0.054	21.373	***	0.749
zthz4	←	ZTHZ	1.000				0.647
zthz3	←	ZTHZ	0.951	0.053	17.884	***	0.648
zthz2	←	ZTHZ	0.932	0.050	18.583	***	0.681
zthz1	←	ZTHZ	1.147	0.057	20.266	***	0.771

续表

变量间关系			非标准化回归系数	标准误	临界比	显著性 p 值	标准化回归系数
jtjc2	←	*JTJC*	1.000				0.752
jtjc1	←	*JTJC*	0.997	0.055	18.279	***	0.774
jhpd5	←	*JHPD*	1.036	0.035	29.907	***	0.796
jhpd6	←	*JHPD*	0.990	0.039	25.182	***	0.759
jhpd7	←	*JHPD*	0.907	0.039	23.355	***	0.709
xszdh4	←	*XSZDH*	1.037	0.055	18.850	***	0.706
xszdh2	←	*XSZDH*	1.034	0.055	18.842	***	0.710
xszdh1	←	*XSZDH*	0.996	0.056	17.884	***	0.663
xxjl4	←	*XXJL*	1.083	0.058	18.827	***	0.643
xxjl3	←	*XXJL*	1.008	0.053	19.016	***	0.652
xxjl2	←	*XXJL*	1.011	0.054	18.631	***	0.638
xxjl1	←	*XXJL*	0.940	0.053	17.881	***	0.609
gdgb1	←	*GDGB*	1.000				0.608
gdgb2	←	*GDGB*	0.974	0.051	18.914	***	0.585
gdgb3	←	*GDGB*	1.019	0.059	17.169	***	0.616
gdgb4	←	*GDGB*	1.074	0.063	17.048	***	0.610
gdgb5	←	*GDGB*	1.109	0.065	16.982	***	0.609
gdgb6	←	*GDGB*	1.073	0.064	16.812	***	0.599
gdgb7	←	*GDGB*	1.073	0.063	17.039	***	0.609
gdgb8	←	*GDGB*	1.128	0.065	17.403	***	0.629
gdgb9	←	*GDGB*	1.160	0.063	18.447	***	0.677
gdgb10	←	*GDGB*	1.206	0.065	18.497	***	0.678
gdgb11	←	*GDGB*	1.304	0.069	19.022	***	0.707
gdgb12	←	*GDGB*	1.183	0.067	17.755	***	0.645

注：* $p<0.05$；** $p<0.01$；*** $p<0.001$；符号"←"表示变量之间的作用方向。

表5-25　社会学习协方差估计结果

变量间关系			参数估计值	标准误	临界比	显著性 p 值
ZTBR	↔	*LXJL*	0.276	0.024	11.556	***
ZTBR	↔	*NLPD*	0.224	0.021	10.807	***

变量间关系			参数估计值	标准误	临界比	显著性 p 值
ZTBR	↔	JHPD	0.252	0.023	10.971	***
ZTBR	↔	PDYX	0.261	0.023	11.135	***
ZTBR	↔	XSZDH	0.310	0.025	12.171	***
ZTBR	↔	XXJL	0.238	0.020	11.786	***
ZTBR	↔	ZTHZ	0.182	0.018	10.270	***
ZTBR	↔	JTJC	0.180	0.020	8.910	***
ZTBR	↔	GDGB	0.192	0.017	11.419	***
LXJL	↔	NLPD	0.255	0.022	11.349	***
LXJL	↔	JHPD	0.308	0.025	12.129	***
LXJL	↔	PDYX	0.305	0.026	11.942	***
LXJL	↔	XSZDH	0.291	0.025	11.530	***
LXJL	↔	XXJL	0.210	0.020	10.607	***
LXJL	↔	ZTHZ	0.174	0.018	9.614	***
LXJL	↔	JTJC	0.153	0.021	7.419	***
LXJL	↔	GDGB	0.212	0.018	11.784	***
NLPD	↔	JHPD	0.340	0.025	13.482	***
NLPD	↔	PDYX	0.301	0.024	12.521	***
NLPD	↔	XSZDH	0.241	0.022	10.943	***
NLPD	↔	XXJL	0.165	0.017	9.691	***
NLPD	↔	ZTHZ	0.168	0.017	10.082	***
NLPD	↔	JTJC	0.108	0.018	6.066	***
NLPD	↔	GDGB	0.177	0.016	11.232	***
JHPD	↔	PDYX	0.464	0.030	15.364	***
JHPD	↔	XSZDH	0.338	0.027	12.644	***
JHPD	↔	XXJL	0.203	0.020	10.370	***
JHPD	↔	ZTHZ	0.202	0.019	10.660	***
JHPD	↔	JTJC	0.123	0.020	6.018	***
JHPD	↔	GDGB	0.210	0.018	11.812	***
PDYX	↔	XSZDH	0.391	0.029	13.442	***
PDYX	↔	XXJL	0.197	0.020	10.093	***
PDYX	↔	ZTHZ	0.198	0.019	10.435	***

变量间关系			参数估计值	标准误	临界比	显著性 p 值
PDYX	↔	JTJC	0.168	0.021	7.894	***
PDYX	↔	GDGB	0.198	0.017	11.337	***
XSZDH	↔	XXJL	0.263	0.022	12.000	***
XSZDH	↔	ZTHZ	0.204	0.019	10.717	***
XSZDH	↔	JTJC	0.222	0.022	10.073	***
XSZDH	↔	GDGB	0.228	0.019	12.020	***
XXJL	↔	ZTHZ	0.233	0.018	12.712	***
XXJL	↔	JTJC	0.221	0.019	11.340	***
XXJL	↔	GDGB	0.240	0.018	13.345	***
ZTHZ	↔	JTJC	0.237	0.020	12.102	***
ZTHZ	↔	GDGB	0.200	0.016	12.634	***
JTJC	↔	GDGB	0.195	0.017	11.612	***
e53	↔	e54	0.104	0.016	6.515	***
e50	↔	e51	0.100	0.015	6.871	***
e49	↔	e50	0.097	0.016	6.229	***
e46	↔	e47	0.158	0.017	9.420	***
e45	↔	e46	0.133	0.015	8.871	***
e43	↔	e44	0.103	0.014	7.196	***
e41	↔	e42	0.168	0.020	8.586	***
e37	↔	e38	0.190	0.022	8.582	***
e34	↔	e35	0.115	0.018	6.468	***
e20	↔	e21	0.171	0.021	7.997	***
e19	↔	e20	0.149	0.024	6.331	***
e12	↔	e13	0.174	0.020	8.767	***
e47	↔	e48	0.091	0.016	5.764	***
e40	↔	e41	0.140	0.019	7.544	***
e14	↔	e33	−0.091	0.017	−5.435	***
e13	↔	e14	0.092	0.020	4.663	***
e11	↔	e33	0.074	0.018	4.188	***
e44	↔	e45	0.064	0.013	5.069	***
e45	↔	e47	0.086	0.015	5.811	***

变量间关系			参数估计值	标准误	临界比	显著性 p 值
$e40$	↔	$e45$	0.060	0.013	4.592	***
$e40$	↔	$e42$	0.093	0.018	5.131	***

注:$^{*}p<0.05$;$^{**}p<0.01$;$^{***}p<0.001$;符号"↔"表示变量之间的作用方向。

表 5-26 社会学习方差估计结果

参数	参数估计值	标准误	临界比	显著性 p 值
$ZTBR$	0.486	0.041	11.860	***
$LXJL$	0.424	0.040	10.733	***
$NLPD$	0.380	0.035	11.014	***
$JHPD$	0.614	0.043	14.414	***
$PDYX$	0.584	0.043	13.628	***
$XSZDH$	0.493	0.046	10.814	***
$XXJL$	0.376	0.032	11.771	***
$ZTHZ$	0.312	0.028	11.212	***
$JTJC$	0.449	0.037	12.232	***
$GDGB$	0.250	0.023	10.742	***
$e1$	0.602	0.029	20.488	***
$e2$	0.324	0.020	16.328	***
$e3$	0.269	0.018	14.994	***
$e4$	0.533	0.025	21.528	***
$e5$	0.491	0.031	16.085	***
$e6$	0.427	0.026	16.218	***
$e7$	0.510	0.027	19.182	***
$e8$	0.408	0.022	18.468	***
$e9$	0.567	0.028	20.316	***
$e10$	0.542	0.027	20.048	***
$e11$	0.431	0.023	18.664	***
$e12$	0.559	0.026	21.444	***
$e13$	0.611	0.028	21.658	***
$e14$	0.589	0.029	19.972	***

续表

参数	参数估计值	标准误	临界比	显著性 p 值
$e15$	0.489	0.025	19.339	***
$e16$	0.409	0.024	17.407	***
$e17$	0.675	0.032	21.279	***
$e18$	0.632	0.033	19.241	***
$e19$	0.780	0.037	21.165	***
$e20$	0.646	0.031	20.717	***
$e21$	0.598	0.028	21.279	***
$e22$	0.629	0.029	21.468	***
$e23$	0.502	0.023	21.487	***
$e24$	0.445	0.021	20.830	***
$e25$	0.403	0.021	19.545	***
$e26$	0.392	0.020	19.897	***
$e27$	0.432	0.021	20.316	***
$e28$	0.389	0.019	20.302	***
$e29$	0.314	0.016	19.623	***
$e30$	0.280	0.017	16.694	***
$e31$	0.344	0.025	13.529	***
$e32$	0.298	0.024	12.274	***
$e33$	0.382	0.023	16.951	***
$e34$	0.443	0.023	19.486	***
$e35$	0.499	0.024	20.456	***
$e36$	0.534	0.027	19.842	***
$e37$	0.520	0.027	19.527	***
$e38$	0.624	0.031	20.358	***
$e39$	0.627	0.029	21.623	***
$e40$	0.516	0.024	21.379	***
$e41$	0.560	0.026	21.489	***
$e42$	0.563	0.026	21.781	***
$e43$	0.426	0.019	22.046	***
$e44$	0.455	0.020	22.239	***
$e45$	0.424	0.019	22.060	***

参数	参数估计值	标准误	临界比	显著性 p 值
$e46$	0.485	0.022	21.994	***
$e47$	0.522	0.024	22.073	***
$e48$	0.515	0.023	22.142	***
$e49$	0.487	0.022	22.036	***
$e50$	0.486	0.022	21.806	***
$e51$	0.397	0.019	21.307	***
$e52$	0.426	0.020	21.347	***
$e53$	0.425	0.020	20.800	***
$e54$	0.491	0.023	21.568	***

注: $^{*}p<0.05$; $^{**}p<0.01$; $^{***}p<0.001$。

第二,测量模型基本适配度评估。

表5-24为社会学习各观测变量与潜变量之间的回归系数估计结果。由于本研究在模型设定上将"$ztbr4 \leftarrow ZTBR$"、"$lxjl2 \leftarrow LXJL$"、"$nlpd4 \leftarrow NLPD$"、"$jhpd4 \leftarrow JHPD$"、"$pgyx4 \leftarrow PDYX$、"$xszdh7 \leftarrow XSZDH$"、"$xxjl8 \leftarrow XXJL$"、"$zthz4 \leftarrow ZTHZ$"、"$jtjc2 \leftarrow JTJC$"、"$gdgb1 \leftarrow GDGB$"的非标准化回归系数设为固定参数,固定参数数值为1,所以这10个参数不需要进行路径系数显著性检验,其标准误、临界比、显著性 p 值均空白。表5-24中,模型内每个估计参数都达到了0.001的显著性水平,它们的标准误均很小,其数值介于0.035—0.069,这表明模型无界定错误问题;标准化回归系数均大于0.5,表明观测变量能够有效反映其要测得的构念特质,社会学习测量模型的基本适配度良好。

表5-25和表5-26分别为社会学习测量模型协方差估计结果和方差估计结果。表5-26中,潜变量和观测变量的测量误差值均为正数且达到0.001显著性水平,它们的标准误估计值均很小,介于0.017—0.046,表明无模型界定错误问题。参数估计值中没有出现负的误差方差且标准误估计值很小,表明社会学习测量模型的基本适配度良好。

综合考量社会学习测量模型参数估计结果,可以发现:模型内每个估计参数都达到了 0.001 显著性水平,这表明模型的内在质量理想;估计参数标准误均很小,且没有出现负的误差方差,这表明假设的理论模型没有违反辨认规则①。因此,可以判定,社会学习测量模型的基本适配度良好。

第三,测量模型整体模型适配度评估。

表 5-27 为社会学习的验证性因子分析的整体模型适配度检验结果摘要表。从表 5-27 可以看出,在整体模型适配度方面,绝对适配指标值中的 AGFI 值、增值适配度指标值中的 NFI 值和 RFI 值未大于 0.9,但都比较接近于 0.9。其余检验统计量均符合模型适配标准。因此,综合判断,理论模型与实际数据的适配度良好。

表 5-27　社会学习的验证性因子分析的整体模型适配度检验结果

检验统计量	适配标准	检验结果数据	模型适配判断
绝对适配度指标			
GFI 值	>0.90	0.902	是
AGFI 值	>0.90	0.889	否
RMR 值	<0.05	0.040	是
RMSEA 值	<0.05(良好);<0.08(合理)	0.036	是
增值适配度指标			
NFI 值	>0.90	0.892	否
RFI 值	>0.90	0.882	否
CFI 值	>0.90	0.933	是
TLI 值	>0.90	0.927	是
简约适配度指标			
χ^2/df 值	1<χ^2/df 值<3,良好;3<χ^2/df 值<5,可以接受;5<χ^2/df 值,不佳	2.432	良好
PNFI 值	>0.50	0.817	是
PGFI 值	>0.50	0.796	是

注:评价标准参考了吴明隆②的研究成果。

---

① 参见 Hair,J. F. Jr.,Anderson,R. E.,Tatham,R. L.,and Black,W. C.,*Multivariate Data Analysis with Reading* (3rd ed.),New York:Macmillan Publishing Company,1992。

② 吴明隆:《结构方程模型:AMOS 的操作与应用》,重庆大学出版社 2010 年版。

此外,社会学习的测量模型中没有发生观测变量横跨两个潜变量的情形,之前建构的不同观测变量均落在预期的因子构念上面,这表明测量模型具有良好的区别效度。

综上所述,验证性因子分析结果表明,社会学习量表的建构效度具有良好的适切性和真实性。

(四)农村公共服务决策优化量表效度检验

1.探索性因子分析

本研究运用SPSS17.0软件,对农村公共服务决策优化量表进行因子分析适宜性检验,结果见表5-28。从表5-28可以看出,取样适切性量数KMO值分别为0.947,大于0.9;Bartlett's球形检验统计值的显著性水平均为 $p=0.000<0.05$,这表明,变量数据适宜做因子分析。

表5-28　农村公共服务决策优化量表因子分析适宜性检验结果

Kaiser-Meyer-Olkin Measure of Sampling Adequacy.		0.947
Bartlett's Test of Sphericity	Approx. Chi-Square	10473.360
	df	171
	Sig.	0.000

本研究采用主成分分析法抽取因子,然后利用最大变异法(Varimax)进行旋转,根据特征值大于1的原则,农村公共服务决策优化量表可以抽取3个因子,结果见表5-29和表5-30。从表5-29可以看出,这3个因子对总方差的累积解释量为58.234%。表5-30中,观测变量 $mzh1$、$mzh2$、$mzh3$、$mzh4$、$mzh5$、$mzh6$、$mzh7$、$mzh8$ 在因子1上具有较高的载荷值,由于这些观测变量主要反映了农村公共服务决策的民主化状况,因此,可以将因子1命名为民主化因子;观测变量 $gxh1$、$gxh2$、$gxh3$、$gxh4$、$gxh5$、$gxh6$、$gxh7$ 在因子2上具有较高的载荷值,由于这些观测变量主要反映了农村公共服务决策的高效化状况,因此,可以将因子2命名为高效化因子;观测变量 $kxh1$、$kxh2$、$kxh3$ 在因子3上具有较高的载荷值,由于这些观测变量主要反映了农村公

共服务决策的科学化状况,因此,可以将因子3命名为科学化因子。

可以看出,通过因子分析所抽取的这3个共同因子与理论架构的特质是一致的。因此,整体上,根据探索性因子分析结果,可以初步判断,农村公共服务决策优化量表具有良好的建构效度。

表5-29　农村公共服务决策优化量表所抽取的因子解释的总变异量

因子	初始特征值			平方和负荷量萃取			转轴平方和负荷量		
	总和	方差的%	累积%	总和	方差的%	累积%	总和	方差的%	累积%
1	8.393	44.175	44.175	8.393	44.175	44.175	4.837	25.456	25.456
2	1.626	8.557	52.732	1.626	8.557	52.732	3.604	18.968	44.424
3	1.045	5.502	58.234	1.045	5.502	58.234	2.624	13.810	58.234

表5-30　旋转后的农村公共服务决策优化量表因子分析成分矩阵

观测变量代码	因子		
	1	2	3
kxh1	0.213	0.226	0.723
kxh2	0.135	0.191	0.722
kxh3	0.222	0.296	0.634
kxh4	0.180	0.219	0.670
gxh1	0.149	0.598	0.363
gxh2	0.201	0.742	0.219
gxh3	0.187	0.738	0.155
gxh4	0.333	0.631	0.257
gxh5	0.271	0.537	0.282
gxh6	0.385	0.625	0.189
gxh7	0.435	0.609	0.184
mzh1	0.717	0.290	0.092
mzh2	0.762	0.241	0.102
mzh3	0.760	0.241	0.121
mzh4	0.718	0.333	0.132
mzh5	0.706	0.272	0.171

观测变量代码	因子		
	1	**2**	**3**
mzh6	0.687	0.093	0.282
mzh7	0.732	0.205	0.264
mzh8	0.615	0.211	0.284

2.验证性因子分析

根据前述文献研究、理论研究和探索性因子分析结果,可以判定,农村公共服务决策优化量表具有良好的建构效度,农村公共服务决策优化由科学化、民主化和高效化组成。为了进一步检验农村公共服务决策优化量表的建构效度的适切性与真实性,本研究在探索性因子分析基础上,采用 A-mos6.0 软件对农村公共服务决策优化进行验证性因子分析以进一步检验效度。

第一,测量模型参数估计。

本研究使用极大似然法进行参数估计,得到的参数估计结果见表 5-31、表 5-32 和表 5-33。

表 5-31　农村公共服务决策优化各观测变量与潜变量之间的回归系数估计结果

变量间关系			非标准化回归系数	标准误	临界比	显著性 p 值	标准化回归系数
kxh4	←	*KXH*	1.000				0.637
kxh3	←	*KXH*	1.041	0.058	17.964	***	0.688
kxh2	←	*KXH*	0.852	0.051	16.606	***	0.618
kxh1	←	*KXH*	0.952	0.052	18.213	***	0.702
gxh7	←	*GXH*	1.000				0.716
gxh6	←	*GXH*	0.988	0.037	26.561	***	0.698
gxh5	←	*GXH*	0.830	0.042	19.799	***	0.634
gxh4	←	*GXH*	0.951	0.042	22.871	***	0.737
gxh3	←	*GXH*	0.827	0.041	19.954	***	0.643

续表

变量间关系			非标准化回归系数	标准误	临界比	显著性 p 值	标准化回归系数
$gxh2$	←	GXH	0.890	0.042	21.294	***	0.686
$gxh1$	←	GXH	0.812	0.041	19.827	***	0.635
$mzh8$	←	MZH	1.000				0.645
$mzh7$	←	MZH	1.147	0.049	23.622	***	0.734
$mzh6$	←	MZH	1.101	0.053	20.597	***	0.631
$mzh5$	←	MZH	1.171	0.056	21.036	***	0.760
$mzh4$	←	MZH	1.256	0.058	21.648	***	0.790
$mzh3$	←	MZH	1.239	0.059	21.106	***	0.764
$mzh2$	←	MZH	1.134	0.058	19.702	***	0.735
$mzh1$	←	MZH	1.128	0.058	19.410	***	0.730

注：$^*p<0.05$；$^{**}p<0.01$；$^{***}p<0.001$；符号"←"表示变量之间的作用方向。

表 5-32　农村公共服务决策优化协方差估计结果

变量间关系			参数估计值	标准误	临界比	显著性 p 值
科学化	↔	高效化	0.309	0.022	13.782	***
科学化	↔	民主化	0.231	0.019	12.084	***
高效化	↔	民主化	0.359	0.025	14.241	***
e18	↔	e19	0.143	0.017	8.551	***
e17	↔	e18	0.103	0.016	6.411	***
e13	↔	e14	0.173	0.022	7.967	***
e12	↔	e19	−0.064	0.017	−3.797	***
e12	↔	e18	−0.045	0.016	−2.837	.005
e12	↔	e14	0.147	0.024	6.223	***
e12	↔	e13	0.128	0.019	6.585	***
e9	↔	e10	0.100	0.016	6.252	***
e5	↔	e6	0.152	0.018	8.395	***

注：$^*p<0.05$；$^{**}p<0.01$；$^{***}p<0.001$；符号"↔"表示变量之间的作用方向。

表 5-33 农村公共服务决策优化方差估计结果

参数	参数估计值	标准误	临界比	显著性 p 值
科学化	0.311	0.029	10.811	***
高效化	0.485	0.037	13.146	***
民主化	0.420	0.037	11.393	***
e1	0.454	0.023	19.927	***
e2	0.375	0.020	18.711	***
e3	0.366	0.018	20.307	***
e4	0.290	0.016	18.287	***
e5	0.461	0.023	20.098	***
e6	0.498	0.024	20.410	***
e7	0.496	0.023	21.563	***
e8	0.370	0.019	19.889	***
e9	0.471	0.022	21.260	***
e10	0.431	0.021	20.685	***
e11	0.472	0.022	21.553	***
e12	0.589	0.028	21.009	***
e13	0.473	0.023	20.282	***
e14	0.772	0.036	21.657	***
e15	0.423	0.021	20.029	***
e16	0.398	0.021	19.199	***
e17	0.459	0.023	19.784	***
e18	0.461	0.023	20.077	***
e19	0.470	0.023	20.377	***

注: $^*p<0.05$; $^{**}p<0.01$; $^{***}p<0.001$ 。

第二,测量模型基本适配度评估。

表 5-31 为农村公共服务决策优化量表的各观测变量与潜变量之间的回归系数估计结果。由于本研究在模型设定上将"$kxh4 \leftarrow KXH$"、"$gxh7 \leftarrow GXH$"、"$mzh8 \leftarrow MZH$"的非标准化回归系数设为固定参数,固定参数数值为 1,所以这 3 个参数不需要进行路径系数显著性检验,其标准误、临界比、显著性 p 值均空白。表 5-31 中,模型内每个估计参数都达到了 0.001 的显著

性水平,它们的标准误均很小,其数值介于 0.037—0.059,这表明模型无界定错误问题;标准化回归系数均大于 0.5,表明观测变量能够有效反映其要测得的构念特质,农村公共服务决策优化测量模型的基本适配度良好。

表 5-32 和表 5-33 分别为农村公共服务决策优化测量模型协方差估计结果和方差估计结果。表 5-33 中,潜变量和观测变量的测量误差值均为正数且达到 0.001 显著性水平,它们的标准误估计值均很小,介于 0.016—0.037,表明无模型界定错误问题。参数估计值中没有出现负的误差方差且标准误估计值很小,表明农村公共服务决策优化测量模型的基本适配度良好。

综合考量农村公共服务决策优化测量模型参数估计结果,可以发现:模型内每个估计参数都达到了 0.001 显著性水平,这表明模型的内在质量理想;估计参数标准误均很小,且没有出现负的误差方差,这表明假设的理论模型没有违反辨认规则[①]。因此,可以判定,农村公共服务决策优化测量模型的基本适配度良好。

第三,测量模型整体模型适配度评估。

表 5-34 为农村公共服务决策优化的验证性因子分析的整体模型适配度检验结果摘要表。从表 5-34 可以看出,在整体模型适配度方面,绝对适配指标值、增值适配度指标值和简约适配度指标值均符合模型适配标准,这表明理论模型与实际数据的适配度良好。

表 5-34　农村公共服务决策优化的验证性因子分析的整体模型适配度检验结果

检验统计量	适配标准	检验结果数据	模型适配判断
绝对适配度指标			
GFI 值	>0.90	0.963	是
AGFI 值	>0.90	0.950	是
RMR 值	<0.05	0.027	是

① 参见 Hair,J. F. Jr.,Anderson,R. E.,Tatham,R. L.,and Black,W. C.,*Multivariate Data Analysis with Reading* (3rd ed.),New York:Macmillan Publishing Company,1992。

检验统计量	适配标准	检验结果数据	模型适配判断
RMSEA 值	<0.05(良好);<0.08(合理)	0.042	是
增值适配度指标			
NFI 值	>0.90	0.960	是
RFI 值	>0.90	0.951	是
CFI 值	>0.90	0.973	是
TLI 值	>0.90	0.967	是
简约适配度指标			
χ^2/df 值	$1<\chi^2/df$ 值<3,良好;$3<\chi^2/df$ 值<5,可以接受;$5<\chi^2/df$ 值,不佳	2.992	良好
PNFI 值	>0.50	0.786	是
PGFI 值	>0.50	0.710	是

注:评价标准参考了吴明隆①的研究成果。

此外,农村公共服务决策优化的测量模型中没有发生观测变量横跨两个潜变量的情形,之前建构的不同观测变量均落在预期的因子构念上面,这表明测量模型具有良好的区别效度。

综上所述,验证性因子分析结果表明,农村公共服务决策优化量表的建构效度具有良好的适切性和真实性。

二、信度检验

（一）信度检验的内涵与程序

在进行完效度检验后,需要进行信度检验。所谓信度是指量表测验结果的稳定性(Stability)和一致性(Consistency)②。它所指涉的是测验结果,而非测量工具。由于调查对象的不同和时间、环境等干扰因素的存在,测量工具的每次测验结果亦会有所不同。因此,在研究过程中,即使所使用的是

① 吴明隆:《结构方程模型:AMOS 的操作与应用》,重庆大学出版社 2010 年版。
② 吴明隆:《问卷统计分析实务》,重庆大学出版社 2010 年版,第 237 页。

已有量表,也需要进行信度检验。

信度检验的目标在于检测测量结果的一致性和稳定性,或者说在于检测测量的误差程度。当测量结果中测量误差所占比例较小时,测量结果中的真实特质部分的比例便会较大,信度系数值因此也会较高;当测量结果中测量误差所占比例较大时,测量结果中的真实特质部分的比例便会较小,信度系数值因此也会较低。

信度主要包括外在信度(External Reliability)和内在信度(Internal Reliability)。其中,外在信度主要是指在不同时间对相同调查对象进行调查时所测得的结果的异质性程度,它最常用的检验方法为再测信度法;内在信度主要是指每一个量表是否测量单一概念(Idea),以及组成量表题项的内在一致性程度如何[1],常用的检验方法为 Cronbach's alpha 系数法。

Cronbach's alpha 系数法为 Cronbach[2] 所提出,并广泛应用于李克特量表的信度检验中。Cronbach's alpha 系数法以 α 系数值大小来反映量表内在信度的高低,当 α 系数值越大,则量表的内部一致性越佳。Cronbach's alpha 系数的计算公式为:

$$\alpha = \frac{K}{K-1}\left(1 - \frac{\sum s_i^2}{s^2}\right)$$

其中,K 为量表所包含的总题项数;$\sum S_i^2$ 为量表题项的方差总和;S^2 为量表题项加总后方差。

从该公式以看出,当量表所包含的总题项数趋向于无穷多时,$\frac{K}{K-1}$ 趋向于 1,$\frac{\sum s_i^2}{s^2}$ 趋向于 0,α 系数值趋向于 1。因此,量表所包含的总题项数越多,α 系数值越高。此外,α 系数值亦受题项间相关系数的影响。

---

① 吴明隆:《问卷统计分析实务》,重庆大学出版社 2010 年版,第 238 页。
② Cronbach, L., Coefficient Alpha and the Internal Structure of Tests, *Psychometrika*, 1951, Vol. 16, No. 3, pp. 297–334.

但是,对于不同信度等级的 α 系数值的临界值,不同学者有不同观点。例如,Nunnally[①] 和 DeVellis[②] 认为,0.70 是 α 系数值的下限值;Bryman & Cramer[③] 认为,当 α 系数值大于 0.80 时,量表的测验结果具有较高的信度;Gay[④] 认为,当 α 系数值大于 0.90 时,量表测验结果的信度甚佳。此外,在社会科学研究过程中,量表常包含多个层面(分量表),因此,也需要对总量表和分量表分别进行信度检验。本研究主要借鉴吴明隆[⑤]有关信度临界值的研究成果,具体见表5-35。

表 5-35　不同信度等级的 α 系数值的临界值判断标准

信度系数值	层面或构念	整个量表
α 系数值<0.50	不理想,舍弃不用	非常不理想,舍弃不用
0.50≤α 系数值<0.60	可以接受,增列题项或修改语句	不理想,重新编制或修订
0.60≤α 系数值<0.70	尚佳	勉强接受,最好增列题项或修改语句
0.70≤α 系数值<0.80	佳(信度高)	可以接受
0.80≤α 系数值<0.90	理想(甚佳,信度很高)	佳(信度高)
α 系数值≥0.90	非常理想(信度非常好)	非常理想(甚佳,信度很高)

(二)量表信度检验结果

鉴于本研究问卷采用李克特量表法,本研究运用 SPSS17.0 软件采用 Cronbach's α 系数检验方法对量表信度进行检验。具体结果见表5-36。

---

① 参见 Nunnally,J. C.,*Psychometric Theory*(2nd ed.),New York:McGraw-Hill. 1978。

② 参见 DeVellis,R. F.,*Scale Development Theory and Applications*,London:SAGE,1991。

③ 参见 Bryman,A.,and Cramer,D.,*Quantitative Data Analysis with SPSS for Windows*,London:Routledge,1997。

④ 参见 Gay,L. R.,*Educational Research Competencies for Analysis and Application*,New York:Macmillan,1992。

⑤ 吴明隆:《问卷统计分析实务》,重庆大学出版社 2010 年版,第 244 页。

表 5-36　量表信度检验结果

量表层次	Cronbach's α 值	量表层次	Cronbach's α 值
能力建设总量表	0.954	NLPD	0.733
CYNL	0.896	JJPD	0.888
CYYS	0.748	PDYX	0.815
PXFS	0.879	XSZDH	0.848
PXSS	0.886	XXJL	0.875
JCXT	0.838	GDGB	0.896
PGNL	0.764	ZTHZ	0.776
HZWH	0.737	JTJC	0.736
ZZZD	0.899	农村公共服务决策优化总量表	0.929
SHZB	0.619	KXH	0.755
社会学习总量表	0.957	MZH	0.903
ZTBR	0.809	GXH	0.863
LXJL	0.631		

从表 5-36 中可以发现,总量表 Cronbach's α 值均在 0.9 以上,信度较高;分量表 Cronbach's α 值均介于 0.619 至 0.903 之间,表明分量表亦具有良好的信度。依据表 5-35 所示的不同信度等级的 α 系数值的临界值判断标准,可以判定,问卷量表的测验结果具有良好的稳定性和一致性,这为后文的数据分析奠定了良好基础。

第五节　样市数据的正态性检验

在运用结构方程模型对样本数据进行分析时,需要对样本数据进行正态性检验。原因主要与结构方程模型所采用的参数估计方法——极大似然法(ML)有关。极大似然法估计在多数情况下是稳健的,是一种比较恰当的估计方法①。但是,使用极大似然法进行参数估计的前提是样本数据必须符合正态性假设②,当样本数据服从正态分布时,$(N-1)F_{ML}$(F_{ML}是极大似然法对应的拟合函数,N为样本量)渐近服从于X^2分布,极大似然法的参数估计量才具有最优线性无偏性(Best Linear Unbiased Estimate,BLUE)特性③。因此,在进行结构方程模型分析之前,需要对样本数据进行正态性检验。

样本数据的正态性检验通常可以通过考察样本数据的偏度(Skewness)与峰度(Kurtosis)来进行,即通常所说的偏度—峰度检验。

偏度主要反映样本数据的非对称性程度,它的计算公式为:

$$Skewness = \frac{1}{n-1} \sum_{i=1}^{n} (x_i - \bar{x})^3 / SD^3$$

当 $Skewness = 0$ 时,样本数据分布形态与正态分布的偏度相同;

当 $Skewness > 0$ 时,样本数据分布形态为右偏态;

当 $Skewness < 0$ 时,样本数据分布形态为左偏态。

一般情况下,偏度的绝对值越大,表示样本数据分布形态越偏离正态分布。

峰度主要反映样本数据分布形态的陡缓程度,它的计算公式为:

$$Kurtosis = \frac{1}{n-1} \sum_{i=1}^{n} (x_i - \bar{x})^4 / SD^4 - 3$$

当 $Kurtosis = 0$ 时,样本数据分布形态与正态分布的陡缓程度相同;

当 $Kurtosis > 0$ 时,样本数据分布形态较之正态分布形态更为陡峭;

当 $Kurtosis < 0$ 时,样本数据分布形态较之正态分布形态更为平缓。

一般情况下,峰度的绝对值越大,表示样本数据分布形态的陡缓程度越

---

① Hau,K. T.,and Marsh,H. W.,The Use of Item Parcels in Structural Equation Modeling:Nonnormal Data and Small Sample Sizes,*British Journal of Mathematical and Statistical Psychology*,2004,Vol. 57,Issue 2,pp. 327-351; Hu,L.,Bentler,P. M.,Kano,Y.,Can Test Statistics in Covariance Structure Analysis be Trusted,*Psychological Bulletin*,1992,Vol. 112,No. 2,pp. 351-362.

② 参见 Bollen K. A.,*Structural Equations with Latent Variables*,New York:Wiley,1989。

③ 侯杰泰、温忠麟、成子娟:《结构方程模型及其应用》,教育科学出版社 2004 年版,第 148 页。

偏离正太分布。

可以看出,综合应用偏度和峰度就可以判断出样本数据的分布形态是否偏离正态分布。

那么,当样本数据分布形态偏离正态分布时,偏度和峰度系数的临界值是多少? 学界普遍认为,当偏度系数绝对值大于 3、峰度系数绝对值大于 8 时,样本数据可能偏离正态分布,尤其是当峰度系数大于 20 时,表示样本数据的峰度与正态分布的峰度差异极大①。

本研究利用 SPSS17.0 软件对所有观测变量进行正态性检验,结果显示:所有观测变量的偏度绝对值介于 0.211—1.046 之间,小于 3;峰度绝对值介于 0.010—1.274 之间,小于 8。这表明样本数据近似服从正态分布。因此,可以运用结构方程模型来分析样本数据。

第六节　同源方差分析

同源方差(又称"共同方法偏差"),主要是指因数据来源、评分者、测量环境相同等原因而造成的人为的、源于测量方法的系统误差,它容易对研究结果产生消极影响。尽管在数据采集过程中采取了一系列措施来最小化以社会赞许性偏差为代表的同源方差,但为了保证数据分析的有效性,在数据分析之前仍然需要对数据进行同源方差分析。

同源方差分析方法众多,较为典型的主要有 Harman 单因子分析法、偏相关分析法、潜在误差变量控制分析法和结构方程模型分析法等。本研究主要采用 Harman 单因子分析法对同源方差的严重性程度进行评估。Harman 单因子分析法认为,如果同源方差比较严重,那么数据只能析出一个因子或者某个因子解释了绝大部分的总方差。

---

① 吴明隆:《结构方程模型:AMOS 的操作与应用》,重庆大学出版社 2010 年版,第 273 页。

　　从能力建设量表的效度检验部分可知,采用主成分分析法抽取因子,然后利用最大变异法进行旋转,根据特征值大于 1 的原则,能力建设量表可以抽取 9 个因子而非 1 个因子。这 9 个因子对总方差的累积解释量为 65.254%,且未经旋转时第 1 个因子对总方差的解释量为 35.341%。这表明能力建设量表的同源方差问题并不严重。

　　从社会学习量表的效度检验部分可知,采用主成分分析法抽取因子,然后利用最大变异法进行旋转,根据特征值大于 1 的原则,社会学习量表可以抽取 10 个因子而非 1 个因子。这 10 个因子对总方差的累积解释量为 59.194%,且未经旋转时第 1 个因子对总方差的解释量为 30.748%。这表明社会学习量表的同源方差问题并不严重。

　　从农村公共服务决策优化量表的效度检验部分可知,采用主成分分析法抽取因子,然后利用最大变异法进行旋转,根据特征值大于 1 的原则,农村公共服务决策优化量表可以抽取 3 个因子而非 1 个因子。这 3 个因子对总方差的累积解释量为 58.234%,且未经旋转时第 1 个因子对总方差的解释量为 44.175%。这表明,农村公共服务决策优化量表的同源方差问题仍处于可接受范围。

第六章 能力建设、社会学习与农村公共服务决策优化的实证分析

以前文所构建的理论分析框架为依据,以实证调查数据为基础,本章对研究假设进行了检验,分析了能力建设、社会学习与农村公共服务决策优化之间的机理和效应。分析主要包括农村公共服务决策全面优化的发生机理与影响效应、农村公共服务决策系统优化的作用机理与影响效应、能力建设对社会学习与农村公共服务决策优化之间关系的调节效应三部分。

第一节 农村公共服务决策全面优化的发生机理分析

一、具体分析框架

为了分析农村公共服务决策全面优化的发生机理,本章基于本研究的研究问题和文献回顾,同时结合结构方程模型这一分析方法的原理与特点,提出的分析框架如图6-1所示。分析框架由两个部分组成:第一部分为农村公共服务决策优化的目标系统结构分析,分析方法是二阶验证性因子分析。在这一结构方程模型中,科学化、民主化、高效化三个一阶因子是内因潜变量,农村公共服务决策优化这个二阶因子是外因潜变量(如方框1所示)。第二部分为农村公共服务决策优化目标子系统之间的作用机理与影响效应分析(如方框2所示)。这一部分包括两个步骤:首先,通过构建以

科学化、民主化、高效化为变量的共变关系模型(如方框 3 所示),来分析农村公共服务决策优化能否兼顾科学化、民主化、高效化,分析方法是一阶验证性因子分析;若能够兼顾,则进一步构建以高效化为内因潜变量、以科学化和民主化为外因潜变量的模型 I —模型Ⅶ(如方框 4 所示),并运用模型比较方法来分析科学化、民主化、高效化三者之间可能存在的传导机制。在结构方程模型中,作为自变量的潜变量是外因潜变量,以符号 ξ 表示;作为因变量的潜变量是内因潜变量,以符号 η 表示。因此,在分析农村公共服务决策全面优化的发生机理时,用符号 ξ_1 和符号 ξ_2 分别表示农村公共服务决策的科学化和民主化,用符号 η_1 表示农村公共服务决策的高效化。模型 I —模型Ⅶ是:模型 I 为部分中介作用模型: $\xi_1 \to \xi_2 \to \eta_1$ 和 $\xi_1 \to \eta_1$;模型 Ⅱ 为完全中介作用模型: $\xi_1 \to \xi_2 \to \eta_1$;模型 Ⅲ 为无中介作用模型: $\xi_1 \to \xi_2$ 和 $\xi_1 \to \eta_1$;模型Ⅳ为无中介作用模型: $\xi_2 \to \eta_1$ 和 $\xi_1 \to \eta_1$;模型 Ⅴ 为部分中介作用模型: $\xi_2 \to \xi_1 \to \eta_1$ 和 $\xi_2 \to \eta_1$;模型Ⅵ为完全中介作用模型: $\xi_2 \to \xi_1 \to \eta_1$;模型Ⅶ为无中介作用模型: $\xi_2 \to \xi_1$ 和 $\xi_2 \to \eta_1$。

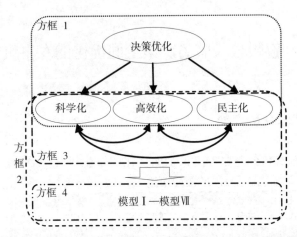

图 6-1　农村公共服务决策全面优化发生机理的具体分析框架

二、农村公共服务决策优化的描述性统计分析

农村公共服务决策优化的各个观测变量的描述性统计分析见表 6-1。

从表 6-1 可以看出,农村公共服务决策的科学化、民主化、高效化的各个观测变量的均值小于 4,这表明,农村公共服务决策的科学化、民主化、高效化程度有待进一步提高。此外,农村公共服务决策的科学化、高效化的各个观测变量的标准差均小于 1,而农村公共服务决策的民主化的各个观测变量的标准差均大于 1,这表明,相比于农村公共服务决策的科学化、高效化的各个观测变量的得分值,农村公共服务决策的民主化的各个观测变量的得分值的离散程度更大。也就是说,不同调查对象对农村公共服务决策的民主化程度的评价具有更大的差异性。

表 6-1　农村公共服务决策优化的描述性统计分析

观测变量	均值	标准差	观测变量	均值	标准差
$kxh1$	3.856	0.756	$mzh7$	3.740	1.014
$kxh2$	3.885	0.770	$mzh8$	3.677	1.005
$kxh3$	3.863	0.844	$gxh1$	3.680	0.890
$kxh4$	3.840	0.875	$gxh2$	3.788	0.904
$mzh1$	3.690	1.003	$gxh3$	3.780	0.896
$mzh2$	3.657	1.004	$gxh4$	3.839	0.900
$mzh3$	3.576	1.051	$gxh5$	3.828	0.912
$mzh4$	3.717	1.031	$gxh6$	3.860	0.986
$mzh5$	3.660	1.000	$gxh7$	3.762	0.973
$mzh6$	3.526	1.133			

注:表中各观测变量的各答案选项的赋值方法为:"非常同意"=5、"比较同意"=4、"不一定"=3、"不太同意"=2、"不同意"=1。

三、农村公共服务决策优化的目标系统结构检验

在信效度检验的基础上,为了检验农村公共服务决策优化的目标系统结构,准确把握科学化、民主化、高效化在农村公共服务决策优化目标系统中的权重,本研究对实证数据进行二阶验证性因子分析。

表 6-2 显示,卡方与自由度比(x^2/df)值小于 3,简约规范适配度指标(PNFI)和简约适配度指标(PGFI)值均大于 0.5,适配度指标(GFI)、调整

后支配度指标（AGFI）、规范适配度指标（NFI）、相对适配指标（RFI）、比较适配度指标（CFI）、非规范适配度指标（TLI）值均大于 0.9，残差均方根（RMR）和近似误差均方根（RMSEA）值均小于 0.05，表明模型的整体模型适配度良好。表 6-3 显示，科学化、民主化、高效化这 3 个一阶因子在农村公共服务决策优化这个二阶因子上的因子载荷值（即标准化参数估计值）均大于 0.5，且在 0.1% 的统计水平上显著，表明农村公共服务决策优化这个二阶因子对科学化、民主化、高效化三个一阶因子的解释力较高。因此，"科学化、民主化、高效化作为公共服务决策优化的目标系统"这一结论在中国农村场域中具有解释力与适用性，假设 H1 得到验证。

表 6-2　农村公共服务决策优化的二阶验证性因子分析的整体模型适配度检验结果

适配度评价指标	适配标准	指标值	结果
绝对适配度指标			
GFI 值	>0.90	0.980	是
AGFI 值	>0.90	0.967	是
RMR 值	<0.05	0.021	是
RMSEA 值	<0.05（良好）；<0.08（合理）	0.029	良好
增值适配度指标			
NFI 值	>0.90	0.978	是
RFI 值	>0.90	0.969	是
CFI 值	>0.90	0.990	是
TLI 值	>0.90	0.985	是
简约适配度指标			
χ^2/df 值	$1 < \chi^2/df$ 值 < 3，良好；$3 < \chi^2/df$ 值 < 5，可以接受；$5 < \chi^2/df$ 值，不佳	1.914	良好
PNFI 值	> 0.50	0.681	是
PGFI 值	> 0.50	0.613	是

注：评价标准参考了吴明隆①的研究成果。

---

① 吴明隆：《结构方程模型：AMOS 的操作与应用》，重庆大学出版社 2010 年版。

表6-3 农村公共服务决策优化的二阶验证性因子分析的参数估计摘要表

路径			非标准化参数估计值	标准误	临界比值	标准化参数估计值
科学化	←	决策优化	1.000	—	—	0.799
民主化	←	决策优化	1.176	0.081	14.586***	0.797
高效化	←	决策优化	1.571	0.101	15.512***	0.979
$kxh4$	←	科学化	1.000	—	—	0.644
$kxh3$	←	科学化	1.076	0.060	17.989***	0.719
$kxh2$	←	科学化	0.821	0.055	14.949***	0.602
$kxh1$	←	科学化	0.886	0.052	17.127***	0.660
$gxh7$	←	高效化	1.000	—	—	0.745
$gxh6$	←	高效化	0.985	0.038	26.053***	0.722
$gxh5$	←	高效化	0.790	0.042	18.770***	0.627
$gxh4$	←	高效化	0.912	0.041	22.505***	0.733
$gxh3$	←	高效化	0.802	0.040	19.853***	0.647
$gxh2$	←	高效化	0.854	0.041	20.876***	0.683
$gxh1$	←	高效化	0.794	0.042	19.101***	0.645
$mzh8$	←	民主化	1.000	—	—	0.663
$mzh7$	←	民主化	1.119	0.048	23.487***	0.734
$mzh6$	←	民主化	1.081	0.053	20.356***	0.635
$mzh5$	←	民主化	1.145	0.054	21.162***	0.761
$mzh4$	←	民主化	1.218	0.056	21.660***	0.785
$mzh3$	←	民主化	1.225	0.060	20.510***	0.774
$mzh2$	←	民主化	1.149	0.059	19.412***	0.761
$mzh1$	←	民主化	1.100	0.057	19.413***	0.730

注：$^*p<0.05$；$^{**}p<0.01$；$^{***}p<0.001$；符号"←"表示变量之间的作用方向。

农村公共服务决策优化作为公共服务决策优化理论在多重转型背景下的中国农村场域中的映射，既具有共性，也具有场域性与阶段性特征。

首先，它契合了公共服务决策优化的发展趋势。如前所述，公共服务决策优化呈现出由科学化向民主化与高效化相结合的发展趋势。农村公共服务决策优化作为公共服务决策优化在农村场域中的具体实践，也必将依循这一发展规律,随着农村经济社会的发展而走向更高水平的科学化、民主化、高效化。

其次,它是工具理性和价值理性的辩证统一关系在农村公共服务决策场域中的具体体现。农村公共服务决策的科学化强调决策中科学的技术、程序、方法的应用以及结果的最优化,"着重考虑的是手段对达成特定目的的能力或可能性,至于特定目的所针对的终极价值是否符合人们的心愿,则在所不论"[①],属于工具理性范畴。农村公共服务决策的民主化强调决策中公共协商与集体选择等民主价值理念的实现以及民主理念、机制、方法和技术的应用,着重考虑的是决策所应体现并实现的理念、原则、目标等应然规范,属于价值理性范畴。农村公共服务决策的高效化强调效率与效益,是科学化和民主化在农村公共服务决策实践中的具体形态和结果,是工具理性和价值理性在农村公共服务决策生态影响下的辩证统一体。

再次,它源于当前农村公共服务决策的多重困境,即转型期的农村公共服务决策面临着显性的科学化和民主化问题[②],总量不足、结构失衡、不均等化和效率低下等未能得到根本性改变[③]。例如,农村生产性公共服务方面,"塘堰越用越浅,渠道越放越短"[④];农业技术培训方面,新村部分村民反映:"(种植黄瓜)自己买种子,没人指导,没有农业技术培训"[⑤];"运气好,就能买到好种子;运气不好,就买不到好种子……农业技术服务少,没人指导"[⑥]。而农产品公共营销服务也同样面临着供给不足的困境,"少了好卖,多了不知道怎么卖"[⑦]。因此,农村公共服务决策优化是决策的科学性、民

---

① 苏国勋:《理性化及其限制——韦伯思想引论》,上海人民出版社 1988 年版,第 89—90 页。

② 吴春梅、翟军亮:《转型中的农村公共产品供给决策机制》,《求实》2010 年第 12 期;吴春梅、翟军亮:《协商民主与农村公共服务供给决策民主化》,《理论与改革》2011 年第 4 期。

③ 刘兴云:《走出当前农村公共服务供给的困境》,《光明日报》2012 年 7 月 4 日。

④ 参见《湖北湖村访谈——村民》。

⑤ 参见《湖北新村访谈——村民》。

⑥ 参见《湖北新村访谈——村民》。

⑦ 参见《湖北新村访谈——村民》。

主性和高效性的系统提升,而非单一目标的实现。

最后,它体现了现阶段农村公共服务决策更倾向于结果导向而非过程导向。根据因素负荷量的大小可以判断各构成要素的相对重要性。表6-3显示,高效化的重要性居首,科学化的重要性略高于民主化。这表明,较之科学化和民主化,高效化更受重视。这一结果可能根源于当前中国农村公共服务的阶段性特征,即较之发达国家的"合作生产"供给模式,中国农村公共服务更多的处于公共服务市场化改革阶段,已初步实现了决策与执行的分离,初步实现了把公共服务的生产转包出去、通过合同形式购进中间形态的服务的目标,公共服务主要通过对外承包等市场化途径来运作,因而,结果导向占据主导地位。这在访谈中也得到了证实,如张村村支书表示该村自建公共服务项目主要采取包工不包料的形式[1],在村庄生态建设过程中,"重实效、重结果、重群众满意率、重达标合格率"[2]。

四、农村公共服务决策优化目标子系统之间的作用机理与影响效应分析

为了进一步分析三者之间的相关关系,本研究运用 Amos6.0 软件构建了科学化、民主化、高效化的一阶验证性因子分析模型(见图6-2)。初次分析结果显示,模型适配度欠佳,需要对模型进行修正。根据模型修正指标,通过增列观测变量的误差项之间的共变关系对模型进行修正,修正后的结果见表6-4和表6-5。

从表6-4可以看出,科学化、民主化、高效化共变关系模型的各项适配指标均良好,表明模型与数据相适配。

---

① 参见《张村村支书访谈记录》。
② 参见《扮靓秀美家园,争创国家级生态村——黄冈市黄梅县孔垄镇张村创建生态村工作总结》。

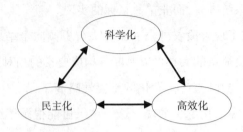

图6-2 科学化、民主化、高效化的共变关系模型

表6-4 科学化、民主化、高效化共变关系模型的整体模型适配度检验摘要表

适配度评价指标	χ^2/df	PNFI	PGFI	GFI	AGFI	NFI	RFI	CFI	TLI	RMR	RMSEA
指标值	2.410	0.749	0.675	0.971	0.959	0.970	0.961	0.982	0.977	0.025	0.035

从表6-5可以看出,科学化、民主化、高效化三者之间呈显著的中度或中高度正相关关系。其中,科学化与民主化的协方差为0.230,协方差的标准误估计值为0.019,临界比值为11.991,相关系数为0.639,且达到0.001的显著性水平;科学化与高效化的协方差为0.313,协方差的标准误估计值为0.023,临界比值为13.717,相关系数为0.799,且达到0.001的显著性水平;民主化与高效化的协方差为0.352,协方差的标准误估计值为0.026,临界比值为13.756,相关系数为0.791,且达到0.001的显著性水平。这一结论表明,农村公共服务决策的科学化、民主化、高效化三者在整体上是相互协调的,农村公共服务决策可以同时拥有科学化、民主化、高效化。

表6-5 科学化、民主化、高效化共变关系模型的参数估计摘要表

路径			非标准化参数估计值	标准误	临界比值	标准化参数估计值
科学化	↔	高效化	0.313	0.023	13.717***	0.799
高效化	↔	民主化	0.352	0.026	13.756***	0.791
科学化	↔	民主化	0.230	0.019	11.991***	0.639
$kxh4$	←	科学化	1.000	—	—	0.644

续表

路径			非标准化参数估计值	标准误	临界比值	标准化参数估计值
kxh3	←	科学化	1.070	0.059	18.039***	0.714
kxh2	←	科学化	0.821	0.055	14.999***	0.601
kxh1	←	科学化	0.897	0.052	17.322***	0.668
gxh7	←	高效化	1.000	—	—	0.719
gxh6	←	高效化	1.007	0.038	26.402***	0.712
gxh5	←	高效化	0.806	0.042	19.052***	0.616
gxh4	←	高效化	0.932	0.043	21.920***	0.722
gxh3	←	高效化	0.812	0.042	19.334***	0.631
gxh2	←	高效化	0.910	0.042	21.477***	0.701
gxh1	←	高效化	0.822	0.041	19.992***	0.643
mzh8	←	民主化	1.000			0.638
mzh7	←	民主化	1.158	0.050	23.391***	0.731
mzh6	←	民主化	1.113	0.055	20.385***	0.629
mzh5	←	民主化	1.198	0.057	20.924***	0.766
mzh4	←	民主化	1.273	0.059	21.439***	0.790
mzh3	←	民主化	1.257	0.060	20.898***	0.765
mzh2	←	民主化	1.178	0.060	19.528***	0.752
mzh1	←	民主化	1.144	0.060	19.133***	0.730

注：$^*p<0.05$；$^{**}p<0.01$；$^{***}p<0.001$；符号"←"表示变量间的作用方向。

　　本研究运用 Amos6.0 软件对前文构建的模型Ⅰ—模型Ⅶ进行估计，并根据模型修正指标，通过增列误差项 e3 和 e4、e19 和 e18、e18 和 e17、e18 和 e15、e14 和 e13、e13 和 e12、e14 和 e12、e9 和 e10、e11 和 e6、e6 和 e5、e8 和 e7[①] 之间的相关关系对模型进行修正，得到整体模型适配度检验结果见表 6-6。从表 6-6 可以看出，模型Ⅰ和模型Ⅴ的各项适配度评价指标值均符

---

①　这些误差项之间的修正指标值在模型Ⅰ—模型Ⅶ均比较大，因此，在模型Ⅰ—模型Ⅶ中增列了这些误差项之间的相关关系。此外，还在模型Ⅰ、模型Ⅱ、模型Ⅳ、模型Ⅴ和模型Ⅶ中增列了误差项 e3 和 e2 之间的相关关系。

合要求，表明模型与数据相适配。模型Ⅱ、模型Ⅲ、模型Ⅵ和模型Ⅶ的χ^2/df值虽大于3，但小于5，且其他适配度评价指标值均符合要求，因此，模型Ⅱ、模型Ⅲ、模型Ⅵ和模型Ⅶ是可接受的。模型Ⅳ的χ^2/df值大于5，RMR值远大于0.05，表明模型与数据的适配度较差，因此，拒绝模型Ⅳ。侯杰泰等（2004）认为，模型比较的依据是Δdf和$\Delta\chi^2$，即对于有t个参数的模型M_1和有u个参数的模型$M_2(u<t)$，若增加的自由度（df_2-df_1）较大，而增加的卡方值（$\chi^2_2-\chi^2_1$）较小，则模型M_2比M_1好；反之，若增加的自由度（df_2-df_1）较小，而增加的卡方值（$\chi^2_2-\chi^2_1$）很大，则模型M_1比M_2好。模型估计结果表明，模型Ⅰ、模型Ⅱ、模型Ⅲ、模型Ⅴ、模型Ⅵ和模型Ⅶ的χ^2值分别为372.232、546.737、487.768、372.232、487.768和546.737，自由度分别为137、138、139、137、139和138。可以看出，较之模型Ⅰ和模型Ⅴ，模型Ⅱ和模型Ⅶ的自由度分别增加了1，模型Ⅲ和模型Ⅵ的自由度分别增加了2，但是它们的χ^2值均大幅度增加。因此，模型Ⅰ和模型Ⅴ优于模型Ⅱ、模型Ⅲ、模型Ⅵ和模型Ⅶ。此外，由于χ^2值受样本量的影响较大，在进行模型比较时还需要参考其他适配度评价指标的差异。表6-6显示，模型Ⅱ、模型Ⅲ、模型Ⅵ和模型Ⅶ的各项适配度评价指标值均劣于模型Ⅰ和模型Ⅴ。综合考量后，本研究认为，模型Ⅰ和模型Ⅴ能够反映科学化、民主化、高效化三者之间的真实关系。模型Ⅰ和Ⅴ的参数估计结果如图6-3、图6-4和表6-7所示。

表6-6　七个结构方程模型的整体模型适配度检验摘要表

适配度评价指标	模型						
	模型Ⅰ $\xi_1\to\xi_2\to\eta_1$ 和 $\xi_1\to\eta_1$	模型Ⅱ $\xi_1\to\xi_2\to$ η_1	模型Ⅲ $\xi_1\to\xi_2$ 和 $\xi_1\to\eta_1$	模型Ⅳ $\xi_2\to\eta_1$ 和 $\xi_1\to\eta_1$	模型Ⅴ $\xi_2\to\xi_1\to\eta_1$ 和 $\xi_2\to\eta_1$	模型Ⅵ $\xi_2\to\xi_1$ $\to\eta_1$	模型Ⅶ $\xi_2\to\xi_1$ 和 $\xi_2\to\eta_1$
χ^2/df 值	2.717	3.962	3.509	5.271	2.717	3.509	3.962
PNFI 值	0.773	0.765	0.775	0.751	0.773	0.775	0.765
PGFI 值	0.697	0.690	0.699	0.685	0.697	0.699	0.690
GFI 值	0.967	0.950	0.956	0.944	0.967	0.956	0.950

续表

适配度评价指标	模型						
	模型 I $\xi_1 \to \xi_2 \to \eta_1$ 和 $\xi_1 \to \eta_1$	模型 II $\xi_1 \to \xi_2 \to \eta_1$	模型III $\xi_1 \to \xi_2$ 和 $\xi_1 \to \eta_1$	模型IV $\xi_2 \to \eta_1$ 和 $\xi_1 \to \eta_1$	模型 V $\xi_2 \to \xi_1 \to \eta_1$ 和 $\xi_2 \to \eta_1$	模型VI $\xi_2 \to \xi_1 \to \eta_1$	模型VII $\xi_2 \to \xi_1$ 和 $\xi_2 \to \eta_1$
AGFI 值	0.955	0.931	0.940	0.922	0.955	0.940	0.931
NFI 值	0.965	0.948	0.954	0.931	0.965	0.954	0.948
RFI 值	0.956	0.936	0.943	0.914	0.956	0.943	0.936
CFI 值	0.977	0.961	0.966	0.943	0.977	0.966	0.961
TLI 值	0.972	0.951	0.959	0.930	0.972	0.959	0.951
RMR 值	0.027	0.040	0.037	0.137	0.027	0.037	0.040
RMSEA 值	0.039	0.051	0.047	0.062	0.039	0.047	0.051

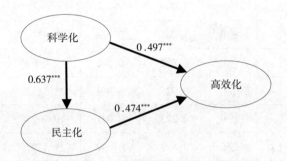

图 6-3　模型 I :部分中介作用模型估计结果

注: $^*p<0.05$; $^{**}p<0.01$; $^{***}p<0.001$。

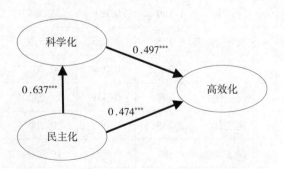

图 6-4　模型 V :部分中介作用模型估计结果

注: $^*p<0.05$; $^{**}p<0.01$; $^{***}p<0.001$。

表6-7 模型I和模型V的参数估计摘要表

模型	路径			非标准化参数估计值	标准误	临界比值	标准化参数估计值
模型 I	民主化	←	科学化	0.711	0.052	13.600***	0.637
	高效化	←	民主化	0.529	0.046	11.448***	0.474
	高效化	←	科学化	0.618	0.055	11.344***	0.497
	kxh4	←	科学化	1.000	—	—	0.644
	kxh3	←	科学化	1.069	0.059	18.037***	0.714
	kxh2	←	科学化	0.821	0.055	15.000***	0.601
	kxh1	←	科学化	0.897	0.052	17.324***	0.668
	gxh7	←	高效化	1.000			0.720
	gxh6	←	高效化	1.001	0.038	26.511***	0.712
	gxh5	←	高效化	0.802	0.042	19.096***	0.616
	gxh4	←	高效化	0.927	0.041	22.363***	0.722
	gxh3	←	高效化	0.823	0.041	19.962***	0.643
	gxh2	←	高效化	0.892	0.042	21.477***	0.692
	gxh1	←	高效化	0.816	0.041	19.980***	0.643
	mzh8	←	民主化	1.000	—	—	0.625
	mzh7	←	民主化	1.180	0.050	23.383***	0.731
	mzh6	←	民主化	1.135	0.055	20.513***	0.629
	mzh5	←	民主化	1.222	0.059	20.702***	0.767
	mzh4	←	民主化	1.299	0.061	21.222***	0.792
	mzh3	←	民主化	1.285	0.062	20.709***	0.768
	mzh2	←	民主化	1.191	0.060	19.989***	0.746
	mzh1	←	民主化	1.157	0.058	19.859***	0.724

模型	路径			非标准化参数估计值	标准误	临界比值	标准化参数估计值
模型 V	科学化	←	民主化	0.572	0.042	13.735***	0.637
	高效化	←	民主化	0.529	0.046	11.448***	0.474
	高效化	←	科学化	0.618	0.055	11.344***	0.497
	kxh4	←	科学化	1.000	—	—	0.644
	kxh3	←	科学化	1.069	0.059	18.037***	0.714
	kxh2	←	科学化	0.821	0.055	15.000***	0.601
	kxh1	←	科学化	0.897	0.052	17.324***	0.668
	gxh7	←	高效化	1.000	—	—	0.720
	gxh6	←	高效化	1.001	0.038	26.511***	0.712
	gxh5	←	高效化	0.802	0.042	19.096***	0.616
	gxh4	←	高效化	0.927	0.041	22.363***	0.722
	gxh3	←	高效化	0.823	0.041	19.962***	0.643
	gxh2	←	高效化	0.892	0.042	21.477***	0.692
	gxh1	←	高效化	0.816	0.041	19.980***	0.643
	mzh8	←	民主化	1.000	—	—	0.625
	mzh7	←	民主化	1.180	0.050	23.383***	0.731
	mzh6	←	民主化	1.135	0.055	20.513***	0.629
	mzh5	←	民主化	1.222	0.059	20.702***	0.767
	mzh4	←	民主化	1.299	0.061	21.222***	0.792
	mzh3	←	民主化	1.285	0.062	20.709***	0.768
	mzh2	←	民主化	1.191	0.060	19.989***	0.746
	mzh1	←	民主化	1.157	0.058	19.859***	0.724

注：$*$ $p<0.05$；$**$ $p<0.01$；$***$ $p<0.001$；符号"←"表示变量间的作用方向。

共变关系分析结果和模型比较与筛选分析表明，假设 H2 得到验证。
具体如下：

（1）科学化、民主化、高效化三者之间是有机衔接的统一体，任何两者之间关系链条的断裂极易对农村公共服务决策优化产生负面影响。第一,模型Ⅳ被拒绝这一事实表明,忽视科学化与民主化之间的联系而单纯地谈论科学化或民主化难以从根本上推进农村公共服务决策优化。因为,模型估计结果表明,当科学化与民主化之间的关系链条断裂时,模型与数据的拟合优度大幅下降。实践中,农村公共服务决策优化的关键在于将不同层次的、有序的、实质性的公共参与纳入公共服务决策中,实现以共同理解、共识、信任与合作关系为基础的公共决策①。因此,只有合力推进科学化和民主化,并强化两者的互促共变效应,才有利于推进农村公共服务决策优化。第二,模型Ⅱ和Ⅶ劣于模型Ⅰ和Ⅴ的事实表明,单纯地推进民主化而忽视科学化与高效化之间的有机衔接难以有效推进农村公共服务决策优化。理论上,公共参与有利于增强多元需求偏好对决策方案的影响力,提升决策方案的适用性和决策质量,增强决策执行功效。实践中,这一观点的成立需要以对公共参与的有效管理为前提条件,即公共管理者依据"政策质量约束"和"政策可接受性的需求"②来决定公共参与的形式、广度、范围、深度和效度,否则,公共参与极易对管理绩效产生负面影响和对决策质量产生威胁③。而对公共参与的有效管理要依托于科学的决策原则、决策程序、决策方法、决策支持系统。最后,模型Ⅲ和Ⅵ劣于模型Ⅰ和Ⅴ的事实表明,单纯地推进科学化而忽视民主化与高效化之间的有机衔接难以有效推进农村公共服务决策优化。这一结论与传统公共行政中的"效率悖论"相一致。受科学管理影响,传统公共行政将公共服务定位于技术性管理过程,主张通过官僚制组织结构和功能的技术合理性来实现公共服务的效率理性。但传统公共行

---

① 翟军亮、吴春梅:《论社会学习框架下公共服务集体决策的优化——兼论公共参与难题的破解》,《理论与改革》2012年第2期。

② 政策质量约束主要包括决策的质量要求、管理者是否有充分的信息作出高质量的决策、政策问题是否被结构化等问题;政策可接受性的需求主要是包括公众对决策的接受程度是否对决策的有效执行至关重要等问题。详见[美]约翰·克莱顿·托马斯:《公共决策中的参与:公共管理者的新技能与新策略》,孙柏瑛等译,中国人民大学出版社2005年版,第37—42页。

③ [美]约翰·克莱顿·托马斯:《公共决策中的公民参与:公共管理者的新技能与新策略》,孙柏瑛等译,中国人民大学出版社2005年版,第24—25页。

政排斥公共参与,拒绝公众公共偏好的表达,引致公共服务"效率悖论",即以效率至上为目标的公共服务实践走向了效率的对立面,长期处于低效率水平。

(2)科学化与民主化之间存在显著的互促共变效应。表6-5显示,科学化与民主化呈显著的中度正相关关系;表6-7显示,科学化对民主化、民主化对科学化的标准化路径系数均为0.637,且均达到0.001的显著性水平。这表明,科学化与民主化两者之间存在显著的互促共变效应。在农村公共服务决策中,科学化表现为用科学的标准来理解、支配和实践农村公共服务决策活动,它旨在通过科学的决策技术、程序、途径、方法来为农村公共服务递送选择最佳方法和最优途径,而"找到最好的做事方法也包含着民主过程"①。例如,在农村公共服务决策中,科学的偏好显示与转换机制有利于增进多元需求偏好对决策结果的影响;科学的决策程序和方法有利于增进多元主体之间参与机会的平等性,提升协商交流的理性化程度,促进专家知识与地方知识的有机衔接,进而强化决策的需求导向和民主导向。农村公共服务决策的民主化强调多元主体的有效参与与协商讨论,而有效参与与协商讨论有利于集思广益,使农村公共服务体现更多数人的需求偏好,递送方案得到充分的论证,进而提升决策的科学化程度。

(3)民主化对高效化有显著促进作用。表6-5显示,民主化与高效化呈显著的中高度正相关关系;表6-7显示,模型Ⅰ和模型Ⅴ中,民主化对高效化的标准化路径系数均为0.474,且达到0.001的显著性水平。民主意味着有效参与与协商讨论,农村公共服务决策中有效参与与协商讨论,有利于为决策奠定良好的信息基础,提升决策的合法性与适用性,有效衔接供给与需求;有利于提升多元主体之间的信任水平与合作意愿,提升决策执行功效。正如约翰·克莱顿·托马斯所认为的,"让公众参与决策过程的主要目的是为了增强公民对决策的可接受程度,尤其是当决策执行过程特别依

---

① 参见 Stoker, G., *Public Value Management: A New Resolution of the Democracy/Efficiency Trade-Off*, Institute for Political and Economic Governance, University of Manchester, UK, 2005。

赖公民接受政策的情况下,吸收公民参与决策制定就显得非常重要了"①。

(4)科学化对高效化有显著促进作用。表6-5显示,科学化与高效化呈显著的中高度正相关关系;表6-7显示,模型Ⅰ和模型Ⅴ中,科学化对高效化的标准化路径系数均为0.497,且达到0.001的显著性水平。农村公共服务决策中,科学化致力于为决策提供一套科学的程序、技术、工具和制度以推进决策的规范化、程序化、可操作化与结果的最优化。科学化程度的提升有利于使决策方案得到充分论证,提升决策与需求之间的适配度,提升公共服务的适用性,进而促进农村公共服务决策的高效化。

五、小结

沿循公共服务决策优化研究由独立研究向系统研究转型的轨迹,本章立足于农村公共服务决策的全面优化,从系统视角将公共服务决策优化理论置于中国农村场域中进行情景化研究,着重探讨了科学化、民主化、高效化在农村公共服务决策场域中的解释力,分析了三者之间的作用机理与影响效应:从目标系统整体看,农村公共服务决策优化目标的实现,依存于科学化、民主化、高效化的有机统一,任何两者之间关系链条的断裂都会对目标实现产生负面影响;从目标子系统之间关系看,科学化与民主化之间是相互依存、相互促进的共变关系,它们分别对高效化有显著的促进作用。这表明,要增进和巩固三者之间的影响效应,构筑推进农村公共服务决策优化的长效机制,不仅需要同时提升决策的科学性、民主性和高效性,更要重视推进决策优化目标的系统化建设,努力实现三者关系的整合优化。理论上回应了公共价值管理理论有关民主与效率"伙伴关系说"的理论创新以及课题组前期调查研究得出的"民主与效率整体上是相互协调的伙伴关系"等结论②,折射出现代公共服务管理中政府与市场、社会协同治理及其多元价

---

① [美]约翰·克莱顿·托马斯:《公共决策中的公民参与:公共管理者的新技能与新策略》,孙柏瑛等译,中国人民大学出版社2005年版,第42页。

② 吴春梅、石绍成:《民主与效率:冲突抑或协调——基于湘西乾村村庄治理实践的实证分析》,《中国农村观察》2011年第3期。

值整合的趋势①。实践上有利于缓解农村公共服务建设快速推进对决策优化的强烈诉求与现实决策不优的矛盾,缓解现阶段农村公共服务面临的结构失衡、不均等化和效率低下等困境。

第二节　农村公共服务决策系统优化的作用机理分析

一、结构方程模型分析与假设检验

在结构方程模型构建之前,本研究对变量之间的两两相关性进行了检验。结果显示,各变量之间均呈显著正相关,相关系数介于 0.290 至 0.748 之间,均小于 0.8 的临界值②。可以判断,变量之间的多重共线性问题并不严重,可以直接进行结构方程模型分析。

在具体分析过程中,本研究借鉴董保宝等③、谢洪明等④的做法,对能力建设、社会学习和农村公共服务决策优化的衡量,以第一级各因子的测量题项得分的均值作为该因子的值,再由第一级因子作为第二级变量的多重衡量指标。如农村公共服务决策优化为潜变量时,其观测变量为科学化、民主化和高效化三个因子,这样既可以有效减少测量题项数目,又可以保证分析的有效性和结果的可信度。

第一,模型构建。

利用 AMOS6.0 软件构建能力建设、社会学习与农村公共服务决策优化之间的整体关系模型路径图(如图 6-5)。

---

① 吴春梅、翟军亮:《变迁中的公共服务供给方式与权力结构》,《江汉论坛》2012 年第 12 期。

② 吴明隆:《问卷统计分析实务》,重庆大学出版社 2010 年版,第 387 页。

③ 董保宝、葛宝山、王侃:《资源整合过程、动态能力与竞争优势:机理与路径》,《管理世界》2011 年第 3 期。

④ 谢洪明、罗惠玲、王成、李新春:《学习、创新与核心能力:机制和路径》,《经济研究》2007 年第 2 期。

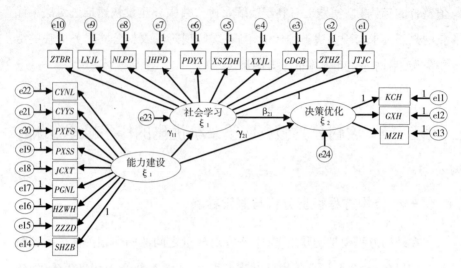

图6-5　能力建设、社会学习与农村公共服务决策优化的结构方程模型图

图6-5所示的路径图可以表示为如下方程式：

其中，$\begin{pmatrix} \eta_2 \\ \eta_1 \end{pmatrix} = \begin{pmatrix} \gamma_{21} \\ \gamma_{11} \end{pmatrix} \xi_1 + \begin{pmatrix} 0 & \beta_{21} \\ 0 & 0 \end{pmatrix} \begin{pmatrix} \eta_2 \\ \eta_1 \end{pmatrix} + \begin{pmatrix} \zeta_1 \\ \zeta_2 \end{pmatrix}$

为结构方程；

$$\begin{pmatrix} KXH \\ GXH \\ MZH \end{pmatrix} = \begin{pmatrix} \lambda_{KXH} \\ \lambda_{GXH} \\ \lambda_{MZH} \end{pmatrix} \cdot \eta_2 + \begin{pmatrix} \varepsilon_{11} \\ \varepsilon_{12} \\ \varepsilon_{13} \end{pmatrix} \text{和} \begin{pmatrix} ZTBR \\ LXJL \\ NLPD \\ JHPD \\ PDYX \\ XSZDH \\ XXJL \\ GDGB \\ ZTHZ \\ JTJC \end{pmatrix} = \begin{pmatrix} \lambda_{ZTBR} \\ \lambda_{LXJL} \\ \lambda_{NLPD} \\ \lambda_{JHPD} \\ \lambda_{PDYX} \\ \lambda_{XSZDH} \\ \lambda_{XXJL} \\ \lambda_{GDGB} \\ \lambda_{ZTHZ} \\ \lambda_{JTJC} \end{pmatrix} \cdot \eta_1 + \begin{pmatrix} \varepsilon_{10} \\ \varepsilon_9 \\ \varepsilon_8 \\ \varepsilon_7 \\ \varepsilon_6 \\ \varepsilon_5 \\ \varepsilon_4 \\ \varepsilon_3 \\ \varepsilon_2 \\ \varepsilon_1 \end{pmatrix}$$

为内因潜变量的测量方程；

$$\begin{pmatrix} CYNL \\ CYYS \\ PXFS \\ PXSS \\ JCXT \\ PGNL \\ HZWH \\ ZZZD \\ SHZB \end{pmatrix} = \begin{pmatrix} \lambda_{CYNL} \\ \lambda_{CYYS} \\ \lambda_{PXFS} \\ \lambda_{PXSS} \\ \lambda_{JCXT} \\ \lambda_{PGNL} \\ \lambda_{HZWH} \\ \lambda_{ZZZD} \\ \lambda_{SHZB} \end{pmatrix} \cdot \xi_1 + \begin{pmatrix} \delta_{22} \\ \delta_{21} \\ \delta_{20} \\ \delta_{19} \\ \delta_{18} \\ \delta_{17} \\ \delta_{16} \\ \delta_{15} \\ \delta_{14} \end{pmatrix}$$

为外因潜变量的测量方程。

第二,参数估计。

本研究采用极大似然法对所构建模型进行参数估计。初次分析结果显示,该模型拟合程度不太理想,应该予以修正。根据模型修正指数对模型进行修正后,模型拟合程度较好,各项指标均在可接受的范围内。具体结果见图6-6。

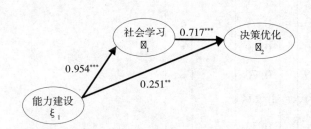

图6-6 修正后的整体关系模型变量之间关系(标准化)

注:$^* p < 0.1$;$^{**} p < 0.05$;$^{***} p < 0.001$。

图6-6结构方程模型分析结果(标准化)的具体方程形式为:

$$\begin{pmatrix} \eta_2 \\ \eta_1 \end{pmatrix} = \begin{pmatrix} 0.25 \\ 0.95 \end{pmatrix} \xi_1 + \begin{pmatrix} 0 & 0.72 \\ 0 & 0 \end{pmatrix} \begin{pmatrix} \eta_2 \\ \eta_1 \end{pmatrix} + \begin{pmatrix} \zeta_1 \\ \zeta_2 \end{pmatrix}$$

为结构方程;

$$
\begin{pmatrix} KXH \\ GXH \\ MZH \end{pmatrix} = \begin{pmatrix} 0.72 \\ 0.82 \\ 0.84 \end{pmatrix} \cdot \eta_2 + \begin{pmatrix} \varepsilon_{11} \\ \varepsilon_{12} \\ \varepsilon_{13} \end{pmatrix} \text{和} \begin{pmatrix} ZTBR \\ LXJL \\ NLPD \\ JHPD \\ PDYX \\ XSZDH \\ XXJL \\ GDGB \\ ZTHZ \\ JTJC \end{pmatrix} = \begin{pmatrix} 0.62 \\ 0.58 \\ 0.56 \\ 0.66 \\ 0.69 \\ 0.80 \\ 0.72 \\ 0.77 \\ 0.66 \\ 0.49 \end{pmatrix} \cdot \eta_1 + \begin{pmatrix} \varepsilon_{10} \\ \varepsilon_{9} \\ \varepsilon_{8} \\ \varepsilon_{7} \\ \varepsilon_{6} \\ \varepsilon_{5} \\ \varepsilon_{4} \\ \varepsilon_{3} \\ \varepsilon_{2} \\ \varepsilon_{1} \end{pmatrix}
$$

为内因潜变量的测量方程；

$$
\begin{pmatrix} CYNL \\ CYYS \\ PXFS \\ PXSS \\ JCXT \\ PGNL \\ HZWH \\ ZZZD \\ SHZB \end{pmatrix} = \begin{pmatrix} 0.65 \\ 0.68 \\ 0.67 \\ 0.68 \\ 0.79 \\ 0.69 \\ 0.72 \\ 0.875 \\ 0.53 \end{pmatrix} \cdot \xi_1 + \begin{pmatrix} \delta_{22} \\ \delta_{21} \\ \delta_{20} \\ \delta_{19} \\ \delta_{18} \\ \delta_{17} \\ \delta_{16} \\ \delta_{15} \\ \delta_{14} \end{pmatrix}
$$

为外因潜变量的测量方程。

第三,模型评估。

本研究从模型基本适配度、整体模型适配度和模型内在结构适配度三个方面对 SEM 进行评估。

模型基本适配度。它主要用来检验模型估计参数中是否有负的误差方差、因素负荷量是否介于 0.50 至 0.95 之间、是否有很大的标准误[1]，目的在于检验模型的误差、辨认问题和数据输入错误等。从表 6-8 中可以看出，因素负荷量即标准化回归系数中，除变量 *JTJC* 未达到 0.50 外，其余变量的因素负荷量均介于 0.50 至 0.95 之间；误差方差估计值均为正数且

表 6-8　整体关系模型的检验结果

变量	回归系数		误差方差		组合信度	平均方差抽取量
	非标准化	标准化	估计值	标准误		
CYNL	1.294***	0.649	0.313***	0.015		
CYYS	1.458***	0.685	0.329***	0.016		
PXFS	1.922***	0.672	0.611***	0.028		
PXSS	1.721***	0.676	0.478***	0.022		
JCXT	1.783***	0.787	0.266***	0.014	0.8958	0.4923
PGNL	1.429***	0.690	0.307***	0.014		
HZWH	1.375***	0.723	0.235***	0.011		
ZZZD	1.694***	0.854	0.145***	0.008		
SHZB	1.000	0.533	0.343***	0.015		
ZTBR	1.262***	0.623	0.357***	0.016		
LXJL	1.216***	0.582	0.411***	0.018		
NLPD	1.019***	0.560	0.324***	0.014		
JHPD	1.382***	0.662	0.349***	0.015		
PDYX	1.579***	0.687	0.399***	0.019	0.8843	0.4378
XSZDH	1.587***	0.799	0.203***	0.010		
XXJL	1.333***	0.720	0.236***	0.011		
GDGB	1.214***	0.768	0.146***	0.007		
ZTHZ	1.110***	0.665	0.222***	0.010		
JTJC	1.000	0.488	0.457***	0.020		

---

① Richard P. Bagozzi, Youjae Yi., On the Evaluation of Structural Equation Models, *Journal of the Academy of Marketing Science*, 1988, Vol. 16, No. 1, pp.74-94.

续表

变量	回归系数		误差方差		组合信度	平均方差抽取量
	非标准化	标准化	估计值	标准误		
KXH	1.000	0.716	0.184***	0.011		
MZH	1.520***	0.842	0.154***	0.009	0.8361	0.6308
GXH	1.272***	0.819	0.184***	0.010		

注: * $p<0.1$; ** $p<0.05$; *** $p<0.001$。

达到 0.001 的显著性水平,方差标准误估计值均很小,介于 0.008 至 0.028 之间。这表明模型的基本适配度良好。

整体模型适配度。它主要通过模型适配指标来检验模型与观察数据的适配程度。温忠麟、侯杰泰等[1]认为,较好的整体模型适配度拟合指标应具有与样本容量无关、惩罚复杂模型、对误设模型敏感三个特征。以此为借鉴,本研究从绝对指标、相对指标和简约指标三个方面[2]来选取拟合指标(见表6-9)。从中可以看出,各项适配度指标[3]均在可接受的范围内,模型的整体适配度良好。

表6-9 整体关系模型的整体模型适配度检验

适配度评价指标	适配标准	指标值	结果
绝对适配度指标			
χ^2/df 值	$1<\chi^2/df$ 值 <3,良好;$3<\chi^2/df$ 值 <5,可以接受;$5<\chi^2/df$ 值,不佳	4.788	可以接受

① 温忠麟、侯杰泰、马什赫伯特:《结构方程模型检验:拟合指数与卡方准则》,《心理学报》2004年第2期。

② Marsh,H. W.,Hau,K. T.,Grayson,D.,Goodness of Fit Evaluation in Structural Equation Modeling,In:A. Maydeu-Olivares,J. J. McCardle (eds):*Contemporary Psychometrics;Festschrift to Roderick P. McDonald* (pp. 225—340),Mahwah,NJ:Lawrence Erlbaum Associates,2005;侯杰泰、温忠麟、成子娟:《结构方程模型及其应用》,教育科学出版社2004年版,第178—185页。

③ 适配度指标选取与适配标准确定主要依据侯杰泰、温忠麟、成子娟和吴明隆有关适配度指标的研究成果。详见侯杰泰、温忠麟、成子娟:《结构方程模型及其应用》,教育科学出版社2004年版;吴明隆:《结构方程模型:AMOS的操作与应用》,重庆大学出版社2010年版。

续表

适配度评价指标	适配标准	指标值	结果
GFI	>0.90	0.954	是
RMSEA	<0.05(良好);<0.08(合理)	0.058	良好
相对适配度指标			
NFI	>0.90	0.963	是
RFI	>0.90	0.929	是
NNFI	>0.90	0.943	是
CFI	>0.90	0.971	是
简约适配指标			
PNFI	>0.50	0.500	是

模型内在结构适配度。它主要用来检验所估计参数是否达到显著性水平、潜变量的组合信度是否大于 0.6 和平均方差抽取量是否大于 0.5,目的在于检验估计参数的显著程度、变量的信度和效度。从表 6-8 可以看出,回归系数均达 0.001 显著性水平,组合信度均在 0.8 以上。第一个潜变量的平均方差抽取量为 0.4923,小于 0.5 但接近于 0.5;第二个的为 0.4378,小于 0.5;第三个的为 0.6308,大于 0.5。鉴于模型适配度指标仅反映分析技术上的适配程度,而非理论证据,同时参考 Yang[1]、Kim 等[2]、徐二明和张晗[3]的做法,可以判定整体上的模型内在适配度可以接受。

模型基本适配度、整体模型适配度和模型内在结构适配度检验结果表明,模型的整体适配效果可以接受。这为假设验证及影响效应分析奠定了良好基础。

第四,假设验证与潜变量之间的影响效应分析。

①　参见 Yang,Kaifeng:Public Administrators' Trust in Citizens:A Missing Link in Citizen Involvement Efforts,*Public Administration Review*,2005,Vol. 65,Issue 3,pp. 273–285。

②　Kim,M. J.,Chung,N.,and Lee,C. K.,The Effect of Perceived Trust on Electronic Commerce:Shopping Online for Tourism Products and Services in South Korea,*Tourism Management*,2011,Vol. 32,Issue 2,pp. 256–265.

③　徐二明、张晗:《企业知识吸收能力与绩效的关系研究》,《管理学报》2008 年第 6 期。

从表6-10可知,能力建设和社会学习对农村公共服务决策优化的路径系数分别为0.251和0.717,显著性水平分别为0.05和0.001,这表明能力建设和社会学习对农村公共服务决策优化具有显著正向影响,假设H4和H3获得支持。能力建设对社会学习的路径系数为0.954,显著性水平为0.001,这表明能力建设对社会学习有显著正向影响,假设H5获得支持。从表6-10和表6-11可知,能力建设对农村公共服务决策优化有间接的显著正向影响,其路径为$\gamma_{11}\beta_{21}$(值为0.684)。因此,假设H6获得支持。

表6-10　假设及检验结果

参数	变量之间关系	路径系数	对应假设	检验结果
γ_{21}	能力建设→决策优化	0.251**	H1	支持
γ_{11}	能力建设→社会学习	0.954***	H2	支持
β_{21}	社会学习→决策优化	0.717***	H3	支持

注:路径系数为标准化值;* $p<0.1$;** $p<0.05$;*** $p<0.001$。

潜变量之间的影响效应反映了潜变量之间的影响强度。变量之间的影响效应包括直接效应(Direct Effects)和间接效应(Indirect Effects),两者之和称为总效应(Total Effects),间接效应值的大小等于所有直接效应值的连乘积[1]。从表6-11可知,能力建设对农村公共服务决策优化的总效应值为0.935,其中,直接效应值为0.251,间接效应值为0.684;能力建设对社会学习的总效应值为0.954;社会学习对农村公共服务决策优化的总效应值为0.717。这表明,能力建设对社会学习和农村公共服务决策优化具有较强的正向效应,社会学习对农村公共服务决策优化具有较强的正向效应。

---

[1]　吴明隆:《结构方程模型:AMOS的操作与应用》,重庆大学出版社2010年版,第265—266页。

表 6-11　潜变量之间的影响效应

变量之间关系	直接效应	间接效应	总效应
能力建设→决策优化	0.251	0.684	0.935
能力建设→社会学习	0.954	—	0.954
社会学习→决策优化	0.717	—	0.717

注:效应值均为标准化效应值。

二、能力建设、社会学习与农村公共服务决策优化之间的作用机理与影响效应分析

能力建设、社会学习和农村公共服务决策优化之间的机理和效应,根源于多重转型在现阶段农村公共服务决策场域中的映射与交集,体现了公共服务供给由政府回应向合作治理的转型,反映了公共治理模式从官僚制向公共能量场转型的趋势①。农村公共服务决策理应更多地在公共能量场这一表现社会话语的场所②里进行:具有不同意向性的政策话语在某一重复性实践的语境中,决策参与主体依据真诚、切合情景的意向性、自主参与、实质性贡献的规则来进行有目的指向的交流、争辩和论证。但实践中的农村公共服务决策,往往依赖于"以公民权为基础的乡村政治"③所奠定的治理生态,受制于民主能力这一基层民主制度建构内生基础的培育程度,聚焦于条件制约和路径闭锁所引致的农村公共服务困境以及对困境破解的探索。本研究从动态视角考察农村公共服务决策系统的优化问题是有价值的。本研究以条件—路径—目标为分析框架,将决策优化置于一种开放的、参与式的、共享的公共服务治理机制之中,构建了以能力建设、社会学习和农村公共服务决策优化为核心变量的整体关系模型,探讨了三者之间的作用机理

---

① 　[美]查尔斯·J.福克斯、休·T.米勒:《后现代公共行政——话语指向》,楚艳红、曹沁颖、吴巧林译,中国人民大学出版社 2002 年版,第 99 页。

② 　[美]查尔斯·J.福克斯、休·T.米勒:《后现代公共行政——话语指向》,楚艳红、曹沁颖、吴巧林译,中国人民大学出版社 2002 年版,第 10 页。

③ 　徐勇:《为民主寻根——乡村政治及其研究路径》,《中国农村观察》2001 年第 5 期。

与效应。

（1）整体关系模型研究发现,能力建设条件、社会学习路径与农村公共服务决策优化之间具有内在关联性。这表明,强化能力建设和社会学习对农村公共服务决策优化的正向效应能够显著提升农村公共服务决策系统的优化水平,准确把握能力建设和社会学习的关键构成要素对于农村公共服务决策优化具有显著意义。因此,探讨农村公共服务决策的优化不能局限于就问题谈问题的思路,而应在农村公共服务决策的科学化、民主化、高效化研究的基础上,进一步从系统视角来探讨农村公共服务决策优化的影响因素。

（2）社会学习对农村公共服务决策优化有显著促进作用。这一结论与Garmendia 和 Stagl[1] 的个案研究结论具有一致性,他们认为社会学习能够促进集体行动。沿循 Cundill 和 Rodela[2] 提出的从协商民主视角对社会学习进行研究的倡议,本研究将协商民主的部分特质融入社会学习机制中,认为决策参与主体的包容性、理性化交流、实质平等等特征对协商讨论至关重要,回答了什么样的协商讨论对社会学习是必要的[3]、协商讨论在何种条件下可以促进社会学习[4]等问题。社会学习通过促进决策对多元需求偏好的整合和包容"效率的民主嵌入",有利于提高农村公共服务决策系统优化的可行性。如:决策参与主体包容性使决策参与主体由政府代表、专家、村两委成员和其他精英扩展到整个社会,体现了决策的需求和民主导向;理性化

① Garmendia,E.,and Stagl,S.,Public Participation for Sustainability and Social Learning: Concepts and Lessons from Three Case Studies in Europe,*Ecological Economics*,2010,Vol. 69,Issue 8,pp. 1712-1722.

② Cundill,G. and Rodela,R.,A Review of Assertions about the Processes and Outcomes of Social Learning in Natural Resource Management,*Journal of Environmental Management*,2012,Vol. 113,pp. 7-14.

③ Schusler,T. M.,Decker,D. J.,and Pfeffer,M. J.,Social Learning for Collaborative Natural Resource Management,*Society & Natural Resources:An International Journal*,2003,Vol. 16,No. 4,pp. 309-326.

④ Cundill,G. and Rodela,R.,A Review of Assertions about the Processes and Outcomes of Social Learning in Natural Resource Management,*Journal of Environmental Management*,2012,Vol. 113,pp. 7-14.

协商与交流可以确保"更好观点的力量"主导决策过程与结果；机会平等使决策参与主体都有机会进行理性化协商与交流，实现决策过程中的知识最大化①。

（3）能力建设对社会学习有显著促进作用。这一结论将社会学习的影响因素由良好的平台规划②以及制度、网络及其结构、个体认知观与世界观③、组织文化④延伸至能力建设，并间接验证了杰克·奈特和詹姆斯·约翰森⑤的有效的协商讨论依赖于公民能力的观点。农村公共服务决策中，能力建设能够为社会学习提供基础能力支持，有利于提高社会学习过程中信息交流的充分性和理性化程度；能够为多元决策参与主体之间的协商讨论、互动交流与偏好表达提供平台支持，促进决策参与主体之间形成共同理解与共识，进而提高决策的合法性和可接受性；能够提供主体关系支持，促进决策参与主体之间信任与合作关系的形成，为决策优化奠定坚实基础。

（4）能力建设对农村公共服务决策优化有显著促进作用。从效应层面看，这一结论与 Hawkins⑥ 的观点具有本质上的一致性，他认为公民和政府能力建设的提升有利于提供更具回应性和更高效的公共产品和服务；从条件层面看，这一结论间接验证了"能力建设是可以使公共参与走向可操作

---

① ［美］克里斯蒂安·亨诺德：《法团主义、多元主义与民主》，载陈家刚编：《协商民主》，上海三联书店 2004 年版，第 306 页。

② Maarleveld, M., Dangbégnon, C., Managing Natural Resources: A Social Learning Perspective, *Agriculture and Human Values*, 1999, Vol. 16, Issue 3, pp. 267−280.

③ 参见 Reed, M. S., Evely, A. C., Cundill, G., Fazey, I., Glass, J., Laing, A., Newig, J., Parrish, B., Prell, C., Raymond, C., and Stringer, L. C., What is Social Learning, *Ecology and Society*, 2010, Vol. 15。

④ Reed, M. S., Stakeholder Participation for Environmental Management: a Literature Review, *Biological Conservation*, 2008, Vol. 141, Issue 10, pp. 2417−2431.

⑤ ［美］杰克·奈特、詹姆斯·约翰森：《协商民主要求怎样的政治平等》，载［美］詹姆斯·博曼、威廉·雷吉编：《协商民主：理性与政治》，陈家刚等译，中央编译出版社 2006 年版，第 233−239 页。

⑥ Hawkins, R. B. Jr., *Extension Project: Capacity-Building for Small Units of Rural Government*, Prepared for U.S. Department of Agriculture, Extension Service, unpublished final draft, 1980, p. 2.

化的有效方法"①的观点,契合了乡村治理制度建设→组织建设→能力建设的演进逻辑②。这一结论的深层含义在于,政府责任应由前期的农村公共服务供给本身拓展至合作治理中的能力建设,侧面验证了学者的类似观点。如:由政府提供服务来解决问题的理念将逐步被政府与社区、公民合作的理念所取代③,培养公民能力、赋权于公民将愈发重要④,但这并不能因此而忽视或低估政府服务供给和能力建设的责任⑤,政府回应将不仅体现为政府对公共服务的有效供给,亦体现为政府在推动和支持社区、公民能力建设中的重要职责⑥。

(5)能力建设经由社会学习对农村公共服务决策优化有间接的显著促进作用。这一结论验证了能力建设能够通过社会学习来促进公共服务集体决策优化的观点⑦。从表6-11可以看出,能力建设对农村公共服务决策优化的间接效应远高于直接效应,表明能力建设对农村公共服务决策优化的促进作用主要通过社会学习来实现。可能的原因在于:在公共服务市场化改革引致多元主体之间相互依赖性不断增强的背景下,农村公共服务决策优化依赖于决策参与主体对共同目标的有效确认与共识愿景的形成,这需要他们能够建设性地探究彼此之间的不同之处并寻找可以超

---

① Cuthill,M.,and Fien,J.,Capacity Building:Facilitating Citizen Participation in Local Governance,*Australian Journal of Public Administration*,2005,Vol. 64,No. 4,pp. 63-80.

② 马华等:《南农实验:农民的民主能力建设》,中国社会科学出版社2011年版,第22—46页。

③ 参见 Eade, D., *Capacity-Bttilding: An Approach to People-centered Development*, Oxfam Publication,London,1997。

④ Wharf-Higgins,J.,Citizenship and Empowerment:A Remedy for Citizen Participation in Health Reform,*Community Development Journal*,1999,Vol. 34,No. 4,pp. 287-307.

⑤ 参见 Cavaye,J. M.,*The Role of Government in Community Capacity Building*,Department of Primary Industries and Fisheries Information Series QI99804,Queensland Government,2000。

⑥ Cuthill,M.,and Fien,J.,Capacity Building:Facilitating Citizen Participation in Local Governance,*Australian Journal of Public Administration*,2005,Vol. 64,No. 4,pp. 63-80.

⑦ 翟军亮、吴春梅:《论社会学习框架下公共服务集体决策的优化——兼论公共参与难题的破解》,《理论与改革》2012年第2期。

越自身对愿景局限性理解的共识对策①。社会学习因其能够促进共同理解与共识、信任与合作关系的形成而成为能力建设与农村公共服务决策优化之间的中介。

三、小结

能力建设和社会学习能够缓解因条件制约和路径不畅引致的农村公共服务困境,促进农村公共服务决策优化。本章将能力建设、社会学习和农村公共服务决策优化整合到条件—路径—目标这一决策系统分析框架之中,构建了三者之间的整体关系模型,并运用结构方程模型方法对 1125 份有效问卷进行了实证分析。研究发现,增进能力建设和社会学习对农村公共服务决策优化的正向效应能够显著提升农村公共服务决策系统的优化水平,社会学习在能力建设与农村公共服务决策优化的关系中起到了部分中介作用。这一结论的实践意义在于应如何强化能力建设和社会学习对农村公共服务决策优化的影响。

第三节　能力建设对社会学习与农村公共服务决策优化关系的调节效应分析

一、分析原理与步骤

对于连续变量,调节效应分析最常用的方法是多元调节回归分析(Moderated Multiple Regression;MMR)②。

①　Gray, B., *Collaborating: Finding Common Ground for Multiparty Problems*, Jossey Bass Publishers, San Francisco, 1989, p. 5.

②　温忠麟、刘红云、侯杰泰:《调节效应和中介效应分析》,教育科学出版社 2012 年版,第 83—84 页;罗胜强、姜嬿:《调节变量和中介变量》,载陈晓萍、徐淑英、樊景立编:《组织与管理研究的实证方法》,北京大学出版社 2012 年版,第 428—429 页。

调节效应分析的基本原理如下:

假设在调节效应中,一个变量(X_1)影响了另一个变量(X_2)对 Y 的影响,则调节效应可以用这两个变量(X_1 和 X_2)的乘积来表示。

$$Y = \beta_0 + \beta_1 X_1 + \beta_2 X_2 + \beta_3 X_1 X_2 \tag{1}$$

X_1 对 Y 的影响为 β_1,X_2 对 Y 的影响为 β_2,β_2 反映了主效应的大小。β_3($X_1 X_2$ 的系数)反映了调节效应的大小,其原因在于:在公式(1)中,求 Y 关于 X_2 的偏导数,可以得到:

$$\frac{\partial Y}{\partial X_2} = \beta_2 + \beta_3 X_1 \tag{2}$$

也就是说,X_2 对 Y 的影响是取决于 X_1 的值的。

对假设 $H_0 : \beta_3 = 0$,做 t 检验,以推断调节效应是否显著。若检验结果为 $\beta_3 \neq 0$,则调节效应显著;反之,则不显著。检验的统计量为:

$$t = \frac{\hat{\beta_3}}{se(\hat{\beta_3})}$$

其中,$se(\hat{\beta_3})$ 是 $\hat{\beta_3}$ 的标准误。

调节效应分析的具体步骤为:

(1)如果自变量或调节变量中有类别变量,则应首先将类别变量转换为虚拟变量。

(2)对自变量和调节变量进行中心化处理。中心化的目的在于减少回归方程中变量间的多重共线性(Multicollinearity)问题。

(3)构造乘积项。

(4)构造方程。构造出乘积项后,把自变量、因变量和乘积项都放到多元层级回归方程中,进行检验。

由于在社会科学中,真正的定矩变量很少。为了统计方便,学术界通常将定序变量按照其所赋的分数值,近似地当作定矩变量来处理。本研究亦遵循学术界惯例,将本研究的定序变量按照其所赋的分数值,当作定矩变量来处理。

二、控制变量的选取

通过 one-wayANOVA 分析发现,性别、职业身份和政治面貌在自变量上存在显著差异。因此,为了更精确的分析自变量对因变量的作用,必须将性别、职业身份和政治面貌这些个体特征变量加以控制。由于这些控制变量均为名义变量,因此,在投入回归模型时对其进行了虚拟化处理使之转化为虚拟变量。变量虚拟化处理过程中,性别以"女性"为参照组,职业身份以"其他"为参照组,政治面貌以"共青团员"为参照组。

三、个体能力建设的调节效应

以农村公共服务决策优化为因变量,以经过虚拟化处理的性别、职业身份和政治面貌作为控制变量,以社会学习、个体能力建设作为解释变量,以社会学习与个体能力建设的乘积交互项作为自变量,利用 SPSS17.0 软件,采用分层多元回归分析方法进行分析,结果如表6-12 所示。

表6-12　个体能力建设调节效应检验结果

		模型 1	模型 2	模型 3	多重共线性 VIF（模型 3）
第一步:控制变量					
性别	男	0.134***	0.030*	0.031*	1.066
职业身份	务农	-0.013	0.016	0.022	3.325
	乡镇村组干部	0.082**	0.018	0.026	2.277
	中小学老师	0.019	-0.001	0.001	1.645
	在外打工	0.060	0.010	0.013	2.295
	个体企业主	-0.021	-0.018	-0.018	1.775
政治面貌	中共党员	0.084	0.073**	0.066**	3.387
	民主党员	0.003	-0.027*	-0.028*	1.048
	普通群众	-0.031	0.023	0.018	3.043

续表

	模型 1	模型 2	模型 3	多重共线性VIF(模型 3)
第二步:解释变量				
Zscore(社会学习题项均值)		0.680***	0.670***	1.894
Zscore(个体能力建设题项均值)		0.203***	0.179***	2.081
第三步:调节变量				
个体能力建设与社会学习交互项			-0.061***	1.365
模型指标				
R^2	0.060	0.714	0.717	Durbin-Watson 1.827
F	7.940***	252.555***	234.385***	
ΔR^2	0.060	0.654	0.003	
ΔF	7.940***	1271.868***	10.585***	

注:$^* p \leqslant 0.1$;$^{**} p \leqslant 0.05$;$^{***} p \leqslant 0.001$。

在具体分析过程中,对社会学习、农村公共服务决策优化、个体能力建设、组织能力建设和环境能力建设的衡量,采用各变量测量题项得分的均值,这样既可以有效减少测量题项数目,又可以保证分析的有效性和结果的可信度。同时,依循罗胜强和姜嬿(2012)[①]有关用回归方法检验调节作用的研究,对自变量社会学习和调节变量个体能力建设、组织能力建设、环境能力建设采用 Z 分数方法进行了中心化处理,目的在于减少分层多元回归方程中变量之间的多重共线性问题。

表6-12 中的模型 2 表明,社会学习和个体能力建设对农村公共服务决策优化有显著正向影响效应,两者的标准化回归系数分别为 0.680 和 0.203,且均达到 0.001 的显著性水平。因此,假设 H3 得到验证。

表6-12 中的模型 3 表明,在模型 2 的基础上增加了个体能力建设与社会学习的交互乘积项以后,模型 3 对农村公共服务决策优化的解释力度显

---

① 罗胜强、姜嬿:《调节变量和中介变量》,载陈晓萍、徐淑英、樊景立编:《组织与管理研究的实证方法》,北京大学出版社 2012 年版,第 428—429 页。

著增加了 0.3%，ΔF 为 10.585，且达到了 0.001 的显著水平。这表明，尽管增加的解释力度较小，但仍能说明个体能力建设对社会学习和农村公共服务决策优化之间的关系存在显著的调节作用。在多重共线性 VIF 一列中，所有变量的膨胀系数 VIF 均在 1 至 3.387 之间，均处于 1 至 10 的范围内；Durbin-Watson 检验值为 1.827，说明回归方程不存在多重共线性和序列自相关问题。综合上述结果，可以判定，假设 H7 得到部分验证。

四、组织能力建设的调节效应

以农村公共服务决策优化为因变量，以经过虚拟化处理的性别、职业身份和政治面貌作为控制变量，以社会学习、组织能力建设作为解释变量，以社会学习与组织能力建设的乘积交互项作为自变量，利用 SPSS17.0 软件，采用分层多元回归分析方法进行分析，结果如表 6-13 所示。

表 6-13　组织能力建设调节效应检验结果

		模型 1	模型 2	模型 3	多重共线性 VIF（模型 3）
第一步:控制变量					
性别	男	0.134***	0.035**	0.035**	1.060
职业身份	务农	−0.013	0.036	0.039	3.324
	乡镇村组干部	0.082*	0.038	0.043*	2.242
	中小学老师	0.019	−0.004	−0.003	1.643
	在外打工	0.060	0.008	0.010	2.291
	个体企业主	−0.021	0.003	0.001	1.776
政治面貌	中共党员	0.084	0.056*	0.049*	3.382
	民主党员	0.003	−0.021	−0.023	1.051
	普通群众	−0.031	0.032	0.024	3.050
第二步:解释变量					
Zscore（社会学习题项均值）			0.572***	0.550***	3.022
Zscore（组织能力建设题项均值）				0.306***	0.284***	3.127

	模型 1	模型 2	模型 3	多重共线性 VIF(模型 3)
第三步:调节变量				
组织能力建设与社会学习交互项			-0.083 ***	1.348
模型指标				
R^2	0.060	0.723	0.728	Durbin- Watson 1.701
F	7.940 ***	264.108 ***	248.142 ***	
ΔR^2	0.060	0.663	0.005	
ΔF	7.940 ***	1331.578 ***	20.812 ***	

注: $* p \leqslant 0.1$; $** p \leqslant 0.05$; $*** p \leqslant 0.001$。

表6-13 中的模型2表明,社会学习和组织能力建设对农村公共服务决策优化有显著正向影响效应,两者的标准化回归系数分别为 0.572 和 0.306,且均达到 0.001 的显著性水平。因此,假设 H3 得到验证。

表6-13 中的模型3表明,在模型2的基础上增加了组织能力建设与社会学习的交互乘积项以后,模型3对农村公共服务决策优化的解释力度显著增加了 0.5%, ΔF 为 20.812,且达到了 0.001 的显著水平。这表明,尽管增加的解释力度较小,但仍能说明组织能力建设对社会学习和农村公共服务决策优化之间的关系存在显著的调节作用。在多重共线性 VIF 一列中,所有变量的膨胀系数 VIF 均在 1 至 3.382 之间,均处于 1 至 10 的范围内;Durbin-Watson 检验值为 1.701,说明回归方程不存在多重共线性和序列自相关问题。综合上述结果,可以判定,假设 H8 得到部分验证。

五、环境能力建设的调节效应

以农村公共服务决策优化为因变量,以经过虚拟化处理的性别、职业身份和政治面貌作为控制变量,以社会学习、环境能力建设作为解释变量,以社会学习与环境能力建设的乘积交互项作为自变量,利用 SPSS17.0 软件,采用分层多元回归分析方法进行分析,结果如表 6-14 所示。

表 6-14　环境能力建设调节效应检验结果

		模型 1	模型 2	模型 3	多重共线性VIF(模型 3)
第一步:控制变量					
性别	男	0.134***	0.038*	0.039**	1.059
职业身份	务农	−0.013	0.026	0.027	3.314
	乡镇村组干部	0.082*	0.041*	0.043*	2.240
	中小学老师	0.019	0.017	0.017	1.650
	在外打工	0.060	0.008	0.008	2.291
	个体企业主	−0.021	0.001	0.001	1.774
政治面貌	中共党员	0.084	0.046	0.041	3.401
	民主党员	0.003	−0.028*	−0.029*	1.049
	普通群众	−0.031	0.007	0.003	3.053
第二步:解释变量					
Zscore(社会学习题项均值)			0.656***	0.642***	2.089
Zscore(环境能力建设题项均值)			0.229***	0.217***	2.050
第三步:调节变量					
环境能力建设与社会学习交互项				−0.047**	1.355
模型指标					
R^2		0.060	0.719	0.720	Durbin-Watson 1.774
F		7.940***	258.540***	238.675***	
ΔR^2		0.060	0.658	0.002	
ΔF		7.940***	1302.800***	6.388**	

注:$^*p \leqslant 0.1$;$^{**}p \leqslant 0.05$;$^{***}p \leqslant 0.001$。

表 6-14 中的模型 2 表明,社会学习和环境能力建设对农村公共服务决策优化有显著正向影响效应,两者的标准化回归系数分别为 0.656 和 0.229,且均达到 0.001 的显著性水平。因此,假设 H3 得到验证。

表6-14 中的模型 3 表明,在模型 2 的基础上增加了环境能力建设与社会学习的交互乘积项以后,模型 3 对农村公共服务决策优化的解释力度显著增加了 0.2%,ΔF 为 6.388,且达到了 0.05 的显著水平。这表明,尽管增加的解释力度较小,但仍能说明环境能力建设对社会学习和农村公共服务决策优化之间的关系存在显著的调节作用。在多重共线性 VIF 一列中,所有变量的膨胀系数 VIF 均在 1 至 3.401 之间,均处于 1 至 10 的范围内;Durbin-Watson 检验值为 1.774,说明回归方程不存在多重共线性和序列自相关问题。综合上述结果,可以判定,假设 H9 得到部分验证。

为了进一步检验个体能力建设、组织能力建设和环境能力建设对社会学习与农村公共服务决策优化关系的调节作用模式,以调节变量的均值加减一个标准差为标准,分别将个体能力建设、组织能力建设和环境能力建设分成高低两组。调节作用如图 1、2 和 3 所示,个体能力建设、组织能力建设和环境能力建设无论是在高分组和低分组,随着社会学习的增加,农村公共服务决策优化也不断增加。但是,在低分组中,社会学习对农村公共服务决策优化的影响较高分组更强烈,假设 H7、H8 和 H9 得到验证。

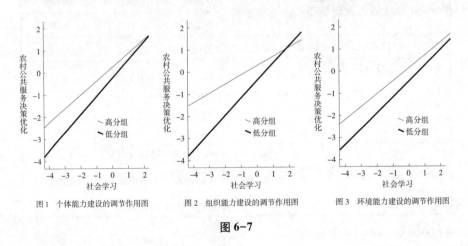

图1　个体能力建设的调节作用图　　图2　组织能力建设的调节作用图　　图3　环境能力建设的调节作用图

图 6-7

六、能力建设的调节效应分析

实证分析结果表明,能力建设对社会学习与农村公共服务决策优化之间的关系具有调节效应,但是这种调节效应与初始能力禀赋①密切相关,即由于行为主体初始能力禀赋的差异,能力建设调节效应呈现出明显的梯度②与阶段性特征。能力建设调节效应的梯度特征是指,从横向视角看,针对拥有不同初始能力禀赋的不同群体或不同地区,能力建设调节效应是不同的,也就是说,相对于初始能力禀赋较高的群体或地区,在初始能力禀赋较低的群体或地区中,能力建设的调节效应更加强烈。能力建设调节效应的阶段性特征是指,从纵向的角度看,针对拥有相同初始能力禀赋的同一群体或同一地区,能力建设调节效应是不同的,也就是说,随着行为主体能力的不断提高,能力建设的调节效应强度呈现出明显的减弱态势。

(1)社会学习对农村公共服务决策优化的影响,在个体能力建设水平较低的情境中比在个体能力建设水平较高的情景中更强烈。这一结论的含义在于:首先,提高个体能力建设水平有利于强化社会学习与农村公共服务决策优化之间的正向关系。加布里埃尔·阿尔蒙德和西德尼·维巴认为,有能力的公民往往能够在讨论中力图让别人听到自己的声音,能在决策时发挥作用,对决策施加影响,且能力越强,表现得越积极③。在社会学习中,良好的个体能力建设有助于强化个体的参与能力,使其有能力依托于农村公共服务社会学习平台与机制表达需求偏好,对决策方案制定施加自己的影响。实践也证明,当个体失去应有的参与能力时,他们将在决策中处于被边缘化的地位,直接引致他们难以确保需求偏好不被漠视,最终引致农村公共服务陷入所供非所需→供需结构失衡→效率低下的恶性循环。其次,个体能力建设的调节作用是有区别性和阶段性的,即针对不同群体以及同一群体的不同能力水平阶段,个体能力建设的调节作用是不同的。例如,较之

---

① 经济学意义上的"初始禀赋"是指一个经济人开始其经济行为时拥有的资源。类似地,"初始能力禀赋"是指行为主体在开始其能力建设行为时所拥有的能力资源,它不仅包括既有的能力水平,也包括行为主体所拥有的影响能力提升的各种资源。

② 经济学中的梯度理论主要是指国家应该按照不同地区经济等发展水平的高低,分批次对其进行开发。本研究借用"梯度"这一概念旨在从横向角度来分析因不同地区或群体的初始能力禀赋的高低不一而导致的能力建设效应强度强弱不一状况。

③ 参见[美]加布里埃尔·阿尔蒙德、西德尼·维巴:《公民文化:五国的政治态度和民主》,徐湘林等译,东方出版社 2008 年版。

普通农民,农村精英的个体能力往往处于较高水平,其通过社会学习对农村公共服务决策优化的影响也往往处于较高水平,甚至进入"高原期"①,因此,个体能力建设虽然能够强化两者间关系,但是提升速度有限。相反,普通农民的个体能力往往处于开始阶段,其通过社会学习对农村公共服务决策优化的影响也往往处于较低水平,因此,一定程度的个体能力建设往往能够推动普通农民的个体能力进入迅速发展阶段,其通过社会学习对农村公共服务决策优化的影响也随之能够以较快速度提升。随着农民个体能力提高至高水平阶段甚至理想状态,其通过社会学习对农村公共服务决策优化的影响也将随之由较快的提升速度降低为与之水平相符的阶段,如农村精英群体的提升速度,并以此速度推动农村公共服务决策优化至理想状态。

(2)社会学习对农村公共服务决策优化的影响,在政府能力建设水平较低的情境中比在政府能力建设水平较高的情景中更强烈。这一结论的含义在于:首先,提高政府能力建设水平有利于强化社会学习与农村公共服务决策优化之间的正向关系。在当下中国农村,政府能力建设不仅体现在政府对个体能力建设所提供的培训服务方面,亦体现在以参与式决策支持系统建设、评估能力、合作性组织文化、组织协同能力等为主要内容的制度能力建设方面。因此,政府在强化社会学习与农村公共服务决策优化正向效应中有多重路径与效应:第一,政府通过推动个体能力建设来强化社会学习对农村公共服务决策优化的正向效应;第二,政府通过推动制度能力建设来强化社会学习对农村公共服务决策优化的正向效应;最后,政府通过推动个体能力建设与制度能力建设的有机结合来发挥两者的正向叠加效应,进而强化社会学习对农村公共服务决策优化的正向效应。其次,结合农村公共服务供给由政府垄断向多元供给乃至合作供给转型的宏观背景,这一结论的深层含义在于农村公共服务领域中的政府职能转型,即由前期的农村公共服务供给本身拓展至合作治理中的能力建设,赋权于公民,培养公民能

---

① 在学习或技能提高的中后期,练习的进步常常出现停滞,保持在一定水平而不再继续上升,甚至有所下降,即出现了"高原期"。

力,推动政府管理向政府、社区、公民等多元主体的合作治理转型。再次,政府能力建设的调节作用是区别性和阶段性的,即针对不同地区或同一地区的不同能力水平阶段,政府能力建设的调节作用是不同的。与个体能力建设的调节作用原理一致,较之不发达地区,发达地区的政府能力往往处于高水平状态,通过社会学习对农村公共服务决策优化的影响也往往处于较高水平,甚至进入"高原期",因此,政府能力建设虽然能够强化两者间关系,但提升速度有限。相反,不发达地区的政府能力往往处于初步发展阶段,通过社会学习对农村公共服务决策优化的影响也往往处于较低水平,因此,一定程度的政府能力建设往往能够推动政府能力迅速发展,通过社会学习对农村公共服务决策优化的影响也随之能够以较快速度提升。随着政府能力提高至高水平阶段甚至理想状态,通过社会学习对农村公共服务决策优化的影响也将随之由较快的提升速度降低为与之水平相符的阶段,如发达地区的提升速度,并以此速度推动农村公共服务决策优化至理想状态。

(3)社会学习对农村公共服务决策优化的影响,在环境能力建设水平较低的情境中比在环境能力建设水平较高的情景中更强烈。这一结论的含义在于:首先,正式制度、"三农"政策、社会资本在强化社会学习对农村公共服务决策优化正向影响的重要作用。从制度视角看,这一结论拓展了埃莉诺·奥斯特罗姆、拉里·施罗德和苏珊·温有关制度基础设施和制度激励的观点,她们认为制度基础设施对现代经济具有重要作用,良好的制度安排可以改变个体所面临的激励结构,进而促进基础设施的可持续发展[①]。新形势下的"三农"政策为强化社会学习对农村公共服务决策优化的正向影响提供了良好的激励结构。从社会资本视角看,这一结论契合了罗伯特 D.帕特南有关社会资本的观点,他认为,社会资本是指社会组织的特征,诸如信任、规范以及网络,它们能够通过促进合作行为来提高社会效率[②]。在

---

① [美]埃莉诺·奥斯特罗姆、拉里·施罗德和苏珊·温:《制度激励与可持续发展——基础设施政策透析》,毛寿龙译,上海三联书店 2000 年版,第 8—25 页。

② [美]罗伯特·D.帕特南:《使民主运转起来》,王列、赖海榕译,江西人民出版社 2006 年版,第 195 页。

农村公共服务决策中,多元主体之间的信任、良好的社会网络、有效的互惠规范均有利于增进社会学习对农村公共服务决策优化的正向效应。其次,环境能力建设的调节作用是区别性和阶段性的,即针对不同地区、不同群体或同一地区、同一群体的不同能力水平阶段,环境能力建设的调节作用是不同的。

七、小结

本章通过文献回顾与假设提出的方式,从理论上分析了能力建设对社会学习与农村公共服务决策之间关系的调节作用,依循调节效应分析的基本原理,运用多元调节回归分析方法分别分析了个体能力建设、组织能力建设和环境能力建设的调节效应。得出的结论如下:整体上,能力建设对社会学习与农村公共服务决策优化之间的关系具有调节效应,但是这种调节效应与初始能力禀赋密切相关,即由于行为主体初始能力禀赋的差异,能力建设调节效应呈现出明显的梯度与阶段性特征。能力建设调节效应的梯度特征是指,从横向视角看,针对拥有不同初始能力禀赋的不同群体或不同地区,能力建设调节效应是不同的,也就是说,相对于初始能力禀赋较高的群体或地区,在初始能力禀赋较低的群体或地区中,能力建设的调节效应更加强烈。能力建设调节效应的阶段性特征是指,从纵向的角度看,针对拥有相同初始能力禀赋的同一群体或同一地区,能力建设调节效应是不同的,也就是说,随着行为主体能力的不断提高,能力建设的调节效应强度呈现出明显的减弱态势。具体地,第一,社会学习对农村公共服务决策优化的影响,在个体能力建设水平较低的情境中比在个体能力建设水平较高的情境中更强烈。第二,社会学习对农村公共服务决策优化的影响,在政府能力建设水平较低的情境中比在政府能力建设水平较高的情境中更强烈。第三,社会学习对农村公共服务决策优化的影响,在环境能力建设水平较低的情境中比在环境能力建设水平较高的情境中更强烈。这一结论的实践意义在于有针对性地、有区别地采取切实可行的措施来增强能力建设的调节效应。

第七章 研究结论、对策建议与研究展望

第一节 研究结论

为了有效缓解农村公共服务建设,快速推进对决策优化的强烈诉求与现实决策不优的矛盾,本研究克服了既有的碎片化研究思路的局限性,对农村公共服务决策优化进行了系统研究:以多目标融合为研究范式,构建了农村公共服务决策全面优化的发生机理模型并进行了验证,揭示了科学化、民主化、高效化之间的内在逻辑关系;以"保障条件—路径—目标"为研究范式,构建了农村公共服务决策系统优化的作用机理模型并进行了验证,揭示了能力建设、社会学习与农村公共服务决策优化之间的内在逻辑关系。研究发现:农村公共服务决策优化由农村公共服务决策的全面优化和系统优化组成;农村公共服务决策的全面优化,依赖于科学化、民主化、高效化之间结构优化基础上的系统效应提升;农村公共服务决策的系统优化,依赖于能力建设条件、社会学习路径与农村公共服务决策优化目标之间结构优化基础上的系统效应提升。在理论上,更加清晰化了优化目标系统、保障条件与优化路径等关键要素之间的结构优化与系统效应提升机理,表明在多重转型背景下的农村公共服务决策场域,以公共价值管理为代表的公共服务前沿理论、能力建设理论、社会学习理论具有解释力,理论的本土化和情景化研究具有可及性。在实践上,对于破解现阶段普遍面临的"能力贫困、社会学习虚化、决策不优"这一农村公共服务决策连环困境,推动"供给总量不

足、供给结构失衡、供给不均等化和供给效率低下"这一农村公共服务困境的解决具有重要指导意义。

具体研究结论如下:

第一,农村公共服务决策优化,依赖于农村公共服务决策全面优化和系统优化的整体推进。整体上,多重转型背景下的农村公共服务决策优化由优化目标系统、保障条件与优化路径等关键要素组成,推进农村公共服务决策优化需要突破当前的碎片化研究思路,从系统视角来推进关键要素的结构优化与系统效应发挥。具体地,农村公共服务决策的全面优化旨在解决农村公共服务决策优化目标系统的结构不优与系统效应偏低的问题;农村公共服务决策的系统优化旨在解决保障条件缺失、路径不畅、决策不优三者之间的结构不优与系统效应偏低问题。推进农村公共服务决策优化,必须将农村公共服务决策优化置于一种开放的、参与式的、共享的公共服务治理机制中,在推进农村公共服务决策优化目标的系统化建设与科学化、民主化、高效化三者之间关系整合优化的基础上,注重能力建设保障条件建设,强化社会学习优化路径建构,促进能力建设、社会学习与农村公共服务决策优化三者之间结构优化基础上的系统效应提升。

第二,农村公共服务决策的全面优化,依赖于科学化、民主化、高效化的有机统一。从目标系统整体看,农村公共服务决策优化的目标系统由科学化、民主化、高效化有机组成,三者是有机衔接的统一体,任何两者之间关系链条的断裂都会对农村公共服务决策优化这一目标实现产生负面影响。从目标子系统之间关系看,科学化与民主化之间是相互依存、相互促进的共变关系,它们分别对高效化有显著的促进作用。要推进农村公共服务决策的全面优化,就必须推进现代公共服务管理中政府与市场、社会协同治理及其多元价值整合,就必须构筑推进农村公共服务决策优化的长效机制,在提升决策的科学性、民主性和高效性的同时,更重视推进决策优化目标的系统化建设,努力实现三者关系的整合优化。

第三,农村公共服务决策的系统优化,依赖于能力建设条件、社会学习路径与农村公共服务决策优化目标之间正向效应的系统强化。整体上,能力建设条件、社会学习路径与农村公共服务决策优化之间具有内在关联性。具体地,社会学习和能力建设对农村公共服务决策优化有显著促进作用;能力建设经由社会学习对农村公共服务决策优化有间接的显著促进作用。推进农村公共服务决策的系统优化,需要增进能力建设和社会学习对农村公共服务决策优化的正向效应,充分发挥社会学习在能力建设与农村公共服务决策优化的关系中所起到的部分中介作用。

第四,能力建设对社会学习与农村公共服务决策优化之间的关系具有调节效应。整体上,能力建设的调节效应与初始能力禀赋密切相关,即由于行为主体初始能力禀赋的差异,能力建设的调节效应呈现出明显的梯度与阶段性特征。能力建设调节效应的梯度特征是指,从横向视角看,针对拥有不同初始能力禀赋的不同群体或不同地区,能力建设调节效应是不同的,也就是说,相对于初始能力禀赋较高的群体或地区,在初始能力禀赋较低的群体或地区中,能力建设的调节效应更加强烈。能力建设调节效应的阶段性特征是指,从纵向的角度看,针对拥有相同初始能力禀赋的同一群体或同一地区,能力建设调节效应是不同的,也就是说,随着行为主体能力的不断提高,能力建设的调节效应强度呈现出明显的减弱态势。具体地,社会学习对农村公共服务决策优化的影响,在个体能力建设、组织能力建设和环境能力建设水平较低的情境中比在个体能力建设、组织能力建设、环境能力建设水平较高的情境中更强烈。强化能力建设的调节效应,需要有针对性地、有区别地采取切实可行的措施。

第二节　对策建议

一、推进农村公共服务决策的全面优化

第一,统筹规划、系统设计、整体推进农村公共服务决策优化。

在经济建设型政府向公共服务型政府的转型进程中,亟待改变农村公

共服务决策中传统效率优先与制度化、民主化建设之间的脱节甚至碎片化现象。为此,政府应建构和完善体系化的制度框架,统筹规划和顶层设计农村公共服务决策的科学化、民主化、高效化建设;制定和整体推进农村公共服务决策优化的路线图,落实实施路径,完善配套制度,确保可行性和实效性;在农村公共服务决策优化的推进过程中,要遵循科学化、民主化、高效化三者之间的作用机理与影响效应,注重整体性,力争系统效应的高效发挥。

第二,建立规范、公平、合理、负责、透明的参与式决策过程,强化农村公共服务决策的科学化与民主化之间的互促共变效应。

为此,政府和社会应规范决策过程与结果评估制度与标准体系,促进决策制定、执行、评估与反馈等环节之间的有机链接,提升农村公共服务决策的科学化程度以及科学化对民主化的包容性程度;建立科学的参与主体识别方法,确保参与主体能够真实代表农民的实际需求与利益,有能力引领农民的需求偏好、维护根本利益和体现长远利益;应建立决策支持系统,通过制度化途径,将农民的实际需求与利益整合到决策中,在提升农村公共服务决策的民主性同时,也能确保决策更加科学合理和可持续;大力发展公民能力建设项目,提升农民等参与主体的参与能力,使农民有机会和有能力参与农村公共服务决策并合理合规地表达需求偏好,加强公共参与的保障体系建设和规范性程度。

第三,提升公共参与与协商讨论效度,强化农村公共服务决策的民主化对高效化的促进作用。

如前所述,有效参与与协商讨论对决策方案形成与执行至关重要。前期研究也表明,参与深度激励和参与效度激励对效率激励有显著促进作用。因此,政府和社会应提升参与主体的代表性,使利益相关者的诉求在农村公共服务决策中都能得到有效体现;应创新"民主恳谈"、"参与式预算"等参与机制和方法,确保参与主体的有效参与和决策过程中社会知识的最大化;应完善支持平等交流和平等影响力的制度安排,构建可接近的协商机制与平台,促进参与主体之间进行充分的信息交流与协商讨论,以利于促成偏好转换,提升信任水平与合作意愿,进而提升农村公共服务决策质量和执行功效。

第四，提升决策的科学性，强化农村公共服务决策的科学化对高效化的促进作用。

政府和社会应优化农村公共服务决策程序，严格按照农民的实际需求和根本利益制定决策目标，着重落实参与式决策方案论证，并做好决策执行后的评估与反馈工作；应充分利用现代传媒技术，创设有效的公共论坛等信息平台，促进决策信息在政府、社会与农民之间的双向无偏差传输，为农村公共服务决策奠定较为完备的信息基础；应坚持并落实好"从群众中来，到群众中去"，真正确保农村公共服务决策方案符合农村的实际情况，体现多数人的需求，具有较高的场域适用性。

二、推进农村公共服务决策的系统优化

第一，系统推进农村公共服务决策系统优化。

能力建设条件、社会学习路径与农村公共服务决策优化三者之间的整体关系模型分析结果表明，三者之间存在内在关联性。因此，在快速推进城乡公共服务均等化的背景下，亟待加强顶层设计，统筹规划与分步推进相促进，充分发挥农村公共服务决策优化的系统效应。为此，政府应进一步建构和完善制度框架，统筹规划农村公共服务决策优化的能力建设保障条件、社会学习路径建设；制定推进能力建设保障条件、社会学习路径建设的路线图并系统推进，完善配套措施。此外，在推进能力建设保障条件、社会学习路径建设的过程中，要依循能力建设、社会学习与农村公共服务决策优化三者之间的作用机理，提升它们的系统效应。

第二，要增强社会学习对农村公共服务决策优化的影响效应。

以平等参与为导向，增进社会学习的包容性。在法定渠道方面，应建立和完善相关程序制度，从程序上保证农民拥有参与社会学习的平等机会，保证社会学习中的充分、自由、平等的交流与对话；应通过合理的制度建构来赋予农民等决策参与主体相应的民主协商权利，最大限度地降低层级关系，

发展平行合作关系，促进主体之间的相互理解，以增加其与其他决策主体平等对话、协商的机会，增加其参与社会学习的机会，促进机会公平和程序平等。在社会支持方面，应通过各项社会政策和专项扶持计划，提升其内部凝聚力和表达能力，进而提升其改变协商环境与结构关系的能力。如政府可通过过渡性的专项计划来整体推进，在人财物方面给予支持，使其在争取平等参与机会、有效影响决策等共同行动中保持一致性，以提高其参与并影响农村公共服务决策的能力。

完善社会学习机制，推动信息沟通的理性化。完善社会学习机制可以在一定程度上提高信息沟通的理性程度，促进偏好转化。首先，优化社会学习流程，赋予农民以平等表达真实意愿的机会，避免政府主导以及形式化。建议采用以下流程：就一定时期内的供给需求进行民意调查→依据相关程序与规则产生民意代表→事先提供有关供需信息的详尽的、公正的、符合实际情况的材料→民意代表小组讨论，达成小组共识→以小组为单位进行大会交流，形成预解决方案→就预解决方案对民意代表进行二次调查→预解决方案的修订与完善，形成正式解决方案。其次，完善社会学习中的公共协商机制，强化社会学习中的信息交流、偏好表达与转化。应完善社会学习或公共协商平台，通过共识会议、民主恳谈会、民意测验、听证会等方式促进各主体之间进行充分讨论，以利于达成共识，促成偏好转化。最后，建立和完善主持人制度，确保过程和结果公正。在过程中，可通过制度约束、行为规范、过程监督、基于结果公正的自由裁量赋权等方式，赋予主持人确保决策过程和结果公正的职责。主持人可以发挥控制和引导功能，在过程公正的基础上提高结果的公正程度，如他可以规定每位代表的发言时间，同时亦可在执行中规定言说能力强的代表不能超过规定时间而鼓励言说能力弱的代表尽量多发言。

第三，要增进能力建设对社会学习的影响效应。

能力建设主要包括政府能力建设与农民能力建设，它有利于提高决策过程中的主体参与效能，提高各决策参与主体的参与效能。加强农民能力建设的措施主要有：针对制约农民有效参与的文化制约因素，加强针对性的专门知识、政治文化和综合素质培训,努力提高其整体政治文化素养,提高其民主参与意识;加强综合能力培训,提高其有效利用资源,尤其是将资源转换为机会与行动的能力,在一定程度上可以缓解参与过程中因参与主体间资源占有的非对称性而产生的政治影响机会的不平等,提高参与主体在社会学习过程中的实质平等性;加强专门技能培训,提高其言说与沟通、表达真实偏好、有效利用现有资源和认知等协商能力,使其能够准确表达自己的真实偏好和理解他人观点,能够维护自身利益并影响他人,从而提高其社会学习效能。加强政府能力建设的措施主要有:完善支持平等交流和公民具有政治影响力的制度安排,为社会学习效能提高提供制度保障;构建可接近的和制度化的协商机制与平台,为社会学习效能提高提供平台支持;建立决策支持系统以整合公民偏好与信息,为社会学习效能提高提供过程保障;发展社区能力建设项目以促进公民参与的发展,发展支持性组织文化以促进决策参与主体间的合作,为社会学习目标实现奠定良好的主体关系基础。

第四,要增进能力建设对农村公共服务决策优化的影响效应。

应优化教育培训体系来提高决策参与主体的个体能力,提升他们的经验知识与需求偏好对决策的影响力。应依托新农村建设、社区建设等平台,通过完善参与式决策支持系统等制度保障措施来促进需求偏好与决策的有机结合,通过政府网络管理能力建设和完善评估制度、标准、途径、方法等措施来提升决策的整体效能。应优化惠农政策和增加社会资本存量为提升决策主体的参与效能创造条件。此外,还必须同时加强能力建设对社会学习和社会学习对农村公共服务决策优化的促进作用。

三、强化能力建设对社会学习与农村公共服务决策优化关系的调节效应

第一,加强个体能力建设,增强其调节效应。

提升农民的参与知识与能力水平。农民的受教育程度直接决定着农民的知识水平,进而影响着农民的参与意识与能力。针对农民参与知识与能

力水平偏低和决策参与能力教育培训不完善的问题,可采取以下措施:首先,通过充分利用现有职业技术教育培训体系来促进农民个体能力建设。在深入落实九年义务教育的同时,将农民参与知识与能力教育培训嵌入到现有职业技术教育培训体系中。在此基础上,拓宽教育培训渠道,增加农民接受教育培训的机会;完善教育培训内容,加强针对性的参与知识、政治文化和综合素质的教育与培训以提升农民的参与知识水平;创新教育培训方式,充分利用现代传媒技术,提升农民参与知识与能力的教育培训效果。其次,通过加大对农民参与知识与能力教育培训的支持力度来为农民参与知识与能力水平提升提供持续动力。政策支持方面,要加强对农民参与知识与能力教育培训的政策引导,通过制定法律规范等措施来促进其规范化,通过将农民参与知识与能力教育培训体系建设纳入新农村建设内容体系来促进其持续化。财政支持方面,通过将农民参与知识与能力教育培训经费纳入财政预算、加大财政转移支付力度等措施来加强财政支持;通过经济激励和社会激励等方式来激发社会和市场主体对农民参与知识与能力教育培训投入的潜能,拓宽经费来源渠道。师资支持方面,要充分发挥高校的人才等教育资源优势,强化高校与农村的合作关系,借助校村"城乡互联、结对共建"机制来厚实师资基础。最后,借助村民自治、合作经济组织等平台,将"民主恳谈"、"参与式预算"等民主理念、民主机制和民主方法引入农村公共服务决策中,通过民主实践来提升农民的参与知识与能力。

增进农民的决策参与意识与热情。发展参与型政治文化有利于加强农民对自身权利、责任、参与能力与效能的认知,促进农民由消极被动参与逐步转变为积极主动参与。针对当前农村"过渡"与"二元"的政治文化状况,具体措施主要有:首先,通过发展公共领域来培育参与型政治文化。公共领域代表着一种以公共权力为内容、以公众参与为形式、以批评为目的的社会文化交往空间,它强调理性、公共性和开放性,追求公共利益,能够为农民参与农村公共服务决策提供平台与空间,促进农民理性参与精神的形成。鉴于此,政府要加强对农村公共领域发展的科学引导和依法管理,通过促进公共领域的发展来带动农民参与意识的成长。其次,通过提升农村基层民主实践过程中的农民决策参与效果来巩固并强化农民的参与意识与热情。最后,通过提高现代传媒技术的利用效率来强化参与型政治文化社会化效果。在现代传媒在农村广泛普及的背景下,要充分利用现代传媒受众广、传播方式多样、传播时间灵活等特点,通过针对性地制定节目、确定播放时间等方式来传播参与知识,普及参与型政治文化,培养农民参与意识。

瞄准农民的合作能力建设。农民合作能力的提高依赖于内生力量和外生力量及两者之间的良性互动。针对农村公共服务决策中农民合作能力偏低的现状,主要措施主要有:首先,通过强化选择性激励对农民合作行为的诱导作用,做到经济激励与社会激励并重,来激发农民合作行为的产生与维持。其次,通过发挥政府和村委会对农民合作的引导作用来积极引导农民参与合作实践,在国家和社会力量推动农民合作能力初步发展的基础上,实现合作能力内生培育与外部嵌入的有机结合。同时加强合作制度建设,通过制度建构来将多元主体置于无限重复博弈中,克服"搭便车"行为,保证合作收益,规制不合作行为,促进多元主体间"正确预期"的产生与发展,实现"集体行动对个体行动的控制",充分发挥制度建构对合作基础内生培育的促进作用。最后,通过财政倾斜、税收减免、信贷优惠等措施来促进农村合作组织的建立与发展,为农民合作能力建设奠定良好的组织基础。此外,在发挥权威机制对合作行为的引导作用的同时,亦要注重市场机制的引导与调节作用,毕竟市场经济已经深入农村的日常生活中。

第二,加强组织能力建设,增强其调节效应。

提升培训效能。针对当前农村公共服务决策中的能力建设现状,应借鉴相关地区和国家的相关经验,建立制度化的教育培训机制,在纠正既有教育培训观念偏差的基础上,借助远程教育平台,对农村公共服务决策中的各个参与主体进行系统化与专业化的教育培训。要加大资金支持力度,完善教育培训设施保障体系建设。要优化教育培训内容,不仅要注重对生产知识和意识形态知识的培训,亦要注重对语言表达、认知和沟通能力、"重述"和"重构"问题能力等的教育培训;不仅要注重对基础素养培训,亦要注重个性化素质培训;不仅要注重外显行为的培训,更要注重对内在精神的培训。要创新多元教育培训方式,不仅要注重理论的教育培训,亦要注重实践的教育培训,通过角色扮演、实地考察、技巧示范等实践演练方式来强化理论与实践的有机结合;不仅要注重对精英的教育培训,亦要注重对普通参与者的教育培训,通过点面相结合的方式来提升教育培训的实践效能;不仅要注重长期的有规划的教育培训,亦要注重短期的强化性的教育培训,使两者能够相得益彰。

优化参与式决策支持系统。首先,数据的搜集与信息交流方面:要加强公共信息服务,应创设有效的公共论坛等制度化的信息交流机制或平台,完善既有的信息公布与交流制度,通过公开讨论的聚会、公共检视、赋予相关媒体更为广泛的公共信息服务职责等途径来保证信息的公开性、透明性,保障农民等主体对相关决策信息的了解,缓解协商讨论过程中农民较其他决策参与主体的信息不对称程度。其次,利益相关者识别方面:针对决策参与主体包容性不足所引致的一系列问题,可采用分类随机抽样等方法来确定决策参与主体,即先根据利益相关程度、收入、职业、年龄等进行分类,再进行随机抽样。通过分类以保证决策参与机会在不同利益群体间的均衡性,通过随机抽样以保障决策参与主体的代表性和参与机会的平等性,加大农民参与力度,克服决策主体包容性不足所引致的农民参与不足和农民有限参与中的代表性不足等弊端,为提升决策结果的公平性程度创造条件。再次,决策程序与方法方面:要改变自上而下的决策程序,探索有农民积极参与支撑的自下而上与有政府支持的自上而下相结合的决策程序。最后,决策项目与过程评估方面:整体上,要建立并完善体系化、规范化的公共服务项目评估制度,明确实施标准、途径与方法。具体地,可以依循如下流程:识别农村公共服务决策的价值创造过程与支持过程,明确需求,以此建立可测量的多元化的过程绩效目标与结果绩效目标,在结合具体服务项目的基础上,有针对性地设计绩效评估体系;对公共服务决策过程进行跟踪监控,对公共服务决策结果进行评估检测以确认公共服务项目是否达到预期目标,以此为依据,反馈信息给公共服务项目实施过程。

加强支持性组织文化建设。采取切实可行的措施,如通过制度建构、发挥乡村精英在地方政府,在农民等主体之间的中介作用等措施来建构地方政府与农民等主体之间的信任机制;真正发挥村民自治组织在村中公共事务处理中的积极作用,以及链接地方政府与农民等主体的中介作用。

第三,加强环境能力建设,增强其调节效应。

实证调查中,有村干部反映:"三农"政策对农村公共服务"有很大帮助,资金支持、引导和催化作用很大,村委争取并充分利用"①。加强环境能力建设的调节作用,就必须在优化并充分利用"三农"政策的基础上,充分挖掘和培育村庄社会资本,增加村民采取集体行动的可能性。例如,强化既有的互惠规范,可以约束投机行为,促成集体行动的产生;通过发挥农村精英对农民合作行为的带动作用,可以弥补社会关联弱化对集体行动的负面影响;挖掘面子、威望、熟人社会中的人际关系网络等传统道德文化资源,可以扩大农民之间的信任半径,并重构村庄或社区成员的信任网络,为集体行动建构信任基础。

第三节　研究展望

随着中国农村政治、经济、社会、文化的持续快速发展,中国农村公共服务决策亦将遵循公共服务决策的发展逻辑,逐步实现由政府自主式决策向协商式决策进而向公共决策的实质性转变,亦将面临"公共参与的难题"。本研究对农村公共服务决策全面优化和系统优化的研究,在理论上提高了其解决中国农村转型期不确定、不均衡、多元异质等复杂背景下实现农村公共服务决策优化的可能性与可行性,在实践上融合了国内外探索中的诸如民主恳谈会、共识会议、协商小组等可供借鉴的经验,有利于缓解中国农村公共服务供给困境。

考虑中国农村发展的阶段性和场域性特征,农村公共服务决策优化的

---

① 参见《湖北张村访谈——村副主任》。

实现,尚需依托现代社会和现代公民的培育,依托政府公共行政精神和公民公共精神的支持,依托能包容多元参与、公开透明、平等合作、权力分享的公共制度与文化建构。在当前中国农村公共服务仍处于政府垄断供给、中心(政府)—边缘(社会)格局下的多元供给、村民自治下的准合作供给同时并存的格局下,农村公共服务决策全面优化和系统优化的实现,尚需进一步探讨以下问题:一是能力建设和社会学习可以促进公共服务决策优化的进程,问题是在政府对社会和公民自上而下的权力推进很容易实现的现实场域中,加快能力建设和增进社会学习效果的动力何在? 二是社会学习效果的提升需要公民公共理性水平的提升,而公共理性的培育不仅是一个需要诸多条件支持的持续过程,更是依附于多元决策主体的现代意义上的公共性建构问题,毕竟自利性动机较利他动机和合作动机在市场经济中具有更强的适应性。三是能力建设、社会学习和农村公共服务决策优化内置于并受制于村庄治理系统,村庄治理系统在三者作用机理中所扮演的角色还有待进一步探讨。

附录1 能力建设、社会学习与农村公共
服务决策优化状况的调查问卷

尊敬的朋友：

您好！这是一份科学研究调查问卷，主要是想了解能力建设、社会学习、农村公共服务决策状况。农村公共服务包括：以道路、通讯、水电、沼气等为主要内容的农村基础设施，以机井、防洪设施、节水灌溉、小型农田水利、平田整地等为主要内容的农田水利设施，以提高农产品技术含量和产品附加值为目的的农业公益性科技服务，以农产品市场信息提供和营销服务等为主要内容的农业公共信息与营销服务，以良种、化肥、农药、农产品质量安全监测检测、农业人力资源开发、农机补贴、农业贷款、农业保险、土地流转等制度建设为主要内容的农业保障性公共服务，以农村污染治理、水域治理、村容村貌整治等为主要内容的农村生态环境建设等。本调查不记名，所有数据仅用于统计分析。请您根据实际情况和您所了解的相关事实进行填写，答案无对错之分。我们将严格遵守《统计法》，对您所提供的情况予以保密。请在合适的"□"内打"√"。我们热切期待和衷心感谢您的支持与合作！

农村公共服务决策优化研究课题组

第一部分：您的基本情况

1.您的性别：□男□女

2.您的年龄:□25 岁以下　□26—40 岁　□41—50 岁　□51—60 岁　□61 岁以上

3.您的受教育程度:□小学及以下　□初中　□中专或高中　□大专及以上

4.您的职业身份:□在家务农　□乡镇和村组干部　□农村中小学教师　□在外打工　□个体私营企业主　□其他,请注明(　　　)

5.您的政治面貌:

□中共党员　□民主党派成员　□普通群众　□共青团员

6.您家 2011 年的人均纯收入:

□3000 元以下　□3001—6000 元　□6001—10000 元　□10001—20000 元　□20001 元以上　□其他,请注明

7.您的参与活动属于公共服务决策的哪个阶段?(可多选)　□问题界定阶段　□决策方案制定阶段　□决策方案执行阶段　□决策执行结果评估阶段　□全程参与

8.本村(地区)公共服务决策中的村民参与水平较之前是否有提高?□有　□没有

第二部分:社会学习现状

请根据您的真实想法,对下列问题和看法进行评判,评判分为"非常同意"、"同意"、"不一定"、"不同意"与"非常不同意"5 个等级,请在您认同的等级框中打"√"。

问题和看法	同意程度(只选一项)				
	非常同意	比较同意	不一定	不太同意	不同意
决策参与者中有村民代表					
决策参与者包括了不同收入水平的人员					
决策参与者包括了不同年龄段的人员					

续表

问题和看法	同意程度（只选一项）				
	非常同意	比较同意	不一定	不太同意	不同意
决策参与者能代表村里不同群体的观点与利益					
参与者根据客观事实来判断观点是否合理					
参与者并不根据观点提出者的背景、身份来判断观点是否合理					
各参与者都能与他人进行沟通与辩论，且不会处于下风					
各参与者都能利用自身资源来参与公共服务决策					
各参与者都能准确理解他人的观点与意图					
各参与者都能利用现有机会参与公共服务决策					
每个人都能争取到机会来参与公共服务决策					
每个参与者都可提出建议及理由					
每个参与者在协商讨论中都拥有平等的发言机会					
不同身份地位的人参与协商讨论的机会是大致相当的					
不同身份地位的参与者在协商讨论中的发言机会是大致相当的					
不同贫富的人参与协商讨论的机会是大致相当的					
不同贫富的参与者在协商讨论中的发言机会是大致相当的					
没人能利用权力或金钱来使其他参与者违背自己的真实意愿来投票或表态					
每个参与者受到其他参与者影响的可能性是大致相同的					
没有人会因为身份、地位和贫富的影响而不能参与协商过程					
协商讨论过程中没有出现部分人的利益得不到尊重的现象					
何时开会讨论，怎么开会讨论，有谁参加，按照什么程序都有规定					
镇里或村里面建立了相应的机构（或指定专人）负责开会协商事务					
偏好（喜好）、需求与观点表达以及信息交流不是"闹着玩"的					
各参与者参与协商讨论是为了集体利益					
镇里或村里制订了一系列有关参与的规章制度					
有关参与的规章制度得到了较好的落实					

续表

问题和看法	同意程度(只选一项)				
	非常同意	比较同意	不一定	不太同意	不同意
镇里或村里定期召开正式的经验交流(或协商讨论)会					
协商讨论,促进了各参与者之间的信息交流与信息汇聚					
通过协商讨论,获得了更多真实的"民声",获得了许多宝贵的信息					
经验知识或民间知识在协商讨论中得到了交流					
专家的讲解有助于更好地理解问题					
相关公民的讲解有助于自己更好地理解问题					
实地考察有助于自己更好地理解问题					
村民的知识和经验对决策很有帮助					
其他地方的经验教训在协商讨论中得到了介绍					
通过协商讨论,大家都认识到了彼此的观点与看法					
通过协商讨论,大家都相互认识到了彼此的意图					
通过协商讨论,各参与者潜在的想法更加明晰,更加具体					
通过协商讨论,各参与者认识到彼此间的潜在价值追求					
通过协商讨论,各参与者形成了新的价值观与观点					
通过协商讨论,各参与者认识到彼此之间是相互依赖的					
通过协商讨论,各参与者认识到了自己观点的优点与缺点					
通过协商讨论,各参与者对问题形成了新的观点和看法					
通过协商讨论,各参与者的观点得到不断完善					
协商讨论增进了各参与者间的相互了解,为日后合作奠定了基础					
通过协商讨论,大家缩小了分歧,形成了比较一致的观点					
通过协商讨论,对方案(或项目)有异议的人数大为下降					
通过协商讨论,各参与者进一步巩固了已有的合作关系					
通过协商讨论,参与者之间形成了新的合作关系					
通过协商讨论,参与者间的敌对关系得到了改善					
通过协商讨论,不同身份参与者之间实现了相互包容和理解					
与事先没有经过开会讨论的项目相比,事先经过开会讨论的项目执行起来更容易得到老百姓等各方的支持,因而执行起来更顺利					

续表

问题和看法	同意程度（只选一项）				
	非常同意	比较同意	不一定	不太同意	不同意
与事先没有经过开会讨论的项目相比,事先经过开会讨论的项目的执行结果往往能更多地满足各方的需求,因而备受好评					

第三部分:公共服务决策现状

请根据您的真实想法,对下列问题和看法进行评判,评判分为"非常同意"、"同意"、"不一定"、"不同意"与"非常不同意"5个等级,请在您认同的等级框中打"√"。

问题和看法	同意程度（只选一项）				
	非常同意	比较同意	不一定	不太同意	不同意
近3年来,村里的公共服务决策方案得到了充分的论证					
村里的公共服务决策方案更加符合本村的实际情况					
村里的公共服务决策体现了大多数人的需求					
村里的公共服务决策体现了各参与主体的智慧,提升了公共服务的适用性和效益					
协商讨论后,花费在公共服务决策执行上的时间大大减少					
由于获得了各方的理解与支持,政策执行功效较之前有了很大提升					
协商讨论使参与者找到更好的问题解决方案,减少了资源浪费					
讨论中形成的共识,提高了参与者之间的合作水平和办事效率					
近3年来,村里的公共服务决策质量和村民满意度提升了					
近3年来,村里的决策执行状况越来越好					
近3年来,村里的公共服务质量有了很大提升					

续表

问题和看法	同意程度(只选一项)				
	非常同意	比较同意	不一定	不太同意	不同意
村里公共服务决策的参与主体范围较之前有了很大的扩大					
参与主体参与公共服务决策的范围较之前有了较大扩大					
参与主体对公共服务的知情权有了进一步的提升与扩大					
参与主体参与公共服务决策的积极性与主动性有较大提高					
参与主体的决策参与权利有了进一步的实现					
通过协商讨论,村里的公共服务方案由村民集体决定,村民能当家做主					
通过协商讨论,公共服务方案质量有了很大提高					
通过协商讨论,公共服务活动一般都会让百姓感到满意					

第四部分:能力建设部分

请根据您的真实想法,对下列问题和看法进行评判,评判分为"非常同意"、"同意"、"不一定"、"不同意"与"非常不同意"5 个等级,请在您认同的等级框中打"√"。

问题和看法	同意程度(只选一项)				
	非常同意	比较同意	不一定	不太同意	不同意
自己经常通过多种方式来提高自己对公共服务决策的认识,获取知识					
自己经常通过多种方式来提高自己争取参与公共服务决策机会的能力					
自己经常通过多种方式来提高自己有效利用自身资源的能力					
自己经常通过多种方式来提高自己表达看法的能力					
自己经常通过多种方式来提高自己准确理解他人观点和意图的能力					

续表

问题和看法	同意程度（只选一项）				
	非常同意	比较同意	不一定	不太同意	不同意
自己经常通过多种方式的学习来提高自己言说和沟通能力					
自己经常通过多种方式的学习来提高自己界定问题的能力					
村民参与公共服务的积极性越来越高					
各参与者都很乐意与其他人合作					
遇到一个人不能解决的问题时，村民常常相互帮助					
镇村通过广播、开会、宣传、培训等方式来提高各参与者对公共服务决策的认识					
镇村通过广播、开会、宣传、培训等方式对村民进行参与和权利意识教育					
镇村通过培训、学习等方式来提高村民等参与者的参与能力					
镇村的培训设施和场地（如电脑、教室等）能较好地满足需求					
镇村经常拨款购买相关设备来保证村民能够有效参与					
镇村的教育与培训已初步形成较为完善的体系					
政治、法律素养等方面的教育与培训能够满足村民的需求					
参与能力方面的教育和培训在不断加强					
在选择谁参加协商方面，有具体的制度规定					
在选择谁参加协商方面，有公平的操作方法					
在决策程序方面，镇村都有相应的规定，都是有章可循的					
在实践中，有关决策程序的规定得到了较好的执行					
公共服务项目评估更多考虑项目对经济增长与社会发展的贡献程度					
镇村制订了较为详细的评估标准和指标体系					
公共服务项目评估多通过内部评估和外部评估相结合的途径来进行					
公共服务项目评估并不主要通过前后对比等方法来进行					
各参与者可以共享资源、知识、信息					
各参与者间基于公共利益的集体活动越来越多					
各参与者间具有较好的团队意识					

问题和看法	同意程度（只选一项）				
	非常同意	比较同意	不一定	不太同意	不同意
政府能够整合村民、企业和政府的资源来提供公共服务					
政府能够有效管理政府各部门、企业和村民在合作过程中产生的关系					
政府与市场、村民进行合作的能力有了很大提高					
政府能够对村民的公共服务需求做出回应					
村委会或社区等组织能较好地代表村民的切身利益					
"三农"政策为优化农村公共服务决策提供了较好的政策环境					
《村民委员会组织法》等法律为优化农村公共服务决策提供了较好的制度环境					
"三农"政策在本地区得到了较好的执行					
基层群众自治制度在本地区得到了较好的执行					
村民、村委会、乡镇政府间都相互信任					
"村规民约"能够得到较好的遵守					
村里的整体社会风尚较好					
自己与村里、镇里、乡里、企业等负责人建立了较好的关系					

附录2 村组干部和村民访谈大纲

访谈对象:村两委成员、村小组长、村民

一、被访者基本情况

1.您的性别:(1)男　　　　(2)女

2.您的年龄:

(1)25 岁以下　(2)26—40 岁　(3)41—50 岁　(4)51—60 岁　(5)61 岁以上

3.您的职业:

(1)在家务农　(2)村组干部　(3)农村中小学教师　(4)在外打工

(5)个体私营企业主　(6)其他,请注明(　　　　)

4.您的现任职务是:

您任现职务的时间是(　　)年

5.您的文化程度:(1)小学及以下　(2)初中　(3)高中或中专　(4)大专　(5)本科及以上

6.您的政治面貌:(1)中共党员　(2)民主党派成员　(3)普通群众(4)共青团员

7.您家 2011/2012/2013 年人均纯收入是(　　)元

二、资料

1.与参与相关的规章制度资料。

2.与公共服务决策相关的规章制度资料。

3.是否有村民等相关主体开会协商的案例（记录）。

4.是否有较为典型的村民等相关主体参与公共服务决策的案例（记录）。

三、访谈问题

1.本村近几年的公共服务项目及基本情况,包括资金来源、决策方式、项目参与单位及参与状况,村民参与状况与评价,项目的维护和使用情况等。

2.村里面是如何进行公共服务决策的？

3.如何将执行上级政府命令与村民需求有效结合起来,村委会在其中扮演什么样的角色？

4.村民参与公共服务决策的积极性如何？村采取了哪些措施来促进村民参与公共服务决策？

5.村庄社会风气如何？人与人之间的关系有什么变化？

6.如何将地方知识、民间知识、其他地区或本地区的经验整合进公共服务决策中？

7.您是如何评价本村的公共服务决策（包括成功的经验和存在的主要问题）？

8.村民的参与能力如何？采取了什么措施来提高村民的参与能力？（村民参与能力是指村民运用自身知识与技能参与公共服务决策的意愿与能力,其主要包括:村民自身掌握的参与公共服务决策的知识、技术与技能;村民参与公共服务决策的意识与态度;村民与其他主体相互合作的意愿与能力。）

9.公共服务信息搜集与发布机制有哪些？

10.村民的合作意识、参与意识、信任意识状况怎么样？

11.村干部能力现状（公共服务方面）。

12.如何选择参与协商讨论的人员，有什么相关的制度规定或操作程序么？

13.社区建设状况（硬件和软件）及其对村民参与公共服务的影响。

14.在公共服务项目评估方面（评估制度、标准、途径、方法等），村里面有什么规定和措施？

15.村委会与企业、村民（组织）之间的合作状况，如何对彼此间的合作进行管理，是否有较为典型的案例（如有案例，能否索取相关资料）？

16."三农"政策对农村公共服务决策有什么具体影响？

17.村民组织发展（如经济合作组织等）怎么样？对村民参与公共服务决策有什么影响？

18.村里针对农民的教育培训（如学习班、培训班等）主要有那些？是否已经制度化？效果如何？

19.您对村民参与公共服务决策的看法（如利弊、是否应该参与、怎么参与、未来应该怎么管理等）。

附录3 乡镇干部访谈大纲

访谈对象:乡镇干部

一、被访者基本情况

1.您的性别:(1)男　　(2)女

2.您的年龄:(1)25岁以下　(2)26—40岁　(3)41—50岁　(4)51—60岁　(5)61岁以上

3.您的职业:

(1)在家务农　(2)村组干部　(3)农村中小学教师　(4)在外打工

(5)个体私营企业主　(6)其他,请注明(　)

4.您任现职务的时间是(　　)年

5.您的文化程度:

(1)小学及以下　(2)初中　(3)高中或中专　(4)大专　(5)本科及以上

6.您的政治面貌:(1)中共党员　(2)民主党派成员　(3)普通群众(4)共青团员

7.您家2011/2012/2013年人均纯收入是(　　)元

二、资料

1.与参与相关的规章制度资料。

2.与公共服务决策相关的规章制度资料。

3.是否有较为典型的村民等相关主体参与公共服务决策的案例(记录)。

4.是否有政府、村民等相关主体开会协商的案例(记录)。

三、访谈问题

1.本地区近几年的公共服务项目及基本情况,包括资金来源、决策方式、项目参与单位及参与状况,村民参与状况与评价,项目的维护和使用情况等。

2.乡镇政府是如何进行公共服务决策的?(如决策主体、决策程序等)

3.如何将执行上级政府命令与下级(村民)需求有效结合起来,乡(镇)政府在其中扮演什么样的角色?

4.您如何评价本地的公共服务决策(如成功的经验和存在的主要问题)?

5.如何将地方知识、民间知识、其他地区或本地区的经验整合进公共服务决策中?

6.公共服务信息搜集与发布机制(方式)主要有那些?

7.村干部的公共服务能力状况与提高措施(如村公共服务提供过程中的多方面关系的管理能力,应对冲突的能力,回应村民公共服务需求的能力,管理公共服务项目的能力等)。

8.政府能力现状与提高政府能力的措施(如公共服务提供过程中的多方面关系的管理能力,应对冲突的能力,回应村民公共服务需求的能力,管理公共服务项目的能力等)。

9.如何选择参与协商讨论的人员,有什么相关的制度规定或操作程序么?

10.社区建设状况(硬件和软件)及其对村民参与公共服务的影响。

11.在公共服务项目评估方面(评估制度、标准、途径、方法等),乡(镇)

里面有什么规定和措施?

12.政府与企业、村民(组织)之间的合作状况,如何对彼此间的合作进行管理,是否有较为典型的案例?

13."三农"政策对农村公共服务决策有什么具体影响?

14.乡(镇)采取了哪些措施来促进村民参与公共服务决策的?

15.乡(镇)针对农民的教育培训(如学习班、培训班等)主要有那些?是否已经制度化?效果如何?

16.村民组织发展(如经济合作组织等)怎么样?对村民参与公共服务决策有什么影响?

17.您对村民参与公共服务决策的看法(如利弊分析、是否应该参与、怎么参与、未来应该怎么管理等)。

参考文献

1.[澳]欧文·E.休斯:《公共管理导论》,中国人民大学出版社 2007 年版。

2.[法]莱昂·狄骥:《公法的变迁》,辽海出版社 1999 年版。

3.[美]B.盖伊·彼得斯:《政府未来的治理模式》,吴爱明等译,中国人民大学出版社 2001 年版。

4.[美]E. S.萨瓦斯:《民营化与公私部门的伙伴关系》,中国人民大学出版社 2002 年版。

5.[美]L.贝塔兰菲:《一般系统论》,秋同、袁嘉新译,社会科学文献出版社 1987 年版。

6.[美]阿维纳什·K.迪克西特:《经济政策的制定:交易成本政治学的视角》,刘元春译,中国人民大学出版社 2004 年版。

7.[美]埃莉诺·奥斯特罗姆、拉里·施罗德、苏珊·温:《制度激励与可持续发展——基础设施政策透析》,毛寿龙译,上海三联书店 2000 年版。

8.[美]埃莉诺·奥斯特罗姆:《公共事物的治理之道》,余逊达、陈旭东译,生活·读书·新知三联书店出版社 2000 年版。

9.[美]迈克尔·麦金尼斯:《多中心体制与地方公共经济》,毛寿龙译,中国人民大学出版社 2003 年版。

10.[美]安瓦·沙:《公共服务提供》,孟华译,清华大学出版社 2009 年版。

11.[美]保罗·乔伊斯:《公共服务战略管理》,张文礼等译,清华大学出版社 2008 年版。

12.[美]保罗·萨缪尔森、威廉·诺德豪斯:《经济学》,萧琛译,人民邮电出版社 2008 年版。

13.[美]彼得·M.布劳:《社会生活中的交换与权力》,李国武译,商务印书馆 2008 年版。

14.[美]查尔斯·J.福克斯、休·T.米勒:《后现代公共行政——话语指向》,楚艳红、曹沁颖、吴巧林译,中国人民大学出版社 2002 年版。

15.[美]查尔斯·林德布洛姆:《决策过程》,竺乾威等译,上海译文出版社 1988 年版。

16.[美]戴维·奥斯本、特德·盖布勒:《改革政府:企业精神如何改革着公营部门》,周敦仁、汤国维、寿进文、徐获洲译,上海译文出版社 2006 年版。

17.[美]弗兰西斯·福山:《信任:社会道德与繁荣的创造》,李宛容译,远方出版社 1998 年版。

18.[美]赫伯特·西蒙:《管理决策新科学》,李柱流等译,中国社会科学出版社 1982 年版。

19.[美]亨利·S.理查德森:《民主的目的》,载詹姆斯·博曼、威廉·雷吉编:《协商民主:论理性与政治》,陈家刚等译,中央编译出版社 2006 年版。

20.[美]加布里埃尔·阿尔蒙德、西德尼·维巴:《公民文化:五国的政治态度和民主》,马殿君等译,浙江人民出版社 1989 年版。

21.[美]杰克·奈特、詹姆斯·约翰森:《协商民主要求怎样的政治平等》,载詹姆斯·博曼、威廉·雷吉编:《协商民主:理性与政治》,陈家刚等译,中央编译出版社 2006 年版。

22.[美]卡尔·科恩:《论民主》,聂崇信、朱秀贤译,商务印书馆 1988 年版。

23.[美]克里斯蒂安·亨诺德:《法团主义、多元主义与民主》,载陈家刚编:《协商民主》,上海三联书店 2004 年版。

24.[美]理查德·C.博克斯:《公民治理:引领 21 世纪的美国社区》,孙柏瑛等译,中国人民大学出版社 2005 年版。

25.[美]理查德·布隆克:《质疑自由市场经济》,林季红译,江苏人民出版社 2000 年版。

26.[美]罗伯特·B.登哈特:《公共组织理论》,扶松茂、丁力译,中国人民大学出版社 2003 年版。

27.[美]罗伯特·D.帕特南:《使民主运转起来》,王列、赖海榕译,江西人民出版社 2006 年版。

28.[美]马克·莫尔:《创造公共价值:政府战略管理》,清华大学出版社 2003 年版。

29.[美]马克·沃伦:《民主与信任》,吴辉译,华夏出版社 2004 年版。

30.[美]乔治·弗雷德里克森:《公共行政的精神》,张成福、刘霞、张璋、孟庆存译,中国人民大学出版社 2003 年版。

31.[美]全钟燮:《公共行政的社会建构》,孙柏瑛等译,北京大学出版社 2008 年版。

32.[美]塞缪尔·亨廷顿、琼·纳尔逊:《难以抉择:发展中国家的政治参与》,汪晓寿等译,华夏出版社 1989 年版。

33.[美]斯蒂芬·罗宾斯:《组织行为学》,孙建敏等译,中国人民大学出版社 1997 年版。

34.[美]斯蒂芬·戈德史密斯、威廉·埃格斯:《网络化治理:公共部门的新形态》,孙迎春译,北京大学出版社 2008 年版。

35.[美]唐纳德·凯特尔:《权力共享:公共治理与私人市场》,孙迎春译,北京大学出版社 2009 年版。

36.[美]谢里尔·西姆拉尔·金、卡米拉·斯蒂福斯:《民有政府:反政府时代的公共管理》,李学译,中央编译出版社 2010 年版。

37.[美]尤金·巴达赫:《跨部门合作》,周志忍等译,北京大学出版社 2011 年版。

38.[美]约翰·克莱顿·托马斯:《公共决策中的公民参与:公共管理者的新技能与新策略》,孙柏瑛等译,中国人民大学出版社 2005 年版。

39.[美]詹姆斯·M.布坎南:《民主财政论》,穆怀朋译,商务印书馆 2002 年版。

40.[美]詹姆斯·N. 罗西瑙:《没有政府的治理》,张胜军等译,江西人民出版社 2001 年版。

41.[美]詹姆斯·博曼:《公共协商:多元主义、复杂性与民主》,黄相怀译,中央编译出版社 2006 年版。

42.[美]詹姆斯·博曼:《协商民主与有效社会自由:能力、资源和机会》,载陈家刚编:《协商民主》,上海三联书店 2004 年版。

43.[美]珍妮特·V.登哈特、罗伯特·B.登哈特:《新公共服务:服务,而不是掌舵》,丁煌译,中国人民大学出版社 2010 年版。

44.[美]珍妮特·V.登哈特、罗伯特·B.登哈特:《新公共服务:服务,而不是掌舵》,丁煌译,中国人民大学出版社 2004 年版。

45.[南非]毛里西奥·帕瑟林·登特里维斯:《政治合法性与民主协商》,载[南非]毛里西奥·帕瑟林·登特里维斯编:《作为公共协商的民主:新的视角》,王英津等译,中央编译出版社 2006 年版。

46.[印]阿玛蒂亚·森:《以自由看待发展》,任赜等译,中国人民大学出版社 2009 年版。

47.[英]安东尼·吉登斯:《社会的构成》,李康等译,生活·读书·新知三联书店 1998 年版。

48.[英]安东尼·吉登斯:《现代性的后果》,田禾译,译林出版社 2011 年版。

49.[英]鲍勃·杰索普、漆燕:《治理的兴起及其失败的风险:以经济发展为例的论述》,《国际社会科学杂志》(中文版)1999 年第 1 期。

50.[英]大卫·休谟:《人性论》,关文运译,商务印书馆 1980 年版。

51.[英]戴维·毕瑟姆:《官僚制》,韩志朋、张毅译,吉林人民出版社 2005 年版。

52.[英]戴维·米勒:《协商民主不利于弱势群体》,载[南非]毛利西奥·帕瑟林·登特里维斯编:《作为公共协商的民主:新的视角》,王英津等译,中央编译出版社 2006 年版。

53.[英]杰瑞·斯托克:《作为理论的治理:五个论点》,载俞可平编:《治理与善治》,社会科学文献出版社 2000 年版。

54.[英]罗伯特·罗茨:《新的治理》,载俞可平编:《治理与善治》,社会科学文献出版社 2000 年版。

55.[英]托马斯·霍布斯:《利维坦》,黎思复等译,商务印书馆 1985 年版。

56.[英]威廉·配第:《赋税论》,薛东阳译,商务印书馆 1978 年版。

57.[英]亚当·斯密:《国民财富的性质和原因的研究》(下卷),郭大力等译,商务印书馆 1974 年版。

58.[英]约翰·洛克:《政府论》(下篇),叶启芳等译,商务印书馆 1982 年版。

59.[英]约翰·穆勒:《政治经济学原理——及其在社会哲学上的若干应用》(下卷),胡企林、朱映译,商务印书馆 1991 年版。

60.包心鉴:《民主化的制度与制度的民主化改革——纪念邓小平"党和国家领导制度的改革"发表 30 周年》,《江汉论坛》2010 年第 10 期。

61.曹现强:《当代英国公共服务改革研究》,山东人民出版社 2009 年版。

62.常伟、苏振华:《"一事一议"为何效果不佳:基于机制设计视角》,《兰州学刊》2010 年第 5 期。

63.陈朋、陈荣荣:《协商民主与农村公共产品供给的决策机制——浙江省泽国镇协商民主实践的案例启示》,《南京农业大学学报》(社会科学版)2009 年第 1 期。

64.陈剩勇、何包钢:《协商民主的发展》,中国社会科学出版社 2006 年版。

65.陈世伟:《我国农村公共服务供给主体多元参与机制构建研究》,《求实》2010 年第 1 期。

66.陈潭、刘祖华:《精英博弈、亚瘫痪状态与村庄公共治理》,《管理世界》2004 年第 10 期。

67.陈晓萍、徐淑英、樊景立:《组织与管理研究的实证方法》,北京大学出版社 2012

年版。

68.陈振明等:《公共服务导论》,北京大学出版社 2011 年版。

69.陈振明、李德国:《公共服务质量持续改进的亚洲实践》,《东南学术》2012 年第 1 期。

70.陈振明:《公共管理学:一种不同于传统行政学的研究途径》,中国人民大学出版社 2003 年版。

71.党国英:《我国乡村治理改革回顾与展望》,《社会科学战线》2008 年第 12 期。

72.丁煌:《西方行政学说史》,武汉大学出版社 2004 年版。

73.董保宝、葛宝山、王侃:《资源整合过程、动态能力与竞争优势:机理与路径》,《管理世界》2011 年第 3 期。

74.方建中:《农户参与农村公共服务供给模式研究》,《江苏行政学院学报》2011 年第 6 期。

75.冯建辉:《社会层级结构理论与当代中国政府转型》,《前沿》2010 年第 13 期。

76.贺雪峰、罗兴佐:《论农村公共物品供给中的均衡》,《经济学家》2006 年第 1 期。

77.贺雪峰、苏明华:《乡村关系研究的视角与进路》,《社会科学研究》2006 年第 1 期。

78.贺雪峰:《市场经济下农民合作能力的探讨——兼答蒋国河先生》,《探索与争鸣》2004 年第 9 期。

79.贺雪峰:《乡村治理研究的三大主题》,《社会科学战线》2005 年第 1 期。

80.贺雪峰:《新乡土中国:转型期乡村社会调查笔记》,广西师范大学出版社 2003 年版。

81.侯杰泰、温忠麟、成子娟:《结构方程模型及其应用》,教育科学出版社 2004 年版。

82.胡必亮:《村庄信任与标会》,《经济研究》2004 年第 10 期。

83.黄达强:《行政学》,中国人民大学出版社 1988 年版。

84.黄辉祥:《"一事一议":民主化的村庄公共产品供给机制》,华中师范大学 2003 年毕业论文。

85.金太军:《村庄治理中三重权力互动的政治社会学分析》,《战略与管理》2002 年第 2 期。

86.金太军:《行政改革与行政发展》,南京师范大学出版社 2003 年版。

87.李军鹏:《公共服务型政府》,北京大学出版社 2004 年版。

88.李军鹏:《公共服务型政府建设指南》,中共党史出版社 2005 年版。

89.李琴、熊启泉、孙良媛:《利益主体博弈与农村公共品供给的困境》,《农业经济问题》2005 年第 4 期。

90.李全胜:《治理语境下农村公共服务体系的缺失与重构》,《河南社会科学》2012 年第 6 期。

91.李世敏:《改革开放以来中国农村社区认同的变迁》,华中师范大学 2010 年毕业论文。

92.李晓园:《县级政府公共服务能力与其影响因素关系研究》,《公共管理学报》2010 年第 4 期。

93.李燕凌:《农村公共品供给效率实证研究》,《公共管理学报》2008 年第 2 期。

94.李郁芳、蔡少琴:《农村公共品供给中的村民自治与"一事一议"——基于公共选择理论视角》,《东南学术》2013 年第 2 期。

95.林万龙:《乡村社区公共产品的制度外筹资:历史、现状及改革》,《中国农村经济》2002 年第 7 期。

96.林万龙:《中国农村社区公共产品供给制度变迁研究》,中国财政经济出版社 2003 年版。

97.林毅夫:《关于制度变迁的经济学理论:诱导性变迁与强制性变迁》,载 J. R.科斯等编:《财产权利与制度变迁》,上海三联书店 1994 年版。

98.刘宏凯、解西伟:《农民需求导向型公共物品供给决策机制的建构》,《学术交流》2010 年第 3 期。

99.刘兴云:《走出当前农村公共服务供给的困境》,《光明日报》2012 年 7 月 4 日。

100.刘义强:《建构农民需求导向的公共产品供给制度》,《华中师范大学学报》(人文社会科学版)2006 年第 2 期。

101.刘祖华:《农村"一事一议"的实践困局与制度重构》,《甘肃理论学刊》2007 年第 5 期。

102.卢福营:《"协同服务":农村基层社会管理的创新模式——浙江省舟山市岱西镇调查》,《学习与探索》2012 年第 1 期。

103.卢福营:《村民自治与阶层博弈》,《华中师范大学学报》(人文社会科学版)2006 年第 4 期。

104.罗胜强、姜嬿:《调节变量和中介变量》,载陈晓萍、徐淑英、樊景立:《组织与管理研究的实证方法》,北京大学出版社 2012 年版。

105.马宝成:《税费改革、"一事一议"与村级治理的困境》,《中国行政管理》2003 年第 9 期。

106.马华等:《南农实验:农民的民主能力建设》,中国社会科学出版社 2011 年版。

107.马珺:《公共物品问题:文献述评》,《中华女子学院学报》2012 年第 1 期。

108.马庆钰:《关于"公共服务"的解读》,《中国行政管理》2005 年第 2 期。

109.马晓河、方松海:《我国农村公共品的供给现状、问题与对策》,《农业经济问题》2005 年第 4 期。

110.孟昭智:《对农村"一事一议"制度的反思》,《中州学刊》2007 年第 3 期。

111.彭正波:《地方公共产品供给决策中的公众参与研究》,《经济体制改革》2009 年第 3 期。

112.漆国生:《公共服务中的公众参与能力探析》,《中国行政管理》2010 年第 3 期。

113.钱海梅:《村规民约与制度性社会资本——以一个城郊村村级治理的个案研究为例》,《中国农村观察》2009 年第 2 期。

114.钱学森:《论系统工程》,湖南科学技术出版社 1982 年版。

115.邱聪江:《创新农村公共产品供给的决策机制——以浙江省慈溪市的调研为例》,《国家行政学院学报》2010 年第 4 期。

116.邱皓政、林碧芳:《结构方程模型的原理与运用》,中国轻工业出版社 2009 年版。

117.曲延春:《增加农村公共产品供给》,《人民日报》2012 年 12 月 31 日。

118.全球治理委员会:《我们的全球伙伴关系》,牛津大学出版社 1995 年版。

119.任福君、翟杰全:《科技传播与普及概论》,中国科学技术出版社 2012 年版。

120.桑玉成:《官民协同治理视角下当代中国社会管理的创新与发展》,《山东大学学报》(哲学社会科学版)2011 年第 3 期。

121.申端锋:《税费改革后农田水利建设的困境与出路研究——以湖北沙洋、宜都、南漳 3 县的调查为例》,《南京农业大学学报》(社会科学版)2011 年第 4 期。

122.施雪华、曹胜、汤静容:《新中国政治发展的主要教训与未来走向》,《社会科学研究》2012 年第 1 期。

123.施雪华:《论政府能力及其特性》,《政治学研究》1996 年第 1 期。

124.世界银行:《变革世界中的政府》,中国财政经济出版社 1997 年版。

125.苏国勋:《理性化及其限制——韦伯思想引论》,上海人民出版社 1988 年版。

126.谭安奎:《公共理性》,浙江大学出版社 2010 年版。

127.唐娟莉、朱玉春、刘春梅:《农村公共服务满意度及其影响因素分析》,《当代经济科学》2010 年第 1 期。

128.仝志辉、贺雪峰:《村庄权力结构的三层分析——兼论选举后村级权力的合法性》,《中国社会科学》2002 年第 1 期。

129.汪永成:《政府能力的结构分析》,《政治学研究》2004 年第 2 期。

130.王安、覃芸:《改革农村公共产品决策机制才能消除减轻农民负担的体制障碍》,《农业经济问题》2000 年第 3 期。

131.王春福:《论决策的科学化和民主化的统一——兼论政策科学的学科理念》,《政治学研究》2004 年第 4 期。

132.王庆华、张海柱:《决策科学化与公众参与:冲突与调和——知识视角的公共决策观念反思与重构》,《吉林大学社会科学学报》2013 年第 3 期。

133.王骚、王达梅:《公共政策视角下的政府能力建设》,《政治学研究》2006 年第 4 期。

134.王元骧:《新理性精神之我见》,《东南学术》2002 年第 2 期。

135.温忠麟、侯杰泰、马什赫伯特:《结构方程模型检验:拟合指数与卡方准则》,《心理学报》2004 年第 2 期。

136.温忠麟、刘红云、侯杰泰:《调节效应和中介效应分析》,教育科学出版社 2012 年版。

137.吴春梅、邱豪:《乡村沟通网络与村庄治理绩效研究》,《南京师大学报》(社会科学版)2012 年第 2 期。

138.吴春梅、石绍成:《民主与效率:冲突抑或协调——基于湘西乾村村庄治理实践的实证分析》,《中国农村观察》2011 年第 3 期。

139.吴春梅、翟军亮:《变迁中的公共服务供给方式与权力结构》,《江汉论坛》2012 年第 12 期。

140.吴春梅、翟军亮:《公共价值管理理论中的政府职能创新与启示》,《行政论坛》2014 年第 1 期。

141.吴春梅、翟军亮:《可行能力匮乏与协商民主中的政治贫困》,《前沿》2010 年第 19 期。

142.吴春梅、翟军亮:《协商民主与农村公共服务供给决策民主化》,《理论与改革》2011 年第 4 期。

143.吴春梅、翟军亮:《转型中的农村公共产品供给决策机制》,《求实》2010 年第 12 期。

144.吴钢:《一事一议财政奖补项目实施的几点探讨》,《农村经营管理》2011 年第 10 期。

145.吴明隆:《问卷统计分析实务》,重庆大学出版社 2010 年版。

146.吴明隆:《结构方程模型:AMOS 的操作与应用》,重庆大学出版社 2010 年版。

147.吴兴智:《协商民主与中国乡村治理》,《湖北社会科学》2010 年第 10 期。

148.吴毅、杨震林:《道中"道":一个村庄公共品供给案例的启示——以刘村三条道路的建设为个案》,《江西社会科学》2004 年第 1 期。

149.武玉英:《变革社会中的公共行政》,北京大学出版社 2005 年版。

150.夏书章:《行政效率研究》,中山大学出版社 1996 年版。

151.夏添:《协商民主:农民组织过程中的困境与反思——以南农实验欧村合作社为个案》,《科学社会主义》2013 年第 1 期。

152.项继权、袁方成、吕雁归:《农民要的与政府给的差距有多大?——对我国农村社区居民公共需求的调查与分析》,《理论与改革》2010 年第 1 期。

153.项继权:《集体经济背景下的乡村治理研究》,华中师范大学出版社 2002 年版。

154.谢洪明、罗惠玲、王成、李新春:《学习、创新与核心能力:机制和路径》,《经济研究》2007 年第 2 期。

155.徐二明、张晗:《企业知识吸收能力与绩效的关系研究》,《管理学报》2008 年第 6 期。

156.徐珊:《农村社区建设:政府角色与行为研究》,《中共福建省委党校学报》2010 年第 10 期。

157.徐小青:《中国农村公共服务》,中国发展出版社 2002 年版。

158.徐勇:《"服务下乡":国家对乡村社会的服务性渗透》,《东南学术》2009 年第 1 期。

159.徐勇:《GOVERNANCE:治理的阐释》,《政治学研究》1997 年第 1 期。

160.徐勇:《为民主寻根——乡村政治及其研究路径》,《中国农村观察》2001 年第 5 期。

161.徐勇:《现代国家、乡土社会与制度建构》,中国物资出版社 2009 年版。

162.徐勇:《现代国家的建构与村民自治的成长——对中国村民自治发生与发展的一种阐释》,《学习与探索》2006 年第 6 期。

163.徐勇:《治理转型与竞争——合作主义》,《开放时代》2001 年第 7 期。

164.徐云霄:《公共选择理论》,北京大学出版社 2006 年版。

165.许彬:《公共经济学导论》,黑龙江人民出版社 2003 年版。

166.许莉、邱长溶、李大垒:《村级公共产品供给的"一事一议"制度困境与重构》,《现代经济探讨》2009 年第 11 期。

167.闫金山:《农村社区中的信任状况研究——基于对凉州区建设村问卷调查的分

析》,《四川理工学院学报》(社会科学版)2009 年第 1 期。

168.杨瑞龙:《我国制度变迁方式转换的三阶段论——兼论地方政府的制度创新行为》,《经济研究》1998 年第 1 期。

169.杨善华:《关于中国乡村干部和农民之间信任缺失的思考》,《探索与争鸣》2003年第 10 期。

170.杨震林、吴毅:《转型期中国农村公共品供给体制创新》,《中州学刊》2004 年第1 期。

171.叶兴庆:《论农村公共产品供给体制的改革》,《经济研究》1997 年第 6 期。

172.俞可平:《治理与善治》,社会科学文献出版社 2000 年版。

173.翟军亮、吴春梅、高韧:《村民参与公共服务供给中的民主激励与效率激励分析——基于对河南省南坪村和陕西省钟家村的调查》,《中国农村观察》2012 年第 3 期。

174.翟军亮、吴春梅、高韧:《农村公共服务决策优化:目标系统结构、作用机理与影响效应》,《中国农村观察》2014 年第 1 期。

175.翟军亮、吴春梅:《论社会学习框架下公共服务集体决策的优化——兼论公共参与难题的破解》,《理论与改革》2012 年第 2 期。

176.占少华:《乡村公共治理的六个视角及其问题——兼议"一事一议财政奖补"政策》,《社会科学战线》2013 年第 10 期。

177.张国庆:《行政管理学概论》,北京大学出版社 2000 年版。

178.张国庆:《行政管理学概论》,北京大学出版社 2007 年版。

179.张国庆:《行政管理学概论》,北京大学出版社 2001 年版。

180.张静:《村庄自治与国家政权建设》,载黄宗智编:《中国乡村研究》(第一辑),商务印书馆 2003 年版。

181.张军、何寒熙:《中国农村的公共产品供给:改革后的变迁》,《改革》1996 年第5 期。

182.张军、蒋琳琦:《中国农村公共品供给制度的变迁:理论视角》,《世界经济文汇》1997 年第 5 期。

183.张琚:《中国农村公共产品供给》,社会科学文献出版社 2008 年版。

184.张康之:《公共行政:超越工具理性》,《浙江社会科学》2002 年第 4 期。

185.张康之:《公共行政中的哲学与伦理》,中国人民大学出版社 2004 年版。

186.张康之:《机构改革后阻碍政府能力提升的因素》,《南京社会科学》2001 年第5 期。

187.张立荣、李晓园:《县级政府公共服务能力结构的理论建构、实证检测及政策建议——基于湖北、江西两省的问卷调查与分析》,《中国行政管理》2010 年第 5 期。

188.张鸣鸣:《我国农村公共产品效率评价——基于 DEA 方法的时间单元检验》,《经济体制改革》2010 年第 1 期。

189.赵树凯:《乡村关系:在控制中脱节——10 省(区)20 乡镇调查》,《华中师范大学学报》(人文社会科学版)2005 年第 5 期。

190.赵晓峰:《"行政消解自治":理解税改前后乡村治理性危机的一个视角》,《长白学刊》2011 年第 1 期。

191.郑沪生:《建构农民参与的农村公共产品供给制度》,《长白学刊》2007 年第 5 期。

192.周利平:《构建农民需求主导型的农村公共产品供给制度》,《中共成都市委党校学报》2008 年第 1 期。

193.周义程:《公共产品民主型供给模式的理论建构》,苏州大学 2008 年毕业论文。

194.周志忍:《公共性与行政效率研究》,《中国行政管理》2000 年第 4 期。

195.周志忍:《行政效率研究的三个发展趋势》,《中国行政管理》2000 年第 1 期。

196.朱玉春、唐娟莉、刘春梅:《基于 DEA 方法的中国农村公共服务效率评价》,《软科学》2010 年第 3 期。

197.朱玉春、唐娟莉、郑英宁:《欠发达地区农村公共服务满意度及其影响因素分析》,《中国人口科学》2010 年第 2 期。

198.朱玉春、唐娟莉:《农村公共品投资满意度影响因素分析》,《公共管理学报》2010 年第 3 期。

199. Albert, C., et al. Social Learning can Benefit Decision-Making in Landscape Planning: Gartow Case Study on Climate Change Adaptation, Elbe Valley Biosphere Reserve, *landscape and urban planning*, 2012, Vol. 105, Issue 4, pp. 347-360.

200. Alford, J. and Hughes, O., Public Value Pragmatism as the Next Phase of Public Management, *The American Review of Public Administration*, 2008, Vol. 38, No. 2, pp. 549-559.

201. Alford, J. and J. O'Flynn., *Public Value: A Stocktake of a Concept, Paper presented at the twelfth annual conference of the International Research Society for Public Management*, Buenos Aires, 2008.

202. Alford, J. and O'Flynn, J., Making Sense of Public Value: Concepts, Critiques and Emergent Meanings, *International Journal of Public Administration*, 2009, Vol. 32, No. 3 - 4, pp. 175-176.

203. Ansell, C. and Gash, A., Collaborative Governance in Theory and Practice, *Journal of Public Administration Research and Theory*, 2008, Vol. 18, Issue 4, pp. 543–571.

204. Armitage, D. R., Plummer, R., Berkes, F., Arthur, R. I., Charles, A. T., Davidson-Hunt, I. J., Diduck, A. P., Doubleday, N., Johnson, D. S., Marschke, M., McConney, P., Pinkerton, E. and Wollenberg, E., Adaptive Co-Management for Social-Ecological Complexity, *Frontiers in Ecology and the Environment*, 2009, Vol. 7, Issue2, pp. 95–102.

205. Armitage, D., Berkes, F., Doubleday, N., *Adaptive Co-Management: Collaboration, Learning, and Multi-Level Governance*, University of British Columbia Press, Vancouver, 2007.

206. Armitage, D., Marschke, M., Plummer, R., Adaptive Co-Management and the Paradox of Learning, *Global Environmental Change*, 2008, Vol. 18, Issue 1, pp. 86–98.

207. Bagozzi, R. P., Yi, Y., On the Evaluation of Structural Equation Models, *Journal of the Academy of Marketing Science*, 1988, Vol. 16, No. 1, pp. 74–94.

208. Blatner, K. A., Carroll, M. S., Daniels, S. E., and Walker, G. B., Evaluating the Application of Collaborative Learning to the Wenatchee Fire Recovery Planning Effort, *Environmental Impact Assessment Review*, 2001, Vol. 21, No. 3, pp. 241–270.

209. Bollen K. A., *Structural Equations with Latent Variables*, New York: Wiley, 1989.

210. Booher, D. E. and Innes, J. E., Network Power in Collaborative Planning, *Journal of Planning Education and Research*, 2002, Vol. 21, No. 3, pp. 221–236.

211. Booher, D. E., Collaborative Governance Practices and Democracy, *National Civic Review*, 2004, Vol. 93, Issue 4, pp. 32–46.

212. Bormann, B.T., Cunningham, P. G., Brookes, M.H., Manning, V.W., and Collopy. M. W., *Adaptive ecosystem management in the Pacific Northwest*, USDA For. Serv. Gen. Tech. Rep. PNW-GTR-341, 1993, p. 22.

213. Bouwen, R. and Taillieu, T., Multi-party Collaboration as Social Learning for Interdependence: Developing Relational Knowing for Sustainable Natural Resource Management, *Journal of Community & Applied Social Psychology*, 2004, Vol. 14, Issue 3, pp. 137–153.

214. Brockington, D., *Fortress Conservation: the Preservation of the Mkomazi Game Reserve*, International African Institute and James Currey, Oxford, 2002.

215. Bryman, A., and Cramer, D., *Quantitative Data Analysis with SPSS for Windows*, London: Routledge, 1997.

216. Bryson, J. M., Crosby, B. C, and Stone, M. M., The Design and Implementation of Cross-Sector Collaborations: Propositions from the Literature, *Public Administration Review*,

Vol. 66, Issue Supplement s1, 2006, pp. 44–55.

217. Buchanan, J. M., An Economic Theory of Clubs, *Economica*, 1965, Vol. 32, No. 125, pp. 1–14.

218. Buchanan, J. M., *The Demand and Supply of Public Goods*, Chicago: Rand McNally & Company, 1968, p. 3.

219. Buck, L., Wollenberg, E., Edmunds, D., Social Learning in the Collaborative Management of Community Forests: Lessons from the Field. In: Wollenberg, E., Buck, D., Fox, J., Brodt, S. (Eds.), *Social Learning in Community Forest Management*, CIFOR and the East-West Center, Bogor Barat, Indonesia, 2001, pp. 1–20.

220. Cash, D. W., Adger, W., Berkes, F., Garden, P., Lebel, L., Olsson, P., Pritchard, L., and Young, O., Scale and Cross-Scale Dynamics: Governance and Information in a Multilevel World, *Ecology and Society*, 2006, Vol. 11, Issue2, Art. 8.

221. Cavaye, J. M., *The Role of Government in Community Capacity Building*, Department of Primary Industries and Fisheries Information Series QI99804, Queensland Government, 2000.

222. Charles, L., Anderson, G., and Murphy, E., *Institutional Assessment—A Framework for Strengthening Organizational Capacity for IDRC's Research Partners*, Ottawa: IDRC, 1995.

223. Cheng, A.S., Mattor, K. M., Place-Based Planning as a Platform for Social Learning: Insights from a National Forest Landscape Assessment Process in Western Colorado, *Society & Natural Resources*, 2010, Vol. 23, Issue 5, pp. 385–400.

224. Choi, T., *Information, Sharing, Deliberation, and Collective Decision-Making: A Computational Model of Collaborative Governance*, Doctoral Dissertation of University of Southern Calilornia, 2011.

225. Craps, M., *Social Learning in River Basin Management*, HarmoniCOP WP2 reference document, 2003.

226. Cronbach, L., Coefficient Alpha and the Internal Structure of Tests, *Psychometrika*, 1951, Vol. 16, No. 3, pp. 297–334.

227. Cundill, G., and Rodela, R., A Review of Assertions about the Processes and Outcomes of Social Learning in Natural Resource Management, *Journal of Environmental Management*, 2012, Vol. 113, pp. 7–14.

228. Cuthill, M., and Fien, J., Capacity Building: Facilitating Citizen Participation in Local Governance, *Australian Journal of Public Administration*, 2005, Vol. 64, No. 4, pp. 63–80.

229. Cuthill, M., Developing Local Government Policy and Processes for Community Consultation and Participation, *Urban Policy and Research*, 2001, Vol. 19, No. 2, pp. 183-202.

230. Daniels, S., and Walker, G. B., *Working through Environmental Conflict: the Collaborative Learning Approach*, Paeger, Westport, Connecticut, 2001.

231. Daniels, S., and Walker, G., Collaborative Learning: Improving Public Deliberation in Ecosystem-Based Management, *Environmental Impact Assessment Review*, 1996, Vol. 16, Issue 2, pp. 71-102.

232. Denhardt, R. B., and Denhardt, J. V., The New Public Service, Serving Rather than Steering, *Public Administration Review*, 2000, Vol. 60, No. 6, pp. 549-559.

233. DeVellis, R. F., *Scale Development Theory and Applications*, London: SAGE, 1991.

234. Eade, D., *Capacity-Bttilding: An Approach to People-centered Development*, Oxfam Publication, London, 1997.

235. Elstub, S., The Third Generation of Deliberative Democracy, *Political Studies Review*, 2010, Vol. 8, Issue 3, pp. 291-307.

236. Emerson, K., Nabatchi, T., and Balogh, S., An Integrative Framework for Collaborative Governance, *Journal of Public Administration Research and Theory*, Advance Access published May 2, 2011.

237. Fabricius, C., Folke, C., Cundill, G., and Schultz, L., Powerless Spectators, Coping Actors, and Adaptive Co-Managers: a Synthesis of the Role of Communities in Ecosystem Management, *Ecology and Society*, 2007, Vol. 12, Issue1, Art. 29.

238. Feldman, M. S., and Khademian, A. M., The Role of the Public Manager in Inclusion: Creating Communities of Participation, *Governance: An International Journal of Policy, Administration, and Institutions*, 2007, Vol. 20, No. 2, pp. 305-324.

239. Filmer, D., Hammer, J.S., Pritchett, L.H., Weak Links in the Chain: a Diagnosis of Health Policy in Poor Countries, *World Bank Research Observer*, 2000, Vol. 15, No. 2, pp. 199-224.

240. Folke, C., Hahn, T., Olsson, P., Norberg, J., Adaptive Governance of Social-Ecological Systems, *Annual Review of Environment and Resources*, 2005, Vol. 30, pp. 441-473.

241. Frost, P., Campbell, B., Medina, G., Usongo, L., Landscape-Scale Approaches for Integrated Natural Resource Management in Tropical Forest Landscapes, *Ecology and Society*, 2006, Vol. 11, No. 2, p. 30.

242. Fung, A., and Wright, E. O., Deepening Democracy: Innovations in Empowered Par-

ticipatory Governance, *Politics and Society*, 2001, Vol. 29, No. 1, pp. 5-41.

243. Fung, A., and Wright, E. O., *Deepening democracy: Institutional innovations in empowered participatory governance*, London: Verso, 2003.

244. Gains, F., and Stoker, G., Delivering "Public Value": Implications for Accountability and Legitimacy, *Parliamentary Affairs*, 2009, Vol. 62 No. 3, pp. 438-455.

245. Galan, J.-Ph., Sabadie, W., *Construction of a Measurement Tool to Evaluate the Satisfaction of Public Service Web Sites Users*, 7th International Research Seminar in Service Management Proceedings, La Londe Les Maures, 2002.

246. Garmendia, E., and Stagl, S., Public Participation for Sustainability and Social Learning: Concepts and Lessons from Three Case Studies in Europe, *Ecological Economics*, 2010, Vol. 69, Issue 8, pp. 1712-1722.

247. Gay, L. R., *Educational Research Competencies for Analysis and Application*, New York: Macmillan, 1992.

248. Goss, S., *Making Local Governance Work: Networks, Relationships and the Management of Change*, Hampshire: Palgrave, 2001.

249. Gray, B., *Collaborating: Finding Common Ground for Multiparty Problems*, Jossey Bass Publishers, San Francisco, 1989, p. 5.

250. Gruening, G., Origin and Theoretical Basis of New Public Management, *International Public Management Journal*, 2001, Vol. 4, Issue1, pp. 1-25.

251. Hahn, T., Olsson, P., Folke, C., and Johansson, K., Trust-Building, Knowledge Generation and Organizational Innovations: The Role of a Bridging Organization for Adaptive Comanagement of a Wetland Landscape around Kristianstad, Sweden, *Human Ecology*, 2006, Vol. 34, Issue 4, pp. 573-592.

252. Hair, J. F. Jr., Anderson, R. E., Tatham, R. L., and Black, W. C., *Multivariate Data Analysis with Reading* (3rd ed.), New York: Macmillan Publishing Company, 1992.

253. Halbert, C.L., How Adaptive is Adaptive Management? Implementing Adaptive Management in Washington State and British Columbia, *Reviews in Fisheries Science*, 1993, Vol. 1, No. 3, pp. 261-283.

254. Hau, K. T., and Marsh, H. W., The Use of Item Parcels in Structural Equation Modeling: Nonnormal Data and Small Sample Sizes, *British Journal of Mathematical and Statistical Psychology*, 2004, Vol. 57, Issue 2, pp. 327-351.

255. Hawkins, Jr. R. B., *Extension Project: Capacity-Building for Small Units of Rural*

Government, Prepared for U.S. Department of Agriculture, Extension Service, unpublished final draft, 1980, p. 2.

256. Haynes, S. N., Richard, D. C., and Kubany, E. S., Content Validity in Psychological Assessment: A Functional Approach to Concepts and Methods, *Psychological Assessment*, 1995, Vol. 7, No. 3, pp. 238-247.

257. Hendriks, C., *The Ambiguous Role of Civil Society in Deliberative Democracy*, Refereed Paper Presented to the Jubilee Conference of the Australasian Political Studies Association, Canberra: Australian National University, October, 2002.

258. Holling, C. S., Meffe, G. K., Command and Control and the Pathology of Natural Resource Management, *Conservation Biology*, 1996, Vol. 10, No. 2, pp. 328-337.

259. Holling, C. S., Resilience and Stability of Ecological Systems, *Annual Review of Ecology and Systematic*, 1973, Vol. 4, pp. 1-24.

260. Hood, C., A Public Management for All Seasons, *Public Administration*, 1991, Vol. 69, No. 1, pp. 3-19.

261. Hu, L., Bentler, P. M., Kano, Y., Can Test Statistics in Covariance Structure Analysis be Trusted? *Psychological Bulletin*, 1992, Vol. 112, No. 2, pp. 351-362.

262. Huitema, D., Mostert, E., Egas, W., Moellenkamp, S., Pahl-Wostl, C., and Yalcin, R., Adaptive Water Governance: Assessing the Institutional Prescriptions of Adaptive (co-) Management from a Governance Perspective and Defining a Research Agenda, *Ecology and Society*, 2009, Vol. 14, Issue1, Art. 26.

263. InWEnt: *Capacity Building Concept*, Bonn: InWEnt, 2006.

264. Ison, R., and Watson, D., Illuminating the Possibilities for Social Learning in the Management of Scotland's Water, *Ecology and Society*, 2007, Vol. 12, Issue1, Art. 21.

265. Jennings, M. K., Political Participation in the Chinese Countryside, *American Political Science Review*, 1997, Vol. 91, No. 2, pp. 361-372.

266. Kelly, G., Mulgan, G., and Muers, S., *Creating Public Value: An Analytical Framework for Public Service*, London: Cabinet Office Strategy Unit, 2002.

267. Kendrick, A., and Manseau, M., Representing Traditional Knowledge: Resource Management and Inuit Knowledge of Barren-ground Caribou, *Society & Natural Resources*, 2008, Vol. 21, Issue 5, pp. 404-418.

268. Kilvington, M., *Social Learning as a Framework for Building Capacity to Work on Complex Environmental Management Problems: Online review*, 2007. Retrieved 4/3/2008, from

http://www.landcareresearch. co. nz/research/research _ pubs. asp? Research _ Content _ ID = 114.

269. Kim, M. J., Chung, N., and Lee, C. K., The Effect of Perceived Trust on Electronic Commerce: Shopping Online for Tourism Products and Services in South Korea, *Tourism Management*, 2011, Vol. 32, Issue 2, pp. 256-265.

270. Knight, J., and Johnson J., What Sort of Equality does Deliberative Democracy Require. in Bohman, J., and Rehg, W., Deliberative Democracy: Essays on Reason and Politics. Cambridge: MIT Press, 1997, pp.279-320.

271. Koontz, H., and Weihrich, H., *Management* (9th edition), New York: McGraw-Hill Inc., 1988, p. 58.

272. Kremsater, L., Perry, J., and Dunsworth, G., *Forest Project Technical Project Summary: Adaptive Management Program*, Update of Report #1, 2002.

273. Lancrin, S. V., *Building Capacity through cross Border Higher Education*, World Bank/OECD/Nuffic Seminar on Cross Border Higher Education and Capacity Development, The Hague, September 2006, pp. 1-13, 14-15.

274. Leach, R, and Percy-Smith, J., *Local Governance in Britain*, Hampshire: Palgrave, 2001, p. 47.

275. Lee, K., *Compass and Gyroscope: Integrating Science and Politics for the Environment*, Island Press, Washington, 1993.

276. Lindahl, E., Just Taxation-a Positive Solution, In Musgrave, R.A. and A.T. Peacock eds., *Classics in the Theory of Public Finance*, London: Macmillan, 1919, pp. 168-177.

277. Loyn, H. R., *The Governance of Anglo-Saxon England*, Edward Amold Ltd, 1984, pp. 500-1087.

278. Lyons, C. S., and Stephens, A., Participation, Empowerment and Sustainability, *Urban Studies*, 2001, Vol. 38, No. 8, pp. 1233-1251.

279. Maarleveld, M., Dangbégnon, C., Managing Natural Resources: A Social Learning Perspective, *Agriculture and Human Values*, 1999, Vol. 16, Issue 3, pp. 267-280.

280. Maconick, R., and Morgan, P., *Capacity Building Supported by the United Nations: Some Evaluations and Some Lessons*, New York: United Nations, Department of Economic and Social Affairs, 1999.

281. Marks, M. B., and Croson, R. T. A., The Effect of Incomplete Information in a Threshold Public Goods Experiment, *Public Choice*, 1999, Vol. 99, pp. 103-118.

282. Marsh, H. W., Hau, K. T., Grayson, D., Goodness of Fit Evaluation in Structural E-quation Modeling, In: A. Maydeu-Olivares, J. J. McCardle (Eds): *Contemporary Psychometrics:Festschrift to Roderick P. McDonald* (pp. 225–340), Mahwah, NJ:Lawrence Er-lbaum Associates, 2005.

283. Matachi, A., *Capacity Building Framework: UNESCO-IICBA*, United Nations Economic Commission for Africa, Addis Ababa, Ethiopia, 2006.

284. McCoy, M. L., and Scully, P. L., Deliberative Dialogue to Expand Civic Engagement: What Kind of Talk Does Democracy Need, *National Civic Review*, 2002, Vol. 91, No. 2, pp. 117–135.

285. McCrum G, *et al.*, Adapting to Climate Change in Land Management:the Role of De-liberative Workshops in Enhancing Social Learning, *Environmental Policy and Governance*, 2009, Vol. 19, Issue 6, pp. 413–426.

286. McDonald, R. P., and Ho, M. R., Principles and Practice in Reporting Structural E-quation Analyses, *Psychological Methods*, 2002, Vol. 7, No. 1, pp. 64–82.

287. Meyer, M. M., *Rethinking Performance Measurement:Beyond the Balanced Scorecard*, Cambridge University Press, Cambridge, 2002.

288. Moore, M., *Creating public value*. Cambridge, MA: Harvard University Press, 1995, pp. 57, 29.

289. Morgan, p., *Capacity and Capacity Development-Some Strategies*, Note prepared for CIDA/ Policy Branch, 1998.

290. Mostert, E., et al.: Social Learning:the Key to Integrated Water Resources Manage-ment, *Water Internationalv*, Vol. 33, Issue3, pp. 293–304.

291. Mostert, E., Pahl-Wostl, C., Rees, Y., Searle, B., Tàbara, D., and Tippett, J., Social Learning in European River-Basin Management:Barriers and Fostering Mechanisms from 10 River Basins, *Ecology and Society*, 2007, Vol. 12, No. 1, p. 19.

292. Muro, M. and Jeffrey, P., Social Learning-a Useful Concept for Participatory Decision-Making Process?. Path (Participatory Approaches in Science & Technology) Confer-ence, 2010-02-28, http://www.macaulay.ac.uk/pathconference/outputs/PATH_abstract_3. 1. 3.pdf

293. Musgrave, A., Provision for Social Goods, In Margolis, J. and Guitton, H., *Public Eco-nomics*, London: McMillan, 1969, pp. 124–144.

294. Musgrave, A., *The Theory of Public Finance*, New York: McGraw-Hill, 1959, p. 10.

295. Musgrave, R. A., and Peacoek, A. T., *Classic in the Theory of Public Finance*, Palgrave Macmillan, 1958.

296. Norman, R., Recovering from a Tidal Wave: New Directions for Performance Management in New Zealand's Public Sector, *Public Finance and Management*, 2004, Vol. 4, No. 3, pp. 429-447.

297. Nunnally, J. C., *Psychometric Theory* (2nd ed.), New York: McGraw-Hill. 1978.

298. O'Flynn, J., From New Public Management to Public Value: Paradigmatic Change and Managerial Implications, *Australian Journal of Public Administration*, 2007, Vol. 66, No. 3, pp. 353-366.

299. OECD, *Governance in Transition: Public Management Reforms in DECD Countries*, Paris: OECD, 1995.

300. OECD-DAC GOVNET: *The Challenge of Capacity Development: Working towards Good Practice*, Paris: Development Cooperation Directorate, 2006, p. 12.

301. Olsson, P., Folke, C., and Berkes, F., Adaptive Co-Management for Building Resilience in Social-Ecological Systems, *Environmental Management*, 2004, Vol. 34, No. 1, pp. 75-90.

302. Ostrom, E., *Governing the Commons: the Evolution of Institutions for Collective Action*, Cambridge University Press, Cambridge, 1990.

303. Page, S and Prescott, T. L., *Performance Management and Customer Satisfaction: Constructing a Conceptual Model for Enquiry*, Proceedings of the 4th European Conference on Research Methods in Business and Management Studies, Universite Paris-Dauphine, Paris, France, 2005, pp. 21-22.

304. Pahl-Wostl, C., and Hare, M., Processes of Social Learning in Integrated Resources Management, *Journal of Community and Applied Social Psychology*, 2004, Vol. 14, Issue 3, pp. 193-206.

305. Pahl-Wostl, C., TowardsSustainability in the Water Sector—the Importance of Human Actors and Processes of Social Learning, *Aquatic Sciences*, 2002, Vol. 64, Issue 4, pp 394-411.

306. Perry, J. L., and Wise, L. R., The Motivational Bases of Public Service, *Public Administration Review*, 1990, Vol. 50, No. 3, pp. 367-373.

307. Pinkerton, E., Local Fisheries Co-Management: A Review of International Experiences and Their Implications for Salmon Management in British Columbia, *Canadian Journal of Fisheries and Aquatic Science*, 1994, Vol. 51, No. 10, pp. 2363-2378.

308.Postmes, T., Spears, R., and Cihangir, S., Quality of Decision Making and Group Norms, *Journal of Personality and Social Psychology*, 2001, Vol. 80, No. 6, pp. 918-930.

309.Potter, C., and Brough R., Systemic Capacity Building: A Hierarchy of Needs, *Health Policy and Planning*, 2004, Vol. 19, Issue 5, pp. 336-345.

310.Pres, A., Capacity Building: A Possible Approach to Improved Water Resources Management, *International Journal of Water Resources Development*, 2008, Vol. 24, Issue 1, pp. 123-129.

311.Pretty, J., and Ward, H., Social Capital and the Environment, *World Development*, 2001, Vol. 29, Issue2, pp. 209-227.

312.Rainey, H. G., Reward Preferences among Public and Private Managers: In Search of the Service Ethic, *the American Review of Public Administration*, 1982, Vol. 16, No. 4, pp. 288-302.

313.Reed, M. S., Evely, A. C., Cundill, G., Fazey, I., Glass, J., Laing, A., Newig, J., Parrish, B., Prell, C., Raymond, C., and Stringer, L. C., What is Social Learning, *Ecology and Society*, 2010, Vol. 15, Issue 4, resp1.

314.Reed, M. S., Stakeholder Participation for Environmental Management: a Literature Review, *Biological Conservation*, 2008, Vol. 141, Issue 10, pp. 2417-2431.

315.Reich, R.B., Public Administration and Public Deliberation: An Interpretive Essay, *Yale Law J.*, 1985, Vol. 94, No. 7, pp. 1617-1641.

316.Rhodes, R. A. W., *Control and Power in Central-local Government Relations*, Aldershot: Ashgate Publishing Ltd., 1999.

317.Rhodes, R. A. W., The New Governance: Governing without Government, *Political Studies*, 1996, Vol. 44, Issue 4, pp. 652-667.

318.Richard P. Bagozzi, Youjae Yi., On the Evaluation of Structural Equation Models, *Journal of the Academy of Marketing Science*, 1988, Vol. 16, No. 1, pp. 74-94.

319.Richter, B. D., Mathews, R., Harrison, D. L., and Wigington, R., Ecologically Sustainable Water Management: Managing River Flows for Ecological Integrity, *Ecological Applications*, 2003, Vol. 13, Issue 1, pp. 206-224.

320.Ridder, D., Mostert, E. and Wolters, H.A., *Learning Together to Manage Together: Improving Participation in Water Management*, University of Osnabrück, Osnabrück, Germany, 2005.

321.Robert B. Hawkins, Jr., *Extension Project: Capacity-Building for Small Units of Rural*

Government. Prepared for U.S. Department of Agriculture, Extension Service, unpublished final draft, 1980, p. 2.

322. Röling, N. G., and Wagemakers, M. A. E., *Facilitating sustainable agriculture: Participatory learning and adaptive management in times of environmental uncertainty.* Cambridge, UK: Cambridge University Press, 1998, p. 54.

323. Rosenau, J. N., and Czempiel, E. O., *Governance without Government: Order and Change in World Politics*, Cambridge University Press, 1992.

324. Samuelson, P. A., Diagrammatic Exposition of a Theory of Public Expenditure, *Review of Economics and Statistics*, 1955, Vol. 37, No. 4, pp. 350–356.

325. Samuelson, P. A., The Pure Theory of Public Expenditure, *The Review of Economics and Statistics*, 1954, Vol. 36, No. 4, pp. 387–389.

326. Schusler, T. M., Decker, D. J., and Pfeffer, M. J., Social Learning for Collaborative Natural Resource Management, *Society & Natural Resources: An International Journal*, 2003, Vol. 16, No. 4, pp. 309–326.

327. Sen, A.K., *Development as Freedom*, Oxford University Press, Oxford, 1999.

328. Sharp, E. B., Toward a New Understanding of Urban Services and Citizen Participation: The Coproduction Concept, *Midwest Review of Public Administration*, 1980, Vol. 14, No. 2, pp. 105–118.

329. Shiffman, J., and Wu, Y., Norms in tension: democracy and efficiency in Bangladeshi health and population sector reform, *Social Science & Medicine*, 2003, Vol. 57, No. 9, pp. 1547–1557.

330. Smith, R.F.I., Focusing on Public Value: Something New and Something Old, *Australian Journal of Public Administration*, 2004, Vol. 63, No. 4, pp. 68–79.

331. Stankey, G.H., Bormann, B.T., Ryan, C., Shindler, B., Sturtevant, V., Clark, R.N., and Philpot, C., Adaptive Management and the Northwest Forest Plan: Rhetoric and Reality, *Journal of Forestry*, 2003, Vol. 101, No. 1, pp. 40–46.

332. Stern, P. C., and Fineberg, H. V., *Understanding Risk: Informing Decisions in a Democratic Society*, Washington, DC: National Academy Press, 1996.

333. Stirling, A., *On "Science" and "Precaution" in the Management of Technological Risk*, report to the EU Forward Studies Unit, IPTS, Sevilla, 1999 EUR19056 available at: ftp://ftp.jrc.es/pub/EURdoc/eur19056en.pdf.

334. Stoker, G., *Public Value Management (PVM): A New Resolution of the Democra-*

cy/Efficiency Trade-Off, Institute for Political and Economic Governance, University of Manchester, UK. 2005:13.

335.Stoker, G., *Public Value Management and Network Governance: A New Resolution of the Democracy/Efficiency Tradeoff.* Manchester, UK: Institute for Political and Economic Governance, University of Manchester, 2004:1-18.

336.Stoker, G., Public Value Management: A New Narrative for Networked Governance, *The American Review of Public Administration*, 2006, Vol. 36, No. 1, pp. 41-57.

337.Stoker, G., *The New Management of British Local Governance*, Hampshire: Macmillan Press Ltd., 1999.

338.Stoker, G., *The New Politics of British Local Governance*, Hampshire: Macmillan Press, 2000, p. 3.

339.Stringer, L. C., Dougill, A. J., Fraser, E., Hubacek, K., Prell, C., and Reed. M. S., Unpacking "Participation" In the Adaptive Management of Social-Ecological Systems: A Critical Review, *Ecology and Society*, 2006, Vol. 11, Iss. 2, Art. 39.

340.Task Force on Aid Approaches.: *Capacity Development Handbook for JICA Staff*, JICA, March 2004.

341.Taylor, B., Kremsater, L., and Ellis, R., *Adaptive management of forests in British Columbia*, B.C. Ministry of Forests, Victoria, British Columbia, Canada, 1997.

342.Terry, L. D., Administrative Leadership, Neo-Managerialism, and the Public Management Movement, *Public Administration Review*, 1998, Vol. 58, No. 3, pp. 194-200.

343.Thomson, A. M., and Perry, J. L., Collaboration Processes: Inside the Black Box, *Public Administration Review*, Vol. 66, Issue supplement s1, 2006, pp. 20-32.

344.Tiebout, C.M., A Pure Theory of local Expenditures, *Journal of Political Economy*, 1956, Vol. 64, No. 5, pp. 416-424.

345.Ugo Mazzola., *The Formation of the Prices of Public Goods*, Musgrave and Peacock, 1958, pp. 37-47.

346.UNCED, *Capacity Building-Agenda 21's definition* (Chapter37). http://www.un.org/esa/dsd/agenda21/res_agenda21_37.shtml, 2012-08-13.

347.UNDP, *Capacity Assessment and Development in a Systems and Strategic Management Context*, Technical Advisory Paper No 3, Management Development and Governance Division. January 1998.

348.UNESCO IICBA: Can IICBA Make a Difference, *UNESCO IICBA Newsletter*, 1999,

Vol. 1, No. 1.

349. Walters, C., and Holling, C. S., Large Scale Management Experiments and Learning by Doing, *Ecology*, 1990, Vol. 71, No. 6, pp. 2060-2068.

350. Walters, C., Adaptive Management of Renewable Resources, MacMillan, New York, 1986.

351. Webler, T., Kastenholz, H. and Renn, O., PublicParticipation in Impact Assessment: a Social Learning Perspective, *Environmental Impact Assessment Review*, 1995, Vol. 15, Issue 5, pp. 443-463.

352. Wenger, E., *Communities of Practice: Learning, Meaning, and Identity*, Cambridge University Press, Cambridge, UK, 1998.

353. Wescott, G., Partnerships for Capacity Building: Community, Governments and Universities Working Together, *Ocean Coastal Manage*, 2002, Vol. 45, No. 9-10, pp. 549-571.

354. Wharf-Higgins, J., Citizenship and Empowerment: A Remedy for Citizen Participation in Health Reform, *Community Development Journal*, 1999, Vol. 34, No. 4, pp. 287-307.

355. World Bank: *From Crisis to Sustainable Growth-Sub Saharan Africa: a Long-Term Perspective Study*, 1989.

356. World Wide Fund for Nature Pakistan: *Capacity-building Framework: For Partners and Stakeholders.* [2012 - 08 - 13]. http://foreverindus. org/pdf/capacity-building _ framework.pdf.

357. Yang, Kaifeng., Public Administrators' Trust in Citizens: A Missing Link in Citizen Involvement Efforts, *Public Administration Review*, 2005, Vol. 65, No. 3, pp. 273-285.

后　记

　　本书是在笔者博士论文的基础上经过修改和补充而最终出版的，算是对研究生阶段的总结吧。农村公共服务是个"老话题"，它根植于多重转型的乡村治理生态，贯穿于国家现代化建设进程中，长期是政界、学界和实践界关注的焦点；也是个"新问题"，新农村建设和新型城镇化建设赋予了其新的涵义，国家治理体系和治理能力现代化建设启迪了新解，即必须建构农民等多方主体参与的制度，推进农村公共服务决策的现代化与能力提升。鉴于此，笔者以多目标融合为研究范式，以公共服务理论尤其是公共价值管理理论为基础，构建农村公共服务决策全面优化的发生机理模型并进行验证，揭示了科学化、民主化、高效化之间的内在逻辑关系；以"保障条件—路径—目标"为研究范式，以社会学习和能力建设理论为基础，构建农村公共服务决策系统优化的作用机理模型并进行验证，揭示了能力建设、社会学习与农村公共服务决策优化之间的内在逻辑关系；力图为农村公共服务决策的全面、系统优化提供理论分析框架、科学方法和对策建议，这有利于破解农村公共服务决策中的"能力贫困、社会学习虚化、决策不优"的连环困境，助推农村公共服务问题的解决。

　　本书付梓之际，首先要感谢我的导师吴春梅教授！"上善若水，水善利万物而不争……居善地，心善渊，与善仁，言善信，政善治，事善能，动善时"，这是您的真实写照。五年的短暂相处，您的"水之大德"深刻地影响着我，改变着我。五年中，虽潜心习"道术"，学"言语"，"有疑即问"，"有教即受"，然学生资质愚笨，未能学之一二，还望您谅解。感谢导师严师般的教育与慈母般的关怀！同时还要感谢邵明老师、王娟老师、李厚刚老师，你们的精心安排使得论文问卷调查能够顺利完成。感谢孙剑、周德翼、李长健等教授，你们在研究过程中所提的珍贵建议使我受益匪浅。感谢杨少波书记、王洪波书记、萧洪恩教授、刘延秀教授、高韧副教授、雷玉明副教授、朱清海副教授、方菲副教授、李恺副教授、梁伟军副教授、胡丰顺副教授、刘太玲老师、刘凡老师、吴斌老师、陈曙老师、李晶老师，你们在学习和生活中提供的帮助为我顺利完成学业提供了保障。感谢石绍成和刘晓杰师兄，你们的教诲与帮助使得我的学术生涯能够顺利开启。感谢李新建师兄，您的珍贵建议消除了我的诸多困扰。感谢邱豪兄弟，您我的相聚让我收获了一份弥足珍贵的友谊。感谢同门兄弟姐妹，谢谢你们的帮助。感谢在问卷调查过程中给予帮助的同学和每一位受访者。

特别感谢人民出版社的领导和编辑对本书出版的支持与帮助，感谢杜文丽老师在本书出版过程中所付出的大量心血。

感谢中国矿业大学给予经费资助支持。

最后，感谢我的家人。感谢我那面朝黄土背朝天的父母，你们用血和汗为我走出穷山沟提供了物质保障，你们坚毅、艰苦朴素、任劳任怨、不屈不挠、无私奉献的品质为我提供了精神支撑，你们满心的期盼为我提供了前进动力。感谢我的弟弟，谢谢你的支持与理解。感谢爱人冯少凤，谢谢你的支持与理解。感谢亲朋好友，谢谢你们伸出的援助之手。

责任编辑:杜文丽
封面设计:徐　晖
责任校对:张杰利

图书在版编目(CIP)数据

农村公共服务决策优化:机理与效应/翟军亮 著. —北京:人民出版社,
　2016.9
ISBN 978－7－01－016807－4

Ⅰ.①农…　Ⅱ.①翟…　Ⅲ.①农村-社会服务-研究-中国　Ⅳ.①D669.3

中国版本图书馆 CIP 数据核字(2016)第 242768 号

农村公共服务决策优化
NONGCUN GONGGONG FUWU JUECE YOUHUA
——机理与效应

翟军亮　著

人民出版社 出版发行
(100706　北京市东城区隆福寺街 99 号)

北京中科印刷有限公司印刷　新华书店经销

2016 年 9 月第 1 版　2016 年 9 月北京第 1 次印刷
开本:710 毫米×1000 毫米 1/16　印张:19.5
字数:310 千字　印数:0,001-3,000 册

ISBN 978－7－01－016807－4　定价:59.80 元

邮购地址 100706　北京市东城区隆福寺街 99 号
人民东方图书销售中心　电话 (010)65250042　65289539